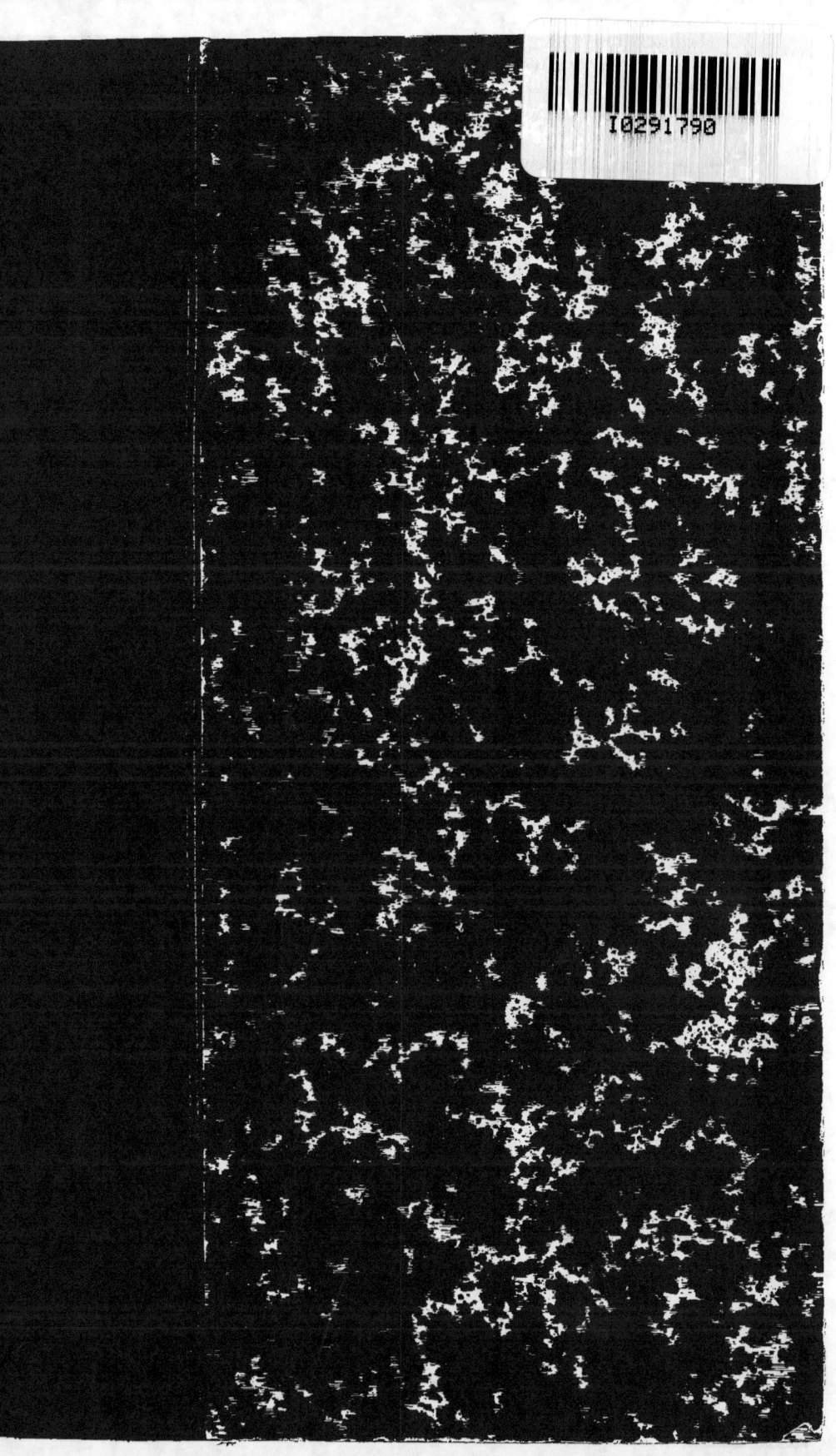

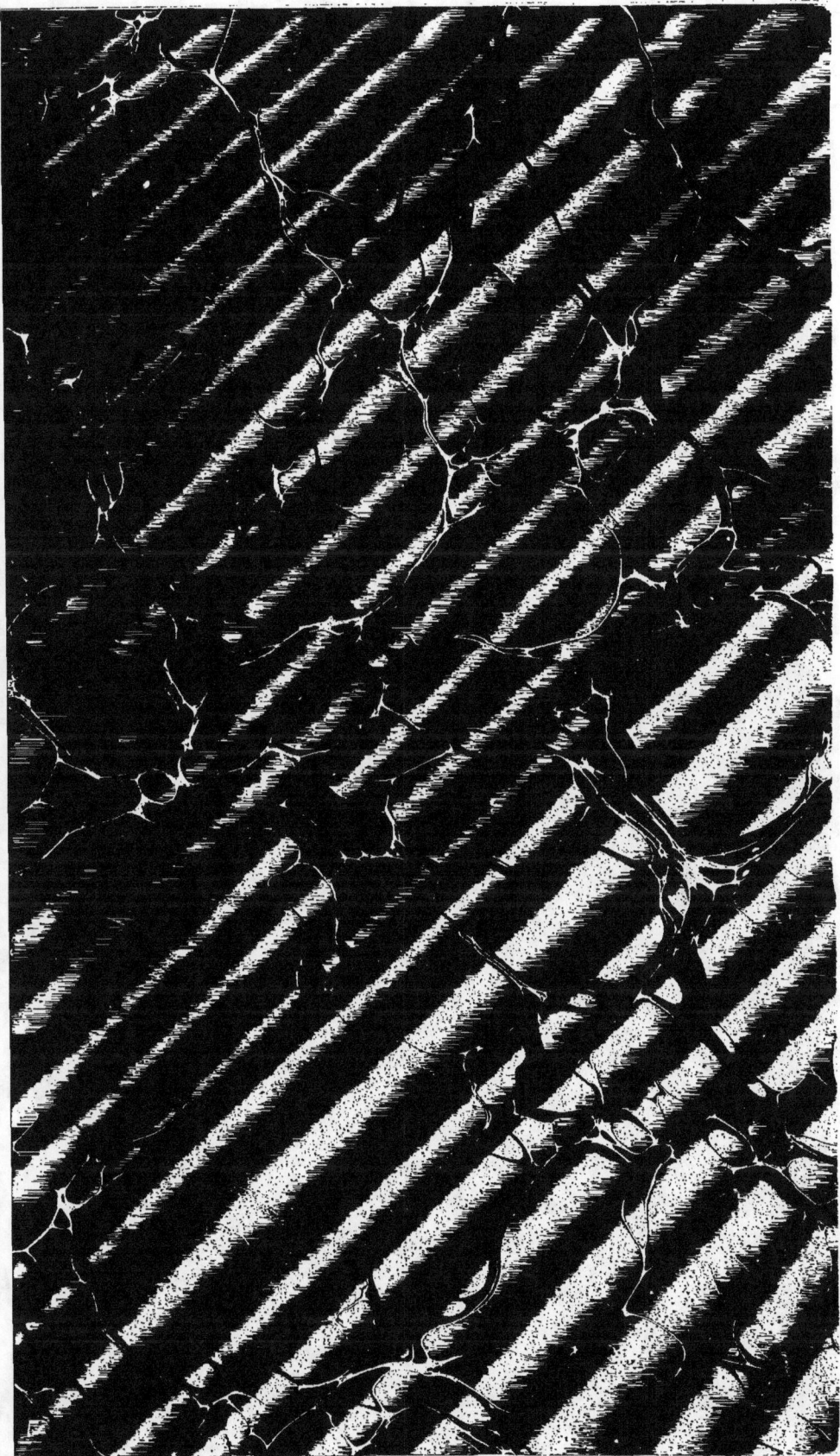

NOTES
DE VOYAGE
D'UN ARCHITECTE

Tous droits réservés.

NOTES
DE VOYAGE

D'UN ARCHITECTE

DANS

LE NORD-OUEST DE L'EUROPE

PAR

FÉLIX NARJOUX

CROQUIS ET DESCRIPTIONS

PARIS

A. Vᵉ MOREL ET Cⁱᵉ, ÉDITEURS

13, RUE BONAPARTE

—

1876

PRÉFACE

Il y a bien longtemps que, pour la première fois, on a dit : Les voyages forment la jeunesse, et qu'on a bien vite ajouté, avec infiniment de raison : Les voyages ne sont pas moins utiles au développement des facultés de l'âge mûr.

De ces maximes, dignes de la sagesse des nations, semble donc pleinement ressortir l'incontestable et indiscutable utilité des voyages.

Cependant le goût des voyages n'est pas très-répandu parmi nous. Les Français quittent difficilement leur *belle France*, les uns parce qu'ils n'aiment pas à changer de place, les autres parce qu'ils ne le peuvent pas ; mais, en général, tous sont d'accord sur ce point : s'efforcer de suppléer aux voyages qu'ils ne font pas par la lecture des récits des heureux qui peuvent en faire.

Raconter les voyages qu'on a faits est donc accomplir une tâche utile au prochain. Mais, de l'avis unanime des lecteurs de livres de ce genre, ceux qui, mieux que tous les autres, excitent leur intérêt, ceux dont ils peuvent tirer le plus de fruit et de satisfaction, sont les voyages dits illustrés, dans lesquels des dessins viennent en grand nombre aider et faciliter l'intelligence du récit.

Or nous avons voyagé en architecte, c'est-à-dire le crayon à la main, faisant autant de croquis que nous prenions de notes, de façon à ce que les uns et les autres viennent se prêter un mutuel soutien, une aide réciproque.

Quant à nos croquis en eux-mêmes, ils ne représentent pas seulement les grands monuments élevés dans chaque pays, où ils sont comme l'indice de la grandeur et du degré de civilisation d'un peuple; ils représentent aussi et surtout les demeures des particuliers, et font connaître le côté intime, privé, pour ainsi dire, des maisons construites dans le but de répondre aux besoins de leurs habitants, aux coutumes locales et aux exigences du climat. C'est dans cette intention que sont reproduits les vues intérieures, les décorations et jusqu'aux meubles qui garnissent ces maisons.

Le texte, lui, n'est que l'explication des figures; il fait ressortir les rapports qui existent entre les mœurs d'une contrée, le climat, les matériaux mis en œuvre et les demeures élevées par les habitants, demeures appropriées aux goûts, aux aspirations de leurs propriétaires, dans lesquelles ils se plaisent et se trouvent bien. Le côté parfois bizarre et étrange des mœurs d'un pays reste ainsi en évidence, pendant que l'exposé des conditions exigées et des solutions qui leur ont été données l'explique et le justifie.

Nous avons cherché à intéresser le lecteur en lui parlant de pays en général peu connus. La Hollande est parfois, il est vrai, le but des excursions de quelques touristes; mais la plupart se contentent de visiter les musées de La Haye ou d'Amsterdam, la cabane de Zaandam ou le village de Broeck; bien peu de voyageurs poussent jusqu'à Hanovre ou à Hambourg. Quant au pauvre Danemark, le livre où les étrangers inscrivent leurs noms à Helsingœr contient, en un espace de huit années, à peine quelques noms français.

C'est donc une excursion nouvelle et intéressante que le lecteur peut faire avec nous, une promenade curieuse au milieu de pays, de gens et d'édifices qu'il ne connaît peut-être pas, ou qu'il reverra avec plaisir s'il les a visités.

Félix NARJOUX.

Charly, septembre 1875.

NOTES DE VOYAGE

D'UN ARCHITECTE

DANS LE NORD-OUEST DE L'EUROPE

CROQUIS ET DESCRIPTONS

HOLLANDE, ALLEMAGNE, DANEMARK

HOLLANDE

> Hollande : canaux, canards, canailles.
> VOLTAIRE.
>
> La Hollande est le pays le plus charmant, le plus lointain qu'on puisse parcourir sans sortir d'Europe.
> MAXIME DUCAMP.

LE MOERDICK. — DORDRECHT

LE PAYS, LA MEUSE, LA VILLE, LA CATHÉDRALE.

Les chemins de fer belges s'arrêtent au Moerdick[1] : c'est là que le voyageur allant en Hollande doit, pour ménager ses impressions, pour s'initier peu à peu au pays qu'il va parcourir, s'embarquer sur la Meuse et la remonter jusqu'à Rotterdam.

Le fleuve est large comme une mer; ses eaux grises, vaseuses, épaisses, aux reflets jaunâtres et luisants, sont couvertes de navires de toute provenance et de toute destination; les berges de boue qui l'enserrent dominent d'immenses prairies coupées de canaux, rayées de longues files de peupliers et animées par de nombreux troupeaux de vaches blanches et noires qui, toute l'année, y trouvent leur pâturage, riche ensemble, continuel approvisionnement de fourrage, de viande et de lait.

Au milieu de ces prairies, une barque, un steamer,

---

1. La voie ferrée continue maintenant directement jusqu'à Rotterdam.

paraissent naviguer sur la terre ferme, tant les canaux qui les portent, encaissés entre deux berges factices, dépassent le niveau du sol environnant.

La brise de mer fait doucement bruire les feuilles des arbres, apporte des volées de hérons ou de cigognes, et agite les gigantesques ailes des moulins à vent dont le gai tic tac se fait entendre de tous côtés.

Une vapeur légère, une buée bleuâtre s'élève du sol; un coup de vent la dissipe pour la laisser l'instant d'après redevenir plus basse et plus épaisse : alors elle estompe les contours, elle arrondit les formes, les objets paraissent mous et comme ayant été trempés dans l'eau, rien ne vient heurter ou accrocher le regard qui glisse sur chaque chose, va de l'une à l'autre sans s'arrêter sur aucune, sans trouver de raison pour faire un choix; la nature apparaît comme à travers un voile léger.

Les bergers des troupeaux, les paysans qui travaillent à la terre, les filles qui traient les vaches ont la démarche lourde, les mouvements rares; ils ne font entendre ni chants ni cris, et ne se hâtent même pas lentement; les animaux, attachés à des poteaux régulièrement peints et espacés, semblent plus calmes et plus tranquilles que dans tout autre pays; çà et là, plus rapprochées aux abords des villes et des villages, des maisons de campagne en bois et en briques, plutôt bizarres qu'originales, souvenirs de Java ou du Japon; en avant, un petit jardin planté de fleurs éclatantes, de tulipes aux vives couleurs; au lieu de mur de clôture, un fossé plein d'eau; des bâtiments bas, écrasés, propres, de petites dimensions, peints de tons criards et monotones, toujours isolés les uns des autres pour ne pas gêner les goûts peu sociables de leurs habitants; en arrière, l'immanquable moulin à vent qui épuise l'eau en cas d'inondation, remplit le fossé en cas de sécheresse, alimente la maison, arrose le jardin, scie le bois et fait un peu de bruit au milieu de ce grand silence. Cet ensemble est étrange, ce calme étonne et séduit tout d'abord ; c'est un pays nouveau tout entier qui se déroule aux yeux du spectateur.

Voici *Dordrecht* ou simplement Dor (fig. 1), comme

Fig. 1.

on dit dans le pays ; le nouvel arrivant, peu habitué encore à la solitude, à la monotonie et à la méticuleuse propreté des villes de Hollande, trouve là un premier sujet d'étonnement. L'effet produit par cette petite ville est imprévu et charmant ; presque noyée dans le fleuve, se confondant avec lui, à moitié cachée par un rideau de verdure, elle ne laisse voir que ce qu'elle ne peut cacher de ses maisons singulières, vivement colorées, propres, uniformes et régulièrement groupées autour de la Dom-Kerk, qui les écrase de son poids et de son élévation.

Dans le port, des bateaux de toutes formes et de toutes dimensions passent en tous sens, montant ou descendant la rivière; ce mouvement continuel, incessant sur l'eau contraste avec le calme qui règne sur la terre ferme.

Nous pénétrons dans Dordrecht, et nous sommes frappé de la tranquillité qui nous entoure; le bruit de nos pas n'éveille aucun écho; à peine attire-t-il quelque blonde curieuse au miroir *espion* de sa fenêtre toujours close; nous parcourons une rue, puis une seconde, une troisième; nous croyons être revenu sur nos pas, tant cette troisième ressemble à la seconde, tant la seconde ressemble à la première; les maisons sont identiquement les mêmes partout, et les mêmes non-seulement par leurs dispositions générales ou leurs silhouettes, mais par leurs détails; toutes en briques plus ou moins apparentes, elles offrent le même aspect, la même forme. Les encadrements des ouvertures sont en bois de mêmes dimensions et peints de la même couleur, qui pis est, du même ton de cette même couleur. Ainsi Dordrecht aime le jaune, tout y est jaune et du même jaune.

Les monuments de Dordrecht sont bientôt vus; on peut même se dispenser de les voir. La Dom-Kerk, ancienne cathédrale, devenue temple protestant, est un édifice du XIVe siècle, précédé d'un énorme clocher en briques, plusieurs fois modifié, mutilé, et dont les proportions premières ne se retrouvent plus; l'hôtel de ville est banal et commun, la porte du môle n'offre aucun intérêt, et... c'est tout.

ROTTERDAM

LA GROOTE KERK, L'HOPITAL, LE MUSÉE, LES MAISONS,
LA PORTE DE DELFT.

Après Dordrecht vient bientôt *Rotterdam.*

En mettant pied à terre sur le quai des *Bompjes,* un architecte se croit pendant un long moment encore sur le pont du navire, tant les maisons paraissent à ses yeux danser une sarabande inquiétante pour leur solidité. Tous ces pignons symétriques s'avancent, se reculent et penchent à droite ou à gauche, en avant ou en arrière : pas un n'a conservé son aplomb ; cette situation se comprend, du reste, quand on songe que la ville est bâtie sur des pieux enfouis dans des marais submergés, ébranlés ou désunis par de fréquentes inondations ; cependant, si l'équilibre est rompu, la stabilité ne l'est pas ; les chutes de maisons ne sont pas plus fréquentes à Rotterdam qu'ailleurs, et c'est sans danger qu'on peut entreprendre une promenade à travers la ville.

L'édifice le plus important de Rotterdam est l'église Saint-Laurent, plus connue sous le nom de Groote Kerk (Grande Église), dont la construction remonte au xv⁰ siècle. Comme presque tous les monuments religieux des Pays-Bas, la groote Kerk, primitivement destinée au culte catholique, fut plus tard convertie en temple protestant.

La Hollande est protestante, et quand, après les excès de Jean de Leyde et des anabaptistes, au xvie siècle, la Réforme s'implanta définitivement dans les Pays-Bas (1536), les églises catholiques devinrent les temples du nouveau culte; mais n'ayant pas été construites pour lui, elles ne purent aisément subir cette transformation. Il est facile de comprendre, du reste, combien, parmi tous les édifices religieux, les églises gothiques pouvaient, moins que tous autres, se prêter aux nécessités de la religion protestante.

Le temple de la Réforme n'exige pour remplir son but qu'une grande salle; il n'a pas besoin des bas côtés nécessaires aux processions catholiques, d'un vaste chœur pour recevoir un nombreux clergé, de spacieuses chapelles où le service divin se célèbre simultanément d'une façon différente, de ces ornements de toutes sortes, enfin, qui ajoutent un si grand effet à la pompe des cérémonies; le ministre et le prêtre ne peuvent officier dans le même sanctuaire; l'édifice qui convient à l'un est gênant et incommode pour l'autre.

La *Groote Kerk* a subi ces diverses transformations; ses murs nus, couverts d'un ton uniforme, présentent un aspect froid et triste; le chœur et les chapelles sont fermés; les fenêtres sont dépouillées de leurs vitraux; le transsept et la nef sont remplis de bancs placés en amphithéâtre, qui cachent les arcatures, les bases, les fûts et jusqu'aux chapiteaux des colonnes des bas côtés : l'ancien édifice ne se reconnaît plus, il est dégradé, mutilé, et l'effet qu'il pouvait produire se trouve complétement détruit.

Cependant tel qu'il est aujourd'hui, il mérite encore l'examen et attire l'attention; son plan (fig. 2) offre dans

la disposition de la nef, du transsept et du chœur une
certaine grandeur et beaucoup d'unité, mais l'abside est

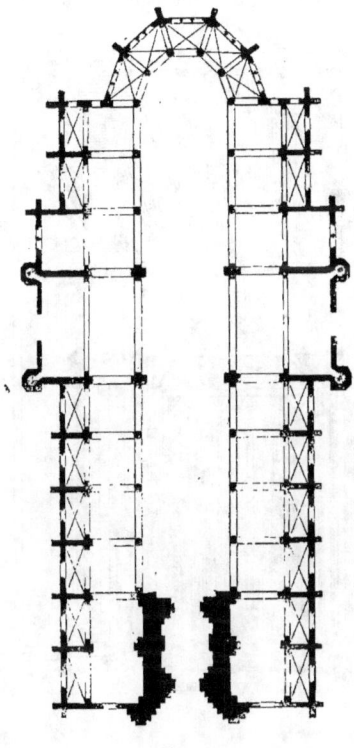

Fig. 2.

(Échelle de 0^m,01 pour mètre.)

pauvre et les bas côtés pourtournant le chevet s'emman-
chent mal avec le reste de l'édifice. La partie la plus curieuse
est la voûte en bois (fig. 3) qui recouvre la nef et dont
la charge est reportée sur l'extrémité d'énormes entraits

apparents, sortes d'étrésillons qui contrebutent les murs. Des arcs-doubleaux séparent les diverses travées de l'église et servent à supporter les voliges formant le berceau de la voûte; la naissance de chacun de ces

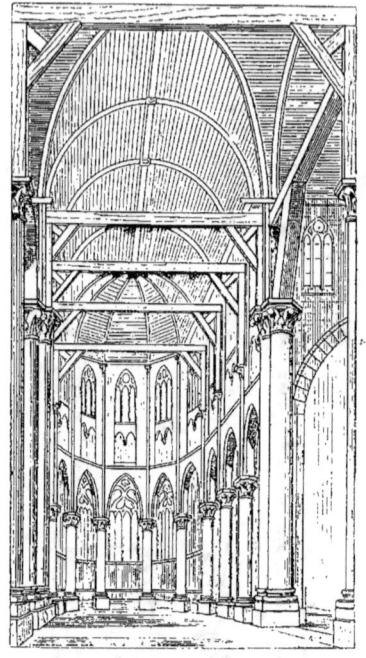

Fig. 3.

arcs est soutenue par une colonnette ou un pilastre également en bois, qui descend jusqu'à l'étrésillon, appuyé sur le chapiteau des piles et soulagé parfois dans sa portée par un lien placé au-dessous. Cette construction très-homogène se trouve donc indépendante de l'ossature en maçonnerie; les profils des arcs sont ceux de voussoirs en pierre : ils sont composés de madriers assez courts, assemblés les uns dans les autres, formant ainsi un système rigide, mais doué d'une élasticité suffisante pour se plier sans rupture et sans déformation aux mouvements communiqués à l'ensemble général par un sol peu résistant.

Les constructions de cette nature sont très-fréquentes dans les édifices religieux des Pays-Bas; ce qui s'explique par le double avantage qu'elles offrent, d'abord en ne chargeant pas d'un poids considérable des murs élevés sur un mauvais sol, ensuite en permettant d'utiliser des matériaux qui, à l'époque où ils ont été employés, étaient abondants dans la contrée alors couverte de forêts aujourd'hui disparues; il est vrai qu'un incendie, et les exemples en sont fréquents, avait bientôt tout détruit. Les voûtes en bois de la Groote Kerk sont bien conservées; elles ne datent que de 1513; elles sont moins bien construites et à coup sûr offrent moins d'intérêt que celles d'autres édifices dont nous aurons l'occasion de parler; le constructeur a donné à ses bois des dimensions trop fortes pour le rôle qu'ils avaient à remplir, aussi l'ensemble paraît-il lourd et presque grossier : cette exagération des forces nécessaires est du reste un défaut général en Hollande, où moins que partout se rencontrent la délicatesse et la grâce.

On voit, à l'entrée du chœur, une grille de cuivre, style Louis XIII, d'un travail très-remarquable et d'une décoration excessivement riche; dans une chapelle existe encore un appui de communion en cuivre, dont les profils et les arêtes ont conservé une netteté parfaite.

La construction est entièrement en briques; les points d'appui seuls sont en pierre ainsi que quelques chaînes, placées sur les façades extérieures (fig. 4) et dont la couleur blanche se détache durement sur le ton foncé des briques. Le clocher qui surmonte l'entrée n'a été élevé qu'au xviie siècle ; on y mit alors une flèche en bois, détruite depuis et remplacée par les étages que nous voyons aujourd'hui.

Fig. 4.

Il faut se rappeler, pour expliquer la date indiquée à la construction de l'église Saint-Laurent, qu'au moyen âge le Nord était bien en retard sur nos provinces françaises, et que déjà l'Ile-de-France voyait s'élever les admirables cathédrales du xiiie siècle quand à peine les races germaines commençaient à construire des arcs en tiers point.

Ce n'est pas en Hollande, du reste, qu'il faut espérer trouver les édifices religieux tant admirés en France, en Italie, en Belgique et en Espagne : on n'y trouve rien qui ne rappelle que de *très-loin* ces admirables monuments dans lesquels une religion qui parle aux yeux et à l'imagination a rassemblé des trésors artistiques que chacun peut voir et admirer à son heure.

Sur la droite, et dominant cette partie de la ville, s'élève un vaste monument : c'est *l'hôpital* commencé en 1844. Les précautions nécessitées par la nature du sol

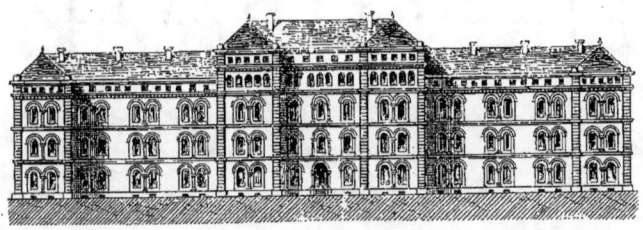

Fig. 5.
(Échelle de 0^m,001 pour mètre.)

ayant été reconnues insuffisantes, les travaux furent interrompus, pour être repris quatre ans plus tard, et terminés en 1850 (fig. 5). Cet hôpital est donc un des modernes établissements de bienfaisance construits en Europe; il a été l'objet de louanges empreintes, sans contredit, d'une certaine exagération, car nous verrons que la disposition des salles de malades, partie essentielle, est loin d'être irréprochable.

L'hôpital de Rotterdam peut contenir 260 à 280 lits; il est haut de trois étages; au rez-de-chaussée sont la pharmacie, la cuisine et ses dépendances, la machine à vapeur et divers services généraux; le pavillon central est réservé à l'administration. Les deux étages sont consacrés aux malades, répartis dans de petites salles ne contenant chacune que 10 lits, ce qui constitue une très-heureuse installation. Mais les dimensions de ces salles,

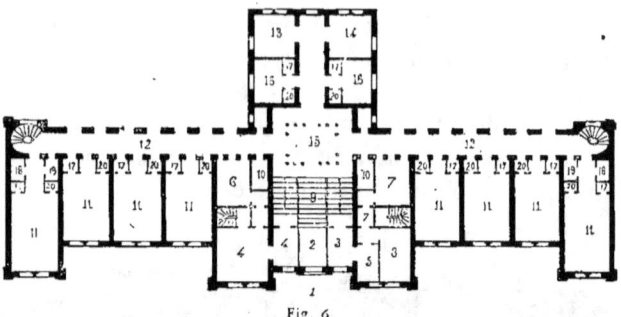

Fig. 6.

(Échelle de $0^m,001$ pour mètre.)

1. Entrée principale.
2. Vestibule.
3. Bureau d'administration.
4. Logement du directeur.
5. Médecin.
6. Chambre de bains.
7. Bains de vapeur.
8. Salon de repos.
9. Escalier.
10. Ascenseurs.
11. Salles de malades.
12. Galeries.
13. Bibliothèque.
14. Opérations.
15. Grand vestibule.
16. Malades payants.
17. Privés.
18. Surveillants.
19. Dépôt.
20. Cabinet de toilette.

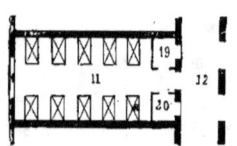

Fig. 7.

Plan de détail d'une salle ($0^m,002$ pour mètre).

$6,50 \times 11,00 \times 4,60 = 328^{mc},90$, ne permettent de donner à chaque malade qu'environ 33 mètres cubes, ce qui est de beaucoup insuffisant[1].

[1]. Le cube d'air afférent à chaque lit, dans l'hôpital Lariboisière de Paris, est de 50 à 60 mètres cubes.

En outre, ces salles ne sont éclairées et aérées que par une fenêtre et une porte vitrée donnant dans une galerie commune parfaitement close, offrant, par conséquent, surtout en temps d'épidémie, une cause incessante d'insalubrité (fig. 6 et 7).

Chaque salle est accompagnée d'un cabinet de toilette et d'un privé, dont les murs ont les parois recouvertes de carreaux de faïence, et qui ne prennent jour et air que sur la galerie commune. Le parquet des salles est en sapin lavé chaque jour; il en résulte qu'il est parfaitement propre, mais aussi constamment humide.

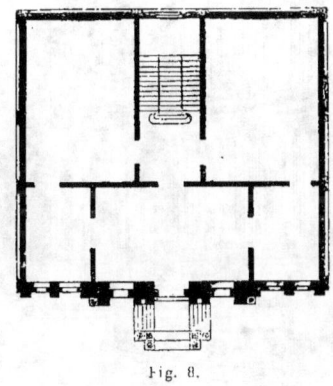

Fig. 8.
(Echelle de 0^m,001 pour mètre.)

Un ascenseur monte les malades aux étages supérieurs, sans les exposer à des secousses pénibles, et évite ainsi au personnel de la maison la fatigue du transport des fardeaux lourds et encombrants.

Le *Musée Boymans* était une des gloires de la Hollande; il a été incendié en 1864. Le bâtiment, qui renfermait les chefs-d'œuvre de l'école hollandaise, a été reconstruit, il n'a malheureusement pas été aussi facile de remplacer les tableaux détruits.

Le nouvel édifice n'est pas irréprochable; isolé sur trois de ses côtés, il a la forme d'un rectangle et com-

Fig. 9.

prend à l'intérieur (fig. 8) deux vastes salles éclairées par le plafond pour les toiles de grandes dimensions, et trois salles plus petites pour les dessins, médailles, etc.; au rez-de-chaussée se trouvent la sculpture et les pièces secondaires.

Les façades (fig. 9), construites en pierres apportées de Belgique à grands frais, ont des proportions agréables et sont très-décorées, mais n'offrent aucunes dispositions bien originales; le monument en lui-même toutefois est bien au-dessus des musées de la Haye et d'Amsterdam.

Derrière le musée a récemment été élevée la *statue du magistrat Gysbert Karel*. Le personnage est assis dans

Fig. 10

un fauteuil et vêtu d'une robe dont les plis cachent les détails du siége; le sculpteur a donné à son sujet une pose des plus simples : le dos est renversé, les jambes sont croisées avec un abandon et un naturel un peu trop réalistes peut-être, mais que l'on pardonne volontiers, parce qu'on n'y sent ni la recherche ni la prétention.

Sur la Groote Mark se dresse la *statue d'Érasme* (fig. 10), coulée en bronze (1622), très-célèbre dans le Nord, et regardée comme le chef-d'œuvre du sculpteur Keiser.

Érasme est représenté debout, vêtu d'une longue robe de docteur, dont les plis cachent ses pieds ; il tient à la main un livre ouvert dans lequel il lit. Cette œuvre a tour à tour été très-vantée et très-décriée ; elle ne méritait, certes,

Ni cet excès d'honneur ni cette indignité ;

c'est une œuvre un peu banale, mais dont l'avantage est de représenter un personnage qui semble vraiment vivre, lire et marcher.

Les socles de ces deux statues se valent et sont aussi communs l'un que l'autre.

Les Hollandais font grand bruit de leurs *écoles primaires*. Lors de l'Exposition universelle de 1867, rien cependant, dans ce qu'ils avaient présenté, ne paraissait devoir justifier leurs prétentions, et les écoles que nous avons visitées depuis ne nous ont pas fait changer d'opinion. Les bâtiments, comme dispositions extérieures et comme installation intérieure, sont de beaucoup au-dessous de ce que présentent les nôtres. Quant aux écoles neutres tant vantées, dans lesquelles les enfants de tous les cultes reçoivent l'instruction nécessaire en dehors de toute préoccupation d'idées religieuses, elles sont indispensables, on le comprend aisément, dans un pays dont les habitants n'ont voulu accepter de variété et de fantaisie que dans leurs idées religieuses ; dans un pays, enfin, où une ville de cent mille âmes, comme Rotterdam, compte dix-sept sectes différentes et d'importance presque égale : Catholiques romains, — Jansénistes, — Remontrants, — Mennonites, — Réformés, — Luthériens,

— Anglicans, — Presbytériens anglais, — Écossais, — Juifs, — Grecs, etc.

Les écoles neutres pourraient être utiles en France, surtout dans certaines provinces, nous le reconnaissons volontiers ; mais, dans la généralité des cas, l'uniformité de religion rend, chez nous, ces écoles superflues, tandis que l'excessive division de cultes les rend indispensables en Hollande.

La *Bourse* est un édifice du xviiie siècle, sans intérêt architectural ; un grand corps de bâtiment entoure une vaste cour vitrée, dont la charpente métallique est supportée par d'énormes colonnes de fonte, peintes en pierre.

Un campanile surmonte le tout, et était, lors de notre passage, entouré d'échafaudages construits avec des bois en grume de petites dimensions, dont les assemblages excessivement légers rappellent ceux qu'on voit encore de nos jours à Rome : circonstance d'autant plus à noter que ce n'est pas, en général, par la sobriété dans l'emploi des matériaux que brillent les Hollandais.

La Hollande étend son commerce sur le monde entier : elle a des comptoirs au cap Nord, elle en a dans l'Océanie ; ses innombrables navires apportent dans ses ports les richesses du globe que ses canaux et ses chemins de fer répandent sur le continent.

Rotterdam est le second et sera, dit-on, bientôt le premier de ses ports : c'est là que viennent débarquer les produits que le génie mercantile des Hollandais enlève à l'extrême Orient ; des lignes régulières de navires à voile et à vapeur font constamment cet immense voyage de six mille lieues qui séparent Batavia de la mer du Nord ; on les voit, pleins et lourds, prendre leur place dans les profonds canaux intérieurs qui les portent au pied de la maison de leur armateur, où se décharge le butin qu'ils contiennent.

Cette circonstance exceptionnelle, résultant de dispositions locales, convertit la ville entière en port, au lieu de limiter ce rôle à la partie bordant le fleuve; elle rend ainsi inutiles, à Rotterdam, ces immenses *magasins généraux* que nous voyons à Londres, Marseille, Gênes, etc. Bien que chaque armateur ait ses magasins particuliers, ses dépôts de marchandises personnels, il existe toutefois quelques entrepôts généraux à l'extrémité des Bompjes; mais ces locaux, noirs, sombres, sont assez mal installés, la propreté hollandaise y fait défaut, et au point de vue de la construction, l'architecte n'a rien à y voir.

La *maison d'habitation* hollandaise diffère essentiellement de la maison française, qui ne pourrait convenir à un tel climat, ni satisfaire à des habitudes aussi opposées aux nôtres; mais, en revanche, elle répond parfaitement aux besoins de l'habitant, à ses mœurs, à ses goûts, et c'est en cette question qu'éclate par-dessus tout le sens pratique de ce peuple de marchands.

Le Hollandais est peu sociable; les relations avec lui sont rares et difficiles; sa maison, toujours close, ne s'ouvre qu'en certaines circonstances aux membres de sa famille; ses affaires une fois terminées à son comptoir ou à son bureau, il se rend à un cercle où il passe de longues heures à fumer et à boire de la bière; il parle peu, à moins qu'il n'ait intérêt direct à rompre le silence. La femme garde le logis et élève les enfants. Les plaisirs de l'intelligence et de l'esprit, l'amour des arts, n'ont pas, en Hollande, le même succès que chez nous. Ainsi Rotterdam, une ville de cent mille âmes, n'a pas de théâtre.

Amsterdam, qui compte trois cent mille habitants, ne possède pas de salle d'opéra.

L'amour des fleurs, poussé si loin en certaines villes qu'il a dégénéré en manie, s'explique cependant par le désir bien naturel que doivent éprouver ces gens de voir,

Fig. 11.

çà et là autour d'eux, quelques points brillants et colorés trouer leur horizon gris et brumeux; c'est ce désir qui justifie peut-être le culte exagéré qu'ils professent pour les tulipes aux tons criards, pour les maisons roses ou bleues, et qui les porte à peindre en blanc le tronc des arbres et en rouge les sabots des paysans.

Pour satisfaire ces goûts et ces habitudes qui, comme on le voit, doivent laisser parfaitement calmes l'esprit et

26 HOLLANDE.

l'imagination, le Hollandais, qui n'aime ni le changement ni la variété, qui ne comprend que la symétrie et la monotonie, qui ne recherche ni la société ni le contact de son prochain, s'est construit des demeures taillées toutes sur le même patron; à peine les dimensions varient-elles un peu, et la seule différence qui existe dans les façades est la forme des pignons, qui, suivant l'époque de leur construction et le goût du jour, sont plus ou moins étranges, et dont rien ne peut, en tout cas, justifier les formes souvent grotesques (fig. 11).

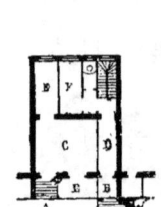
Fig. 12. — Sous-sol.

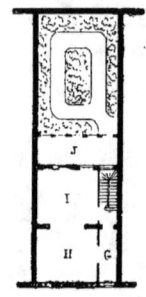
Fig. 13. — Rez-de-chaussée.
(Échelle de 0^m,001 pour mètre.)

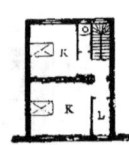
Fig. 14. — Premier étage

A. Entrée de service.
B. Fossé.
C. Cuisine.
D. Soute à tourbe.

E. Cave à vins.
F. Salle de bains.
G. Vestibule.
H. Salon.

I. Salle à manger.
J. Serre.
K. Chambres à coucher.
L. Cabinet.

Le plan (fig. 12, 13 et 14) se compose de deux salles de dimensions égales, séparées par une cloison formée de panneaux glissant les uns sur les autres au moyen de galets, ce qui rend facile la réunion des deux pièces en une seule; en face de la porte d'entrée, l'escalier montant à l'étage supérieur et descendant dans le sous-sol, où se trouvent la cuisine, la soute à tourbe, la cave, une salle de bains et des privés; l'accès de ce sous-sol a lieu directement de l'extérieur, et, afin de lui donner tout le jour et l'air possibles, un large fossé de 1 mètre ou 1^m,50 sépare le mur de face de l'alignement de la voie publique, et tient le passant à distance. L'étage supérieur

Fig. 15.

comprend deux pièces semblables à celles du rez-de-chaussée, un cabinet qui répète le vestibule, et des privés ; si la maison est plus importante, cet étage est renouvelé une, deux, trois fois ; mais ce dernier cas est fort rare. Les combles sont utilisés comme magasin, et, afin d'éviter qu'aucun transport se fasse par l'escalier intérieur, un poteau muni d'une poulie monte et descend à l'extérieur tous les fardeaux.

Quand les maisons ont leurs façades ouvertes sur un canal, cette façade se couvre parfois de balcons fermés, de terrasses abritées ou de logettes d'un effet pittoresque (fig. 15).

Les pièces du rez-de-chaussée sont destinées à être vues du public qui passe dans la rue et regarde *sans entrer;* les fenêtres de ces pièces ont leur appui très-bas, et sont intérieurement ornées de jardinières pleines de fleurs ; à travers les vitres, on aperçoit le mobilier, qui presque toujours emprunte aux productions de Java, de la Chine ou du Japon, des objets d'art ou de curiosité de forme étrange, mais d'un prix et d'une recherche inimaginables ; les potiches immenses, les bouddhas hideux, les cornets de jade ou les bronzes niellés y abondent ; rien ne gêne la vue qui traverse jusqu'à la seconde pièce et rencontre les plantes rares, les tulipes excentriques de la serre placée tout à fait au fond. Un mécanisme très-simple fait avancer ou reculer les fleurs exposées près de la fenêtre.

Toutes les fenêtres s'ouvrent par le système dit à guillotine, excellent pour assurer une fermeture hermétique, sans inconvénient dans un pays où il n'y a pas nécessité de renouveler fréquemment l'air des habitations, et où non pas regarder par la fenêtre, mais seulement l'ouvrir, est contraire aux usages admis. Pour remédier à cet emprisonnement, les femmes, qui toujours habitent l'étage supérieur, ont adopté l'usage du miroir *espion belge ou suisse,* grâce auquel elles peuvent voir, assises à leur place, tout ce qui se passe dans la rue ; mais dans les familles rigides le miroir est prohibé et les femmes habitent les pièces donnant sur le jardin intérieur.

L'emploi des persiennes est une rare exception ; on y supplée par des volets intérieurs ou des doubles fenêtres. Quand l'habitant veut interdire aux promeneurs ou aux voisins la vue de ce qui se passe chez lui, il place devant les fenêtres, à l'intérieur, de petits écrans en treillis, à mailles très-serrées, bleus ou roses, appelés *Horren,* et qui lui permettent de voir sans être vu.

Fig. 16.

Ces maisons sont entièrement construites en briques; les planchers et la charpente sont en bois de sapin, ainsi que les menuiseries et les encadrements des ouvertures; les combles sont recouverts en tuiles courbes, d'une forme différant légèrement de celle des nôtres; les briques, en général d'un ton foncé, ont 0,05 × 0,10 × 0,22 ; elles sont employées de la façon la plus primitive, sans la recherche d'aucune combinaison pouvant amener un avantage dans la construction ou présenter des formes agréables à l'œil.

Les règlements de voirie, qui chez nous enserrent, dans tant de conditions de toutes sortes les constructions et les constructeurs, ne paraissent pas en vigueur en Hollande ; chaque propriétaire élève sa maison suivant un alignement donné ; il la construit solidement, parce qu'il a intérêt à cela ; il la rend commode et salubre, parce que, autrement, il ne pourrait ni la louer, ni la vendre, ni l'habiter ; mais il atteint ce but sans être soumis à tous nos règlements, d'une application difficile, d'une interprétation variable et souvent douteuse.

Pour quitter Rotterdam, on passe sous la *porte de Delft* (fig. 16), édifice du dernier siècle, et qui est un monument dans une ville où en en compte si peu; puis on arrive devant une grande construction moderne et... gothique, mais quel gothique! qui est la *gare du chemin de fer de la Haye*.

Dès qu'on a commencé à perdre de vue les dernières maisons de Rotterdam, on retrouve la campagne telle qu'on l'a quittée de l'autre côté avant d'entrer dans la ville : les canaux, les prairies, les troupeaux, les moulins à vent, les routes pavées de briques reviennent sans cesse, se succèdent dans un ordre uniforme et régulier, si bien qu'on peut craindre à la fin d'être victime d'une illusion et qu'on se prend à frotter la glace de son wagon, pour s'assurer que ce n'est pas sur elle qu'est gravée cette image dont la reproduction vous poursuit sans varier jamais.

LA HAYE

> La Haye est le lieu où la noblesse de Hollande fait sa résidence ; il n'y en a guère de plus agréable dans le monde.
>
> REGNARD, 1681.

LE BINNENOF, L'HOTEL DE VILLE, LE MARCHÉ,
LES MAISONS, LES MUSÉES.

Si la gare par laquelle on part de Rotterdam est gothique, en revanche celle par laquelle on arrive à la Haye est grecque. Elles se valent toutes deux ; et faire un choix entre elles n'est guère possible.

La Haye (*S'Gravenhage*) est la ville la moins hollandaise de la Hollande ; elle n'a pas de caractère propre, pas de personnalité originale ; c'est la capitale du royaume, le siége de la cour, ville de plaisir et séjour recherché de cette foule nomade, sans demeure fixe, qui a l'Europe pour résidence. Elle a constamment offert un abri aux proscrits de tous pays ; il y existe une société savante éclairée, de belles collections artistiques, des ressources intellectuelles ; on y sent la présence d'une riche nature, et la mer est à deux pas.

L'aspect de la ville répond très-bien à l'idée qu'on peut s'en faire : des rues droites, de larges avenues et des places plantées d'arbres ; puis, chose à noter dans une ville hollandaise, pas de canaux intérieurs; on les a consignés à la porte. Une seule pièce d'eau a reçu droit de cité, c'est le Vivyer, dont les dimensions sont celles d'une mare, et qui, occupant le côté d'une vaste place, baigne les murs du Binnenof.

Fig. 17.

Le *Binnenof* (fig. 17) est un palais ou plutôt un ensemble d'édifices remplissant aujourd'hui le même but que celui *degli Uffizi* à Florence; c'est l'ancien palais des stathouders et le berceau de la Haye, autrefois forteresse entourée de fossés; il ne communique encore aujourd'hui avec la ville que par trois ponts.

On a installé dans ces vastes bâtiments une chapelle, la Cour des comptes, le Sénat, le Musée (un peu en dehors des constructions anciennes), deux ministères et plusieurs administrations publiques; au milieu de la cour s'élève un édifice du xiiie siècle, chapelle dans le principe, aujourd'hui consacré au tirage de la loterie nationale et aux exercices de la garde civique, qui manœuvre ainsi à l'abri de la pluie et du soleil (fig. 18).

L'ensemble du Binnenof a bien des fois été remanié

Fig. 18.

et modifié : les bâtiments primitifs, qu'on voit sur la cour intérieure, se composent d'un rez-de-chaussée au-devant duquel règne un portique, et de deux étages carrés.

Les matériaux mis en œuvre sont la pierre et la brique apparente ; la construction a été très-soignée ; aussi, malgré les efforts du temps et les fondations assises sur un sol mouvant et compressible, la masse générale de l'œuvre s'est bien comportée et n'offre à l'œil aucune détérioration sensible. Mais l'aspect de cet édifice n'est pas gai, il éveille plutôt l'idée d'une caserne ou d'une prison que celle d'un palais.

La *salle de la loterie* seule anime un peu la vaste place. Ce petit édifice gothique rompt avec bonheur la monotonie des lignes froides et symétriques qui l'en-

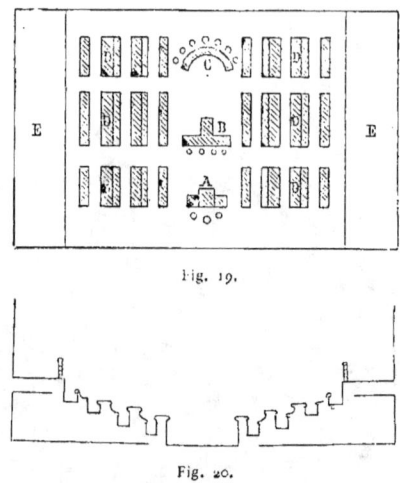

Fig. 19.

Fig. 20.

(Échelle de 0^m,002 pour mètre.)

A. Président.
B. Secrétaires.
C. Banc des ministres.
D. Siéges des sénateurs.
E. Tribune du public et des journalistes.

tourent; les deux tourelles, dont à première vue on ne s'explique pas la destination, étaient autrefois des guettes battant la campagne plate et unie tout à l'entour; les campaniles qui les surmontent sont modernes.

L'intérieur de cette salle est couvert par une charpente apparente, en bois de cèdre, dit-on; mais nous n'avons pu que l'entrevoir à travers un carreau cassé, toutes nos démarches pour pénétrer plus avant étant demeurées sans résultat.

Les discussions qui naguère ont eu lieu chez nous, lorsqu'il s'est agi d'installer au Luxembourg et dans l'hôtel de ville projeté le Conseil municipal de Paris, donnent un certain intérêt aux dispositions adoptées à la Haye pour placer les membres du Sénat.

La salle des séances, dont nous donnons ci-contre le plan (fig. 19) et une coupe (fig. 20), n'offre en elle-même rien de bien curieux; mais son installation mérite d'être indiquée. A droite et à gauche sont les tribunes des grands dignitaires du royaume, des représentants des puissances étrangères et du public; au-dessous, les sénateurs, au nombre de trente-neuf, assis trois par trois sur des banquettes faisant alternativement siége et pupitre; ces banquettes sont placées sur six rangs se faisant face. Dans l'espace intermédiaire se trouvent le fauteuil du président, le banc des ministres et celui des secrétaires. C'est à peu près, comme principe, la même disposition que celle adoptée à la Chambre des communes de Londres : il n'y a pas de tribune, les orateurs parlent de leur place; chacun prend la parole pour interpeller ou répondre, mais sans prononcer de discours. Les sénateurs se livrent à une conversation ou à une discussion, bien plus qu'à une joute oratoire, et les affaires du pays ne s'en trouvent pas plus mal.

Les Hollandais ne paraissent pas aimer les œuvres d'art qu'ils possèdent pour le plaisir qu'elles peuvent procurer à leurs yeux, mais bien plutôt pour le produit qu'ils peuvent en retirer. Les musées de la Haye et d'Amsterdam sont mal installés dans des bâtiments de troisième ordre, et le public n'y est admis que moyennant rétribution, coutume qu'on ne retrouve guère en Europe, qu'en Belgique et aux Pays-Bas.

Le *Musée* de la Haye comprend, au rez-de-chaussée, une collection de curiosités chinoises et japonaises d'une réputation surfaite, et, au premier étage, une galerie de tableaux comptant trois cents œuvres environ. La plupart de ces toiles appartiennent à l'école hollandaise ; parmi elles se trouvent le *Taureau* de Paul Potter, et la *Leçon d'anatomie* de Rembrandt.

Bien que le chef-d'œuvre de Paul Potter ait été vulgarisé par des reproductions de tout genre, l'impression qu'il fait éprouver est nouvelle, parce qu'aucune de ces reproductions n'a pu donner la proportion exacte et l'échelle de l'original, qui se présente avec les dimensions naturelles ; il faut à cette première étrangeté joindre une étude excessive des détails et un soin minutieux à reproduire les accessoires les plus infimes. Aussi le spectateur éprouve-t-il plus de surprise que d'admiration ; il compte les mouches qui tachent la robe de l'animal, les éraillures des cornes, et reste presque froid devant une copie si exacte et si rigoureuse de la nature.

La *Leçon d'anatomie* est une œuvre d'un caractère différent. Le spectateur ne peut, en étudiant la scène que le peintre place devant lui, éviter une certaine émotion : un cadavre est étendu, des médecins l'entourent, ils écoutent la leçon que le professeur Tulp leur fait *in anima vili*. Voilà le sujet, il est peu attrayant ; mais ce cadavre est un vrai cadavre ; mais la tête du professeur, mais celle des médecins sont des portraits ; ils sont là chacun avec leur naturel, leurs gestes propres, leur tempérament particulier exprimé par un détail naïf insignifiant en apparence et qui, grâce au génie de Rembrandt, suffit pour traduire les impressions qu'éprouve chaque acteur de la lugubre scène, pour faire sentir les différences qui les séparent, les points de contact qui les rapprochent.

Bien d'autres œuvres du musée de la Haye sont aussi remarquables que les précédentes, sans être aussi connues; toutes ont le même caractère propre au génie de ce peuple, et de cette école d'artistes, la dernière venue dans l'histoire de l'art. Dans la *Femme à la fenêtre* et la *Femme à la lampe* de Gérard Dow, dans le *Marché aux herbes d'Amsterdam*, les *Musiciens* et le *Chasseur de Metzu*, dans le *Peintre et sa femme*, les *Bulles de savon* de Miœris, dans toutes enfin nous retrouvons toujours la même représentation d'actes de la vie intime, de faits habituels à chacun; rien d'idéal, d'élevé, ni de grand, qui nous frappe. L'histoire contemporaine, les hauts faits des héros, l'amour, la religion ou la gloire de la patrie n'ont inspiré à ces maîtres que des scènes bourgeoises, bourgeoisement exprimées; ils n'ont senti que le côté matériel de la vie et de la nature; le rêve, l'imagination, ont échappé à leur génie, qui ne s'est traduit que par les consciencieuses études des sujets parfois les plus vulgaires ou les plus grotesques, par la copie de modèles communs, sans grandeur et sans élévation, dans lesquels rien ne peut faire vibrer les nobles sentiments que les arts sont destinés à éveiller dans le cœur de l'homme.

Nous aurons, du reste, en visitant le musée d'Amsterdam, l'occasion de revenir sur ce sujet et d'insister de nouveau sur les caractères de l'école de peinture hollandaise.

Le prince Guillaume a eu, vers 1840, l'idée de se faire construire, par un architecte anglais, le palais le plus bouffon qui jamais ait réjoui le regard d'un architecte. Ce palais est gothique, dit-on; nous ne voyons pas pourquoi. Il est avant tout une œuvre de folie et de déraison : ces tourelles, ces machicoulis, ces ouvertures écrasées ne se décrivent pas. Le plus étrange, c'est que ce grotesque amas n'est qu'un placage, un décor. En arrière est le véritable palais, avec de vrais murs, de vraies fenêtres, un palais dans lequel enfin l'habitation est possible et la vie supportable.

En face du palais Guillaume, s'élève un édifice néo-grec qui est la résidence royale.

Un détracteur de l'architecture du moyen âge nous disait un jour, en nous montrant, près d'un cimetière de Paris, un magasin de marbrerie : « Voyez donc combien il est facile de faire de l'architecture gothique! combien elle est à la portée de tous les esprits et de toutes les mains! » Ce naïf regardait ces monuments funèbres comme étant des types de l'architecture gothique. Il eût pu répéter sa tirade devant le palais Guillaume; nous aurions alors remplacé la longue discussion d'autrefois par une volte-face qui l'eût mis devant le palais royal, et nous lui aurions crié à notre tour : « Voyez donc combien il est facile de faire de l'architecture grecque. »

Ce simple récit prouve qu'il n'est pas plus facile de faire de la bonne architecture gothique que de la bonne architecture grecque; qu'on ne doit pas *faire* indifféremment de l'une ou de l'autre; qu'au contraire, elles ont chacune leurs raisons d'être et leurs conditions d'existence; qu'en résumé, enfin, il ne fallait pas de nos jours construire à la fois à la Haye un palais supposé grec en face d'un palais prétendu gothique.

Les églises de la Haye offrent peu d'intérêt. La groote Kerk date du XIVe siècle; elle est dénaturée et n'a conservé des souvenirs de son origine première que la grande tour à l'entrée.

La nieuwe Kerke est entièrement en briques de dif-

férentes formes et de toutes dimensions, c'est-à-dire que
tous les bandeaux, nervures, colonnettes, meneaux, sont
construits au moyen de briques ayant les profils voulus;
ces briques sont apparentes et simplement jointoyées,
procédé logique et rationnel, bien préférable à celui qui

Fig. 21.

consiste à recouvrir des murs en briques d'un enduit assez
épais pour obtenir par un ravalement les profils désirés.
Nous verrons, du reste, en Allemagne, le premier de ces
procédés vulgarisé et d'un constant emploi.

L'*hôtel de ville* (*Stadhuis*) date du XVIe siècle et a subi
d'importantes modifications vers 1730; il se trouve à

l'angle de deux rues et montre encore intact le beffroi traditionnel et le degré du haut duquel les orateurs pouvaient s'adresser au peuple.

Les détails architectoniques sont empreints d'une certaine exagération boursouflée qui n'enlève pas cependant tout intérêt à ce petit édifice (fig. 21).

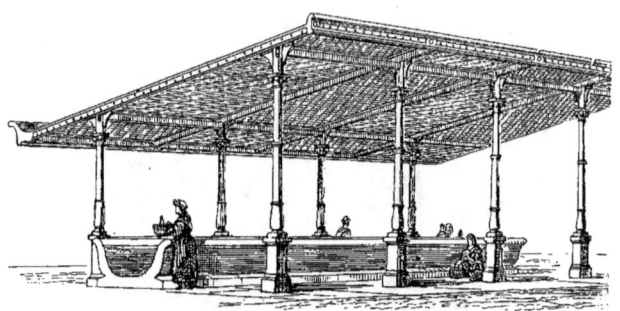

Fig. 22

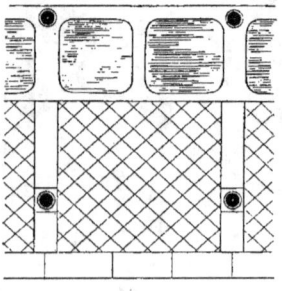

Fig. 23.

(Échelle de 0^m,001 pour mètre.)

Près de l'hôtel de ville se tient le marché aux poissons, abri ouvert à tous les vents, disposition peu confortable, mais évidemment favorable à l'entretien de la propreté et à l'expulsion des odeurs malsaines. Ce marché se compose d'un toit à un seul rampant; la marchande se tient dans la partie basse, derrière une auge où sont les poissons; le chaland, protégé de la pluie et des gouttières, circule alentour sous l'avance du toit. Ce marché, — comme on le voit par la vue perspective (fig. 22) et le plan (fig. 23) que nous donnons ci-contre — est très-économique, mais incomplet pour une grande cité, et cependant bien supérieur à ce que nous trouvons dans beaucoup de nos villes de province.

Fig. 24.

Les habitants de la campagne qui viennent à la ville y arrivent dans d'originales voitures en sapin verni, ornées et décorées de sculptures; lorsque le temps l'exige, on recouvre ces véhicules d'une banne de toile; le conducteur s'assied en avant sur un siége unique, le fond de la voiture étant destiné à recevoir les fardeaux (fig. 24).

La Haye a élevé une statue au roi Guillaume II et deux au roi Guillaume Ier le Taciturne. A l'exception du cavalier de la statue équestre de ce dernier, qui a grande tournure, ces trois œuvres sont médiocres.

Fig. 25.

Le monument destiné à perpétuer le souvenir du jour où fut proclamée l'autonomie de la Hollande n'offre pas non plus un bien vif intérêt; mais il est le plus important en son genre, et c'est à ce titre que nous avons voulu le faire connaître (fig. 25).

Un autre monument rappelle également des souvenirs politiques, mais ceux-ci inscrits en lettres de sang dans l'histoire de la Haye. C'est la prison qui servit de dernier asile à Barneveld Olden, le chef du parti républicain, assassiné en 1617, et aux deux frères de Witt, les grands pensionnaires de Hollande, victimes du peuple après en avoir été l'idole.

En général, les lieux témoins des sombres tragédies de ce genre sont dénaturés, ont changé de forme et d'aspect, et le voyageur ne peut y retrouver la trace du passé. La salle du château de Blois où fut assassiné le duc de Guise, richement peinte et restaurée de nos jours, n'inspire certes aucune pensée mélancolique; l'ancienne prison du cardinal la Balue, enfermé dans sa célèbre cage de fer, sert de chambre à coucher à une jolie paysanne tourangeaude; le château Saint-Ange, à Rome, est couvert des joyeuses inscriptions de nos soldats français; à la Tour de Londres, les frêles et blondes *misses* placent gaiement leur cou sur le billot d'Anne Boleyn, et le gardien fait sentir à leur nuque blanche et rose le tranchant d'un sabre de fer-blanc... La prison de la Haye, au contraire, est restée un endroit lugubre et désolé, c'est la prison dans toute son horreur : — un escalier de pierres usées, des murs de forteresse, des cellules à peine éclairées par des fenêtres étroites, que ne peuvent atteindre les mains et que défendent des barreaux et des treillis de fer; puis des portes lourdes, épaisses, bardées de clous à larges têtes, fermées par d'énormes verrous glissant avec un bruit sinistre; sur les murs, enfin, des paroles de haine et de vengeance, les traces des mains ensanglantées des misérables qui cherchaient à se défendre dans une dernière convulsion de terreur et de désespoir.

Les *maisons* de la Haye diffèrent de celles que nous

avons vues à Rotterdam et de celles que nous verrons à Amsterdam. La Haye, nous le répétons, est une ville de plaisirs. L'étranger qui vient y planter sa tente ne se préoccupe que de la façon d'y passer agréablement son temps ; le Hollandais, qui s'y retire après avoir fait fortune en vendant 75 francs à l'Europe le picol de sucre ou de café qu'il a acheté 7 francs à Java, n'a d'autre souci que

Fig. 26.

de profiter des richesses gagnées rapidement dans un métier aussi lucratif. Il est donc intéressant de voir comment, sans renoncer complétement aux habitudes inhérentes à sa race, aux usages qui tiennent à sa nature, il passe des sombres maisons de Hoog-straat et de Kalverstraat, des fétides canaux du Rokin ou de l'Amstel, aux riantes demeures de Langevoorhout ou de Princessgratch, aux gaies villas du Bois ou de Scheveningen.

Les maisons de la Haye dans les quartiers luxueux

sont vastes et commodément disposées, toujours entourées de jardins aux fleurs brillantes, puis, suivant l'aisance du propriétaire, ornées de serres extérieures, de vestibules vitrés, formant comme un premier salon (fig. 26).

Ce ne sont plus les façades monotones, d'une si effroyable uniformité, qu'offre toute ville hollandaise : la hauteur, les dimensions et la *couleur* même de celles-ci varient presque pour chacune.

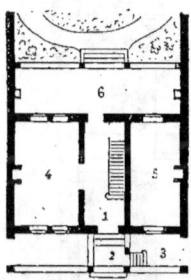 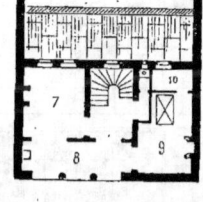

Fig. 27. — Rez-de-chaussée.   Fig. 28. — Premier étage.
(Échelle de 0^m,002 pour mètre.)

1. Vestibule.　　5. Salle à manger.　　9. Chambre à coucher.
2. Porche.　　　6. Jardin d'hiver.　　10. Cabinet de toilette.
3. Fossé d'isolement.　7. Cabinet de travail.
4. Salon.　　　　8. Loge.

Mais pourtant le vrai Hollandais, même celui de la Haye, ne peut renoncer aux traditions de toute sa vie, et voici, comme exemple de cette transformation, une maison dans laquelle il a essayé d'allier ses anciens souvenirs et ses nouvelles aspirations (fig. 27 et 28). Il se sépare toujours de la voie publique par un fossé où se trouve l'accès des cuisines et des services, puis il pénètre par une entrée couverte dans un vestibule qui, à droite, ouvre sur la salle à manger, à gauche sur le salon. En arrière de ces pièces, une serre ou jardin d'hiver; au premier étage, l'habitation de la famille; la chambre à coucher principale est, par concession aux idées nouvelles, ornée d'un balcon; mais ce balcon est devenu loge, et

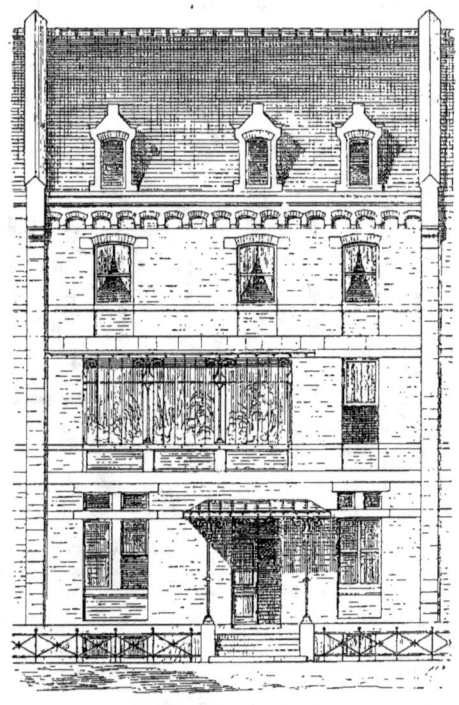

Fig. 29.
(Échelle de 0^m,0055 pour mètre.)

c'est toujours renfermé et sans être vu qu'il peut, s'il le veut, regarder ce qui se passe à l'extérieur (fig. 29).

Environs de la Haye. — Aux portes de la ville se trouve la célèbre promenade, appelée *le Bois,* pour laquelle la Hollande entière professe la plus vive admiration et que Gérard de Nerval prétendit un jour être plantée sur pilotis.

Quand le ciel est pur, que le soleil brille, — ce qui se voit quelquefois en Hollande, — ce bois est, dans les jours de fête, le rendez-vous de toute la population de la ville. Riches bourgeois, ouvriers endimanchés, pauvres avec la livrée de leur hospice, y viennent entendre les concerts en plein vent que donnent gratuitement les musiques militaires, installées dans une petite île autour de laquelle circulent les promeneurs, allant tous méthodiquement dans le même sens, sans se heurter et surtout sans se presser. Les voitures y sont rares; nous nous rappelons un certain jour n'en avoir rencontré que deux : dans l'une, la reine mère et le roi; dans l'autre, bizarre coïncidence, un Français qui, dans nos dernières discordes civiles, s'est acquis une triste notoriété.

Le passage des souverains ne donnait lieu à aucun cri, à aucune démonstration bruyante; chacun se découvrait à leur approche, pendant qu'eux saluaient avec ce mouvement automatique particulier aux têtes couronnées. La présence de leur roi n'éveillait parmi les assistants ni transports ni enthousiasme, mais tout simplement les marques d'égard, les témoignages de respect qui sont dus au représentant du principe de gouvernement que s'est librement donné une nation; cette attitude était du reste fort digne, et présentait un contraste frappant avec les plates manifestations qui se produisent souvent ailleurs en pareille occurrence.

Comparer le bois de la Haye à notre bois de Boulogne serait une erreur, car il n'y a aucun rapprochement à faire entre eux. Ils présentent deux choses tout à fait distinctes, ayant chacun leur mérite propre, mais différent : le sol du bois de la Haye est parfaitement plat et uni, l'eau y abonde, un trou de canne dans le sol y creuserait un puits, les allées sont tracées au milieu d'arbres superbes; les racines des hêtres plongeant toujours dans un trou humide donnent à l'écorce et au feuillage un ton blanchâtre auquel les rayons du soleil communiquent un éclat quasi-métallique, qui se retrouve dans les paysages des peintres nationaux.

Au milieu du bois s'élève la résidence royale appelée *maison du Bois*, c'est une riche habitation bourgeoise du XVIIe siècle, dont l'intérieur renferme un certain nombre de tableaux et d'objets d'art d'un intérêt secondaire.

Du bois partent différentes avenues qui, à certaine distance, sont bordées de villas et de maisons de plaisance, demeures dans lesquelles viennent se reposer et se distraire, à leur façon, les riches Hollandais de Hollande ou de Java; car l'amour du sol est tel, chez ces natures pourtant si calmes et si froides, que — quels que soient leur situation acquise, le chemin à parcourir, les espérances réalisées ou déçues, — c'est toujours au berceau de leur enfance qu'ils tendent à revenir : semblables en cela au coolie chinois, qui va pendant cinq ans s'enfouir dans les mines de guano du Pérou, afin de gagner de quoi se faire enterrer sur le sol du Céleste Empire.

On nous présente au propriétaire d'une de ces maisons et nous la visitons avec lui. La richesse des meubles qui la garnissent, des objets d'art de l'Orient dont elle est pleine, nous étonne et notre admiration le fait sourire. Il nous montre alors de grandes photographies coloriées qui représentent son habitation de Samarang : — vrai palais tout en marbre, entouré d'une véranda en bois de Teck. Trois pavillons isolés, défendus du soleil par une double toiture, sont reliés entre eux par de longues galeries que portent des piles en bois ouvragé ; ces pavillons renferment une salle à manger, une immense piscine et une salle de réunion ; dans chaque pièce, des appareils de ventilation un peu primitifs, gigantesques éventails qu'un Malais en robe bleue fait manœuvrer au moyen d'une ficelle passée autour d'un rouleau, et qui suffisent pour entretenir la fraîcheur dans ces vastes pièces ouvertes ou closes, sur une ou deux faces, suivant l'heure du jour ; puis des jardins immenses, avec les produits de l'exubérante végétation des tropiques, des fruits dont les sucs donnent la mort, des plantes dont le parfum est un poison, enfin, comme complément de cette installation, des écuries pour vingt-cinq chevaux, et des logements pour quatre-vingts domestiques qu'on voit remplissant leurs différentes fonctions, revêtus des plus riches costumes.

Il semble que cette demeure de la Haye doit paraître pauvre et mesquine à cet homme, habitué au luxe et à la splendeur de l'Orient. Et cependant, ce nabab éprouve à certains moments le besoin d'abandonner pour quelque temps l'existence princière qu'il mène là-bas ; il quitte son palais, le soleil étincelant, la nature luxuriante de Java, et part pour revoir avec bonheur sa petite villa, les brouillards et les tulipes de sa chère Hollande, il oublie sa richesse, son pouvoir et redevient simple bourgeois, modeste propriétaire d'une petite maison de la Haye, dans laquelle il retrouve les habitudes de sa race et les souvenirs de son enfance.

« Avez-vous des architectes à Java ? demandâmes-nous à notre hôte au moment de prendre congé.

— Certes, oui : nous avons d'abord les architectes européens qui, imbus des traditions de l'Occident, viennent construire là-bas des maisons taillées sur le patron de celles qu'on voit partout, en Hollande ou ailleurs; ils s'efforcent de faire revivre à Java le souvenir des édifices grecs, romains ou gothiques qu'ils ont plus ou moins bien compris[1]. Le résultat atteint est ce que vous pensez. Nous avons ensuite les Chinois, qui ne cherchent pas à faire prédominer leurs goûts personnels, leur propre manière de voir, mais qui ont au contraire un remarquable talent d'assimilation; ils sont, à la fois, à peu près architectes, ingénieurs et entrepreneurs; un Chinois est tout ce qu'on veut; ils écoutent attentivement les indications de leur client, ne prennent pas la parole pour lui donner des idées, mais seulement pour l'obliger à développer les siennes; un croquis, le plus souvent un simple tracé sur le sol, leur suffit, et ils produisent ensuite ce que vous voyez. Voici des constructions en bois, en marbre. Remarquez comme elles sont comprises suivant leur destination, les matériaux employés, l'emplacement qu'elles occupent. Il est impossible, n'est-ce pas, de ne pas distinguer à première vue que ce pavillon contient la piscine, cet autre une salle de réunion, celui-ci les pièces de l'habitation, cet autre les services secondaires. Quant à la décoration merveilleuse et à la variété infinie des dispositions intérieures, elle est le produit de l'art chinois et indou joints aux effets de cette éblouissante lumière qui dore, anime, met en relief les objets les plus simples.

— C'est merveilleux, en effet... et penser que de tels résultats sont obtenus par des gens que nous traitons de barbares!

— Les Chinois, des barbares? Ah çà, mais...

---

[1]. Qu'on ne nous accuse pas d'exagération, puisque nous autres Français nous avons bien élevé un palais néo-grec pour le gouverneur de notre colonie de Saïgon et une cathédrale gothique à Shang-haï.

SCHEVENINGEN

> On va de la Haye à la mer en moins d'un quart d'heure par un chemin très-agréable. Nous vîmes en y allant un chariot à voiles.
> REGNARD.

LES VILLAS, L'ÉGLISE.

Un moyen de transport encore en honneur en Hollande et qu'il est bon de signaler au lecteur, afin qu'il puisse l'éviter, c'est le voyage en tresckuit. Il faut posséder le calme hollandais pour pouvoir supporter un trajet, quelque court qu'il soit, dans ces lourdes barques plates et étroites, remorquées par un cheval, sur des canaux aux eaux épaisses et verdâtres. On ne voit rien, car le canal est encaissé entre deux très-hautes berges; on n'entend rien, parce qu'il ne se fait aucun bruit; vos compagnons de voyage, en général des habitants des villages environnants, sont immobiles, figés à leur place; ils n'ont jamais rien à se dire, et certainement pas davantage à penser. Les hommes fument, les femmes tricotent; leurs figures épaisses, sans modelé, sans expression, ne laissent voir aucune trace d'impression ou d'émotion quelconque. Parfois on s'arrête, le bateau se range : c'est qu'un autre tresckuit vient en sens contraire. Il est à 500 mètres, on aurait dix fois le temps d'atteindre un garage plus éloigné et d'éviter une perte de temps; mais se presser est un acte qui, en ce pays, ne viendrait à l'idée de personne. Il faut donc prendre son mal en patience, regretter le chemin de fer à roulettes qui fait le trajet de la Haye à Scheveningen en un quart d'heure, penser au chariot à voiles de Regnard, qui n'est plus guère en usage que dans les plaines de Hong-Kong, et puis, après tout, enfin, on finit par arriver.

Cependant il faut rendre justice au tresckuit, il procure un moment de véritable satisfaction, c'est quand on le quitte.

Ce qui étonne le plus le voyageur débarquant à Batavia, ce n'est pas l'aspect des *flamboyants* ou des palmiers éventails, ce ne sont pas non plus les vérandas de marbre ou les kiosques en bois de Teck. Rien de tout cela, paraît-il, n'égale l'impression que produit sous ce ciel ardent, à côté de cette végétation excessive, l'aspect des étroites et mesquines maisons de briques, aux pignons fantastiques, élevées sur ce sol nouveau, en souvenir de la mère patrie, par les colons hollandais.

Une impression analogue, mais contraire, attend le voyageur qui parcourt certains environs de la Haye et se rend à Scheveningen ou à Woorburg. Au milieu de bosquets d'arbres, de massifs de fleurs des tropiques (élevées en serre et exhibées aux grands jours), s'aperçoivent des maisons ouvertes à tous les vents, ne montrant que vérandas, portiques, loges ou balcons; on se demande avec effroi comment de tels logis peuvent être habitables sous ce ciel brumeux et gris; on y est sans aucun doute fort mal, mais cependant, quand parfois un gai rayon de soleil réchauffe le paysage, l'œil se réjouit du spectacle qu'il découvre.

SCHEVENINGEN.

Voici une de ces habitations, en cours de construction. Toutes ne sont pas étudiées avec le même soin et avec la même recherche dans les détails; bien souvent les souvenirs lointains ne sont pas heureusement placés, et en tout cas cette mutuelle transplantation d'œuvres créées pour des climats et des besoins si opposés ne satisfait pas précisément la logique et le raisonnement.

Cette villa (fig. 30 et 31) est exposée du nord au midi, en vue de la mer; de ce côté elle est précédée

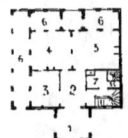   

Fig. 30. — Rez-de-chaussée.   Fig. 31. — Premier étage.

(Échelle de 0^m,001 pour mètre.)

1. Porche.
2. Antichambre.
3. Cabinet de travail.
4. Salon.
5. Salle à manger.
6. Galerie ouverte.
7. Office.
8. Chambres à coucher.
9. Loges.
10. Cabinets.
11. Privés.

d'une vaste loge, dépendance des salons ouverts au fond : une véranda, qui établit une communication entre les pièces du rez-de-chaussée, abrite contre le soleil la façade au midi. Sur la façade opposée s'élève un porche servant d'entrée couverte pour les voitures. Au premier étage se trouvent les pièces destinées à l'habitation, ouvrant toutes sur des loges ou des balcons. Les deux chambres à coucher principales montrent dans leur installation une grande science du confortable : chacune est accompagnée d'un cabinet de toilette; les lits sont placés debout dans une retraite ménagée par la saillie de la logette, laissant ainsi un grand espace vide dans la pièce; ils sont de plus parfaitement abrités contre les courants d'air ou l'éclat d'une trop vive lumière que son reflet sur l'eau rend parfois fatigante; s'il fait beau, l'habitant peut, sans sortir de son appartement, aller sur la loge respirer la fraîche brise de la mer; s'il fait mauvais temps, il brave, au coin de son feu, le vent et la pluie, et trouve une distraction dans le spectacle qu'il aperçoit à travers les glaces de ses larges fenêtres fermées par le système dit à guillotine.

Les pièces secondaires, les services généraux sont reportés sur la façade opposée, d'où la vue est moins intéressante. La façade orientée au nord n'est percée d'aucune ouverture, elle présente un mur plein, d'une construction solide, car il fallait de ce côté se défendre avec avantage contre les mauvais temps; au lieu d'un mur ordinaire d'une seule épaisseur, le constructeur a établi deux murs, l'un extérieur, de $0^m,50$, l'autre intérieur, formé d'une brique posée à plat ($0^m,11$); ces deux murs sont séparés par un espace vide de $0^m,10$ de largeur, aucun lien ne les réunit, sauf des traverses en fer placées à la hauteur des planchers, et destinées à les rendre solidaires, sans toutefois permettre que l'humidité de l'un puisse se communiquer à l'autre; les planchers étant posés sur les murs de refend, le mur intérieur n'a que sa propre charge à supporter; dans les flancs sont ménagées quatre petites barbacanes établissant un courant d'air, et au niveau du sol une petite dalle, creusée comme un caniveau, réunit l'eau provenant de la buée ou de l'humidité qui aurait suinté à travers le mur extérieur; les parements du mur intérieur se trouvent ainsi à l'abri de toute influence extérieure et restent parfaitement secs.

Ce système de doubles murs est très-employé en

Russie, et l'espace vide entre les deux murs sert de conduit de chaleur pour les calorifères qui élèvent ainsi la

Fig. 32.

température en chauffant de grandes surfaces au lieu de s'introduire dans les appartements par un orifice unique dont les abords sont souvent d'un voisinage désagréable.

La décoration de l'intérieur de cette villa ne mérite pas moins d'attirer l'attention que ses dispositions extérieures. Le sapin est la seule matière mise en œuvre; mais, malgré des moyens d'action aussi simples, le résultat obtenu est heureux et préférable sans contredit à celui qu'eût donné l'emploi des simili-marbres et des cartons-pâtes si en faveur chez nous.

Les solives des planchers sont apparentes : une moulure en enlève les arêtes et s'accuse au moyen de filets de couleur; d'autres filets d'un ton très-vif, tracés sur les joints des lambris, servent à former des compartiments réguliers tranchant sur le fond clair et uni du sapin que fait briller une épaisse couche de vernis; tout cela est très-simple, mais exempt de toute prétention et de toute recherche banale.

La figure 32 montre le parti général, adopté pour l'installation et la décoration de l'escalier principal, desservant le premier étage. Les marches, limons, points d'appui et la rampe elle-même sont entièrement en sapin; quelques parties sont simplement moulurées ou refouillées dans la masse.

Les détails portent l'empreinte des souvenirs *gothiques* et sont étudiés avec un grand soin; les matériaux employés ne comprennent, sauf quelques morceaux de pierres de Belgique, que de la brique et du bois[1].

Le village de Scheveningen, qui est le Dieppe de la Hollande, n'a guère d'intéressant que ses maisons de plaisance; cependant, dans la partie habitée par les pêcheurs, on retrouve une église (fig. 33) dont la fondation remonte au XIVe siècle; le chœur a été construit au XVe, la nef et les bas côtés sont couverts par un même

---

[1]. Pour plus de détails et pour connaître les dessins auxquels nous faisons allusion dans nos descriptions, voir : *Habitations modernes*, par MM. Viollet-le-Duc et Félix Narjoux, architectes. — Ve A. Morel et Cie, éditeurs, Paris.

comble. Cette église est actuellement consacrée au culte protestant et a beaucoup perdu de l'intérêt qu'elle devait offrir autrefois (fig. 34).

Sur une dune, dont le pied est consolidé par un mur en briques, sont rangés 200 bateaux que les pêcheurs ont mis hier à l'abri du coup de vent de cette nuit. Ils sont là au repos, bien en ordre, parfaitement alignés et

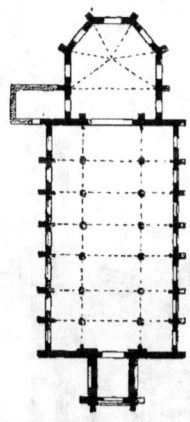

Fig. 33.
(Échelle de 0^m,001 pour mètre.)

prêts à reprendre la mer. Ces bateaux sont lourds, épais, massifs, et offrent pour la plupart une disposition peu en usage ailleurs, croyons-nous. Des palettes fixées sur les plats-bords au moyen d'une vis se rabattent pendant les gros temps afin de diminuer les oscillations imprimées par le roulis; le moyen est-il bien efficace, et le résultat bien important pour des bateaux destinés à un aussi rude service que des bateaux de pêche? La chose est douteuse; en tout cas, il semble que cet engin doit gêner la manœuvre, et, par une mer un peu forte, empêcher l'embarcation de facilement monter à la lame.

Ce qu'il y a de plus curieux à Scheveningen, c'est

Fig. 34.

la plage, immense ligne de sable fin, doux et uni, à laquelle on parvient non pas en descendant, mais en montant. Ici la mer n'est pas au-dessous, mais bien au-dessus de vous. Elle a si peu de fond que, pour s'y baigner, on se sert de voitures-cabanes, portées sur quatre roues et traînées par un cheval. Quand la voiture s'arrête, on a eu le temps de se déshabiller ; on ouvre alors une porte et on se jette à l'eau dans un étroit espace que des toiles garantissent de tout regard indiscret. — Vous pouvez, il est vrai, les soulever pour faire une *pleine eau,* si le cœur vous en dit. — Le bain pris, on remonte en voiture, le cheval repart et le temps du retour est consacré à refaire sa toilette.

C'est à Scheveningen aussi qu'on peut constater quelques traits de mœurs de la vie hollandaise, faciles à observer et intéressants à noter. Les chemins ou les canaux allant de la Haye à Scheveningen sont, sur presque tout leur parcours, bordés de villas d'un goût ou d'une forme que nous ne discutons pas ici, mais l'aspect en est gai, riant, et en somme fort plaisant à voir. En avant, des haies, des fleurs, des gazons verdoyants, des plates-bandes aux riches couleurs luxueusement entretenues : du milieu de ces parterres, la vue est égayée par l'aspect de la campagne, les sites du paysage environnant, le mouvement des promeneurs et des voitures ; en arrière des bâtiments se trouve le plus souvent un espace restreint, fermé, assez maussade, avec un fossé d'eau saumâtre et un moulin à vent. Eh bien ! c'est ce dernier endroit que le Hollandais s'est réservé, c'est là qu'il se tient et que se réunit la famille ; ce fossé, ce moulin à vent, font la joie de tous ces gens : ils ne voient ni ne sont vus, les voilà heureux. Quant à la partie de l'habitation exposée aux regards du public, elle lui est sacrifiée. Le Hollandais y fait étalage de sa fortune et des jouissances qu'elle pourrait lui donner ; il satisfait de cette façon sa vanité et son amour de la retraite, car, s'il était uniquement guidé par ce dernier sentiment, rien ne s'opposerait à ce qu'il profitât, tout en la voilant, de la richesse qu'il exhibe aux yeux des autres.

Autre détail. — La plage de Scheveningen est fréquentée pendant la saison par la société élégante. Au lieu de se montrer et de s'étaler, comme elles le font en tous pays, les femmes s'installent dans des sortes de cahutes qui les cachent, elles ne se réunissent pas entre elles, ne cherchent pas à faire exhibition ni assaut de toilette, mais vivent retirées et isolées. Cependant toutes sont riches, très-riches même ; elles sont souvent fort belles, d'une beauté étrange, produit de l'union des races javanaise et hollandaise, type plein de contrastes, une carnation blanche avec des cheveux noirs, une peau bistrée avec des yeux bleus, une allure nonchalante alliée à des gestes expressifs ; mais fortune, grâce, beauté, tout reste caché et ne se montre pas au dehors : ce sont des plaisirs, des charmes réservés pour l'intérieur, pour la vie intime. La vie sociale se réduit à la vie de famille ; ce n'est pas en cela, plus qu'en beaucoup d'autres choses, que les Hollandais nous ressemblent.

LEYDE

> La ville de Leyde est le Versailles de la Hollande par son air de grandeur déchue, de tristesse souveraine ou de solitude imposante.
>
> Esquiros.

LE KOORNBROG, L'HOTEL DE VILLE.

Les chemins de fer hollandais ne connaissent pas l'usage des salles d'attente, malheureusement si fort en honneur chez nous. Nous nous félicitions donc, chemin faisant, d'avoir pu quitter la Haye avec le droit de circuler, d'entrer ou de sortir à notre gré de la *restauration* quand un grave Hollandais, notre compagnon de route, nous expliqua, avec le plus grand sérieux, que de telles libertés ne pourraient être accordées au public, dans notre pays, sans exposer les Français aux plus graves accidents à cause de leur fougue naturelle!!!

Il est certain que le calme invraisemblable et la placidité avec lesquels un Hollandais monte ou descend de wagon contrastent avec notre hâte et notre vivacité. Mais cette lenteur n'accélère pas le voyage, et comme les pays à parcourir sont identiquement les mêmes que les pays parcourus, que la plus effroyable monotonie règne partout dans la nature comme dans les œuvres des hommes, un trajet au milieu de ces interminables prairies habitées par les mêmes troupeaux blancs et noirs, arrosées par les mêmes canaux, animées par les mêmes moulins à vent, finit bien vite par paraître long.

Fig. 35.

Heureusement voici *Leyde,* avec sa ceinture de canaux, ses maisons vertes, son burg, le souvenir des anabaptistes, des Elzévirs et du fameux siége de 1574, pendant lequel les assiégeants employèrent les pigeons pour donner et recevoir des nouvelles.

Quand nous avons vu Leyde, nous l'avons trouvé triste et solitaire; mais depuis... nous avons vu Utrecht, et maintenant Leyde paraît dans nos souvenirs pleins de vie et d'animation. C'est du reste une ville intéressante, dominée par une forteresse en ruines qui fut son berceau. Ces ruines sont tout ce qui reste de l'ancien burg, dont la fondation est attribuée aux Romains, et qui, du sommet d'une colline de 15 mètres de haut — il faut être en Hollande pour appeler colline une pareille taupinière — commandait une position très-forte sur le Rhin, position devenue aujourd'hui sans importance.

Fig. 36.

Nous nous attendions à trouver dans le burg de Leyde un souvenir, une ressemblance avec les burgs rhénans, mais ces ruines n'offrent plus grand intérêt et sont converties en café-restauration. Le donjon, seul encore debout, vient d'être réparé, et par ses créneaux laisse apercevoir la ville et la campagne qu'il domine.

Au pied du burg se trouve le *Koornbrog* (pont couvert), dans lequel on ne trouve rien du caractère et de l'originalité qu'offrent les constructions du même genre en Suisse et en Italie (fig. 35).

L'*hôtel de ville* est l'édifice le plus ancien de Leyde. C'est un grand bâtiment du XVIe siècle, qui possède un large perron, tribune toute trouvée pour les orateurs populaires; les détails de la façade sont mauvais, les statues, pinacles, balustres et autres motifs de décoration affectent des formes bizarres, contournées et exagérées (fig. 36), qui nous montrent ce que sont là-bas les édifices élevés à l'époque de notre renaissance.

Au delà de Leyde, le chemin traverse sur un pont un cours d'eau jaune et boueux : c'est le Oude Rijn (le vieux Rhin), comme l'appellent les Hollandais, — pauvre noble fleuve qui, après avoir bondi dans les rochers des Grisons, formé les cataractes de Schaffouse, s'être étalé dans toute sa majesté à Cologne, vient tristement finir entre les deux murs de quai d'un canal, ou se perdre à travers les boues de la Nord-Hollande.

HARLEM

> A cet endroit où vous voyez aujourd'hui s'élever un village, naviguaient, il y a vingt ans à peine, des navires de haut bord.
>
> Van Ostade.

LA GROOTE KERK, LA BOUCHERIE, COIFFURES.

Avant d'atteindre Harlem, on longe les polders qui étaient autrefois la mer de Harlem. Cette mer intérieure, de onze lieues de circonférence, à peine séparée de la mer du Nord par des dunes insuffisantes pour résister à un gros temps, était sujette à de véritables tempêtes, à des crues terribles qui plus d'une fois menacèrent jusqu'à Amsterdam elle-même. Il fallait donc supprimer ce dangereux voisin, mais ce n'était pas une petite affaire. Les premières études de ce projet remontent au xvie siècle; longtemps abandonné, il fut repris après la terrible inondation du 9 novembre 1836, et seulement mis à exécution en 1840.

Cette gigantesque entreprise comprenait, outre l'épuisement proprement dit, l'exécution de plusieurs travaux préparatoires d'une importance presque aussi grande que celle de l'opération principale.

Il fallut d'abord établir autour du lac — mer de

Harlem — une double digue renfermant un canal avec chemin de halage et déversoir allant à la mer du Nord ; l'eau pompée était versée dans ce canal, puis s'écoulait à la mer ; des écluses ménagées dans les canaux empêchaient qu'à marée haute ou pendant les gros temps, la mer pût refluer, remplir les conduites et retourner au lac.

Des sondages répétés avaient permis de constater que la profondeur moyenne du lac était de 4 mètres ; on avait aussi calculé que la quantité d'eau qu'il contenait pouvait être évaluée à 724 millions de mètres cubes ; il fallait ajouter à ce chiffre déjà considérable les eaux de pluie et celles provenant des infiltrations souterraines, environ 36 millions de mètres cubes par an, défalcation faite de la perte amenée par l'évaporation — très-peu importante dans un pays dont l'atmosphère est constamment saturée de vapeurs d'eau.

Trois pompes à vapeur furent mises en mouvement et suffirent à ce travail, qui ne dura que trois ans et trois mois, malgré les difficultés imprévues, les complications inhérentes à l'exécution d'une œuvre semblable.

La plus importante des machines d'épuisement employées fut le Leeghwater, qui fonctionne encore, du reste, et qui, par onze corps de pompe, enlevait à la fois, à chaque coup de piston, le poids effroyable de 66,000 kilogrammes d'eau.

La dépense, occasionnée par cette entreprise, comprend d'abord les frais de desséchement en lui-même, puis ceux d'entretien des digues, canaux et machines d'épuisement, encore aujourd'hui nécessaires pour assurer l'assainissement du sol. L'esprit pratique des Hollandais est parvenu à couvrir la première dépense au moyen de la vente des terrains conquis sur la mer, et à réduire la seconde au point de l'empêcher de dépasser les sommes annuellement consacrées autrefois à l'établissement et à l'entretien des digues, destinées à protéger la province contre les envahissements de la mer de Harlem.

La surface de terrain livrée à l'agriculture par cette opération est de dix-huit mille hectares, maintenant en plein rapport et d'une remarquable fertilité; des villages se bâtissent sur ce sol conquis; au lieu de plaines liquides, on voit de solides et vertes prairies; là où flottaient des navires, s'élèvent aujourd'hui des arbres, des maisons et des clochers [1].

Mais toute médaille a son revers. Quand, par une chaude soirée d'été, le voyageur passe et regarde ce qui fut autrefois la mer de Harlem, il voit de lourdes vapeurs s'élever du sol, des exhalaisons paludéennes sortir de cette terre fangeuse, et s'il s'attarde, il sent bientôt arriver le triste frisson avant-coureur de la fièvre; la nature semble vouloir faire payer à l'homme sa conquête et prendre sa revanche de la lutte dans laquelle elle a été vaincue.

Cette lutte est sans trêve, et, pour comprendre ce qu'elle doit être, il suffit de se rappeler que presque partout le sol de la Hollande est au-dessous du niveau de la mer; ainsi, en prenant pour base le niveau d'Amsterdam, ligne fictive à laquelle sont rapportées les côtes des autres villes, nous voyons que Rotterdam est à $3^m,20$ au-dessous du niveau des marées de la Meuse et les environs de Leyde et Harlem à $3^m,40$ au-dessous des marées de la mer du Nord. L'unique préoccupation des Hollandais doit donc être de mettre *un frein à la fureur des flots,* et un des traits caractéristiques du génie persévérant et

---

1. Un travail analogue, mais bien moins important, est sur le point de s'exécuter en France, à Saint-Louis du Rhône.

industrieux de ce peuple est d'avoir élevé les digues immenses — qui protégent tous les points les plus menacés, — en bois et en granit, dans un pays qui ne possède ni carrières ni forêts.

Harlem est surtout connu par son amour pour les tulipes et par les grandes orgues de son église Saint-Bavon.

L'engouement qu'ont excité les tulipes est un peu calmé : tel oignon qui fut autrefois payé 5,000 florins n'en coûte plus aujourd'hui que 200, ce qui est encore un joli prix; mais l'amour des fleurs n'a pas diminué en même temps que leur valeur, et les jardins des environs de Harlem sont toujours les plus beaux qu'on puisse voir. C'est là que viennent s'approvisionner de plantes rares les jardiniers d'une partie de l'Europe, et ces parterres font autour de la ville une brillante ceinture pleine d'éclat et de parfums.

L'église Saint-Bavon ou la groote Kerk, qui contient les orgues, la grande curiosité de Harlem, est un édifice remarquable surtout par ses grandes dimensions (fig. 37). La nef et le chœur ont été construits en 1472 par Albert de Bavière, duc de Hollande; le clocher est moins ancien et ne fut élevé qu'en 1516.

Quand on compare cet édifice religieux, un des plus importants de la Hollande, avec ceux construits chez nous à la même époque, on voit quels progrès nous avions déjà réalisés, quels résultats nous avions déjà obtenus, alors que nos voisins, s'inspirant de nos œuvres, tâtonnaient encore en nous copiant maladroitement.

Une disposition spéciale aux églises de Hollande, et sur laquelle il faut insister, car elle leur donne un caractère essentiellement différent des nôtres, est la substitution d'une voûte en bois à nos voûtes en pierres ou

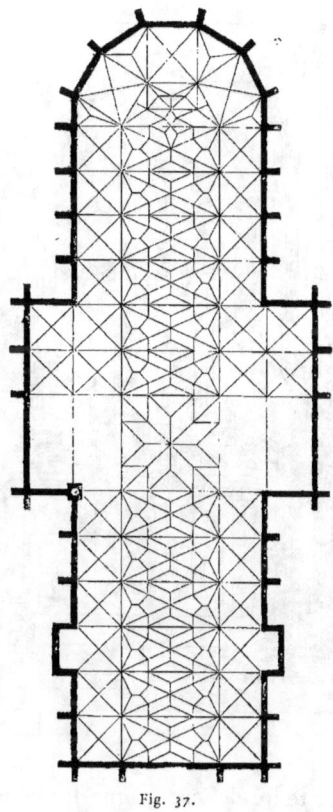

Fig. 37.
(Échelle de 0^m,001 pour mètre.)

briques, sans qu'aucune modification autre que la suppression des arcs-boutants ait été introduite dans les constructions inférieures, élevées en donnant au plan, à la section des piles, à la nature des matériaux, les mêmes conditions de résistance que si elles devaient porter de lourdes voûtes en maçonnerie.

Fig. 38.

On serait tenté de croire que les constructeurs hollandais ont élevé leurs monuments en s'inspirant de ceux d'un autre pays, ou plutôt en les copiant jusqu'à la naissance des voûtes, mais qu'à ce moment seulement, craignant, à cause de la nature du sol, la charge trop considérable de voûtes en pierre, ils les ont remplacées par des voûtes en bois.

Les *orgues de l'église Saint-Bavon* sont renfermées dans un buffet fort riche dont notre figure 38 peut donner idée. Elles ont été construites vers 1736 et jouissent d'une célébrité que la perfection de nos instruments modernes leur dispute à bon droit ; cependant une simple remarque fera comprendre leur importance : l'orgue de l'abbaye de Saint-Denis, construit en 1841, et qui a en France une si grande renommée, contient 4,500 tuyaux, tandis que celui de Harlem en possède 5,000.

Fig. 39.

Les lustres en cuivre de Saint-Bavon sont flamands ; ils sont travaillés avec le plus grand soin et la composition est fort simple, mais l'épaisseur donnée aux enroulements de métal nuit à l'aspect de l'ensemble et le fait paraître lourd (fig. 38).

Devant la Groote-Kerk s'élève la statue de *Laurent Coster* qui, disent les habitants de Harlem, a devancé Guttenberg dans la découverte de l'imprimerie. — Tout près se montre *l'hôtel de ville* (fig. 39) construit en briques vers 1630, si l'on en croit le millésime inscrit au-dessus de la porte, mais dont le style d'architecture paraît indiquer une époque antérieure ; cet édifice a subi des adjonctions et des modifications qui ont altéré sa forme première. Le bâtiment principal, en arrière de ceux plus

Fig. 40.

modernes, est précédé d'un perron très-élevé ; la façade, percée d'une logette, offre un caractère de simplicité rare en Hollande, et qui contraste avec le monument voisin, *l'ancienne boucherie* (fig. 40), construction espagnole et indoue, de l'aspect le plus bizarre ; ces pyramidions renflés, cette frise ornée de têtes d'animaux, le ton rouge des briques, le ton blanc des pierres ou des parties enduites, produisent un ensemble original qui n'est pas sans caractère, mais dont le charme est médiocre.

Les remparts qui défendaient la ville sont aujourd'hui à peu près démolis; une des *portes de l'enceinte* est encore debout, c'est une solide construction du xve siècle (fig. 41).

Fig. 41.

La ville visitée, on nous mène assister à une très-curieuse séance dont le lecteur nous saura gré de lui rendre compte, car elle a trait au jugement d'un concours d'architecture, et jamais question ne fut en France, dans le monde des architectes, d'une plus incontestable actualité.

Une ville voisine, voulant élever sur une place publique une fontaine monumentale, a mis au concours la rédaction du projet des travaux à exécuter ; plusieurs architectes et sculpteurs ont répondu à l'appel qui leur était adressé. Le jugement a eu lieu, tout le monde bien entendu a été mécontent, sauf toutefois celui placé en première ligne, et encore ! — Chacun des autres a déclaré que les juges n'avaient *pas tenu compte des conditions du programme,* qu'il était victime de la bonne foi avec laquelle il s'était renfermé dans les limites imposées, etc., etc... toutes protestations et réclamations que soulève infailliblement un concours, qu'il ait lieu en Hollande ou... en France, et qu'à chaque occasion nous avons toujours vu se reproduire. Jusque-là donc rien de nouveau, mais c'est à ce moment que le nouveau commence, car, après le jugement, les juges sont tenus de rendre compte publiquement à leurs justiciables des motifs qui ont dicté leur décision et les ont fait pencher à gauche plutôt qu'à droite.

C'est à l'assemblée dans laquelle a lieu ce compte rendu qu'on nous fait assister.

La séance est des plus intéressantes, les assistants sont nombreux ; chaque concurrent évincé a le droit de poser deux questions au président du jury, qui y répond après avoir pris l'assentiment de ses collègues. Il ne s'agit donc plus là d'un jugement à huis clos, d'influences de coterie ou de position ; il ne faut pas surtout que M. A... ait donné sa voix au fils de M. B..., à condition que M. B... donnera le lendemain sa voix à ce même M. A...

Les questions posées sont nettes, précises, formulées en fort bons termes, bien entendu, avec ce flegme et ce calme dont ne se départit jamais un Hollandais et qui obligent à une réponse catégorique, dépourvue d'ambages et de faux-fuyants. Il ne suffit pas de dire à un candidat malheureux : « Je trouve votre projet mauvais, » car celui-ci demande immédiatement en quoi et pourquoi son projet est apprécié de cette façon, et il a le droit d'exiger une réponse.

Ainsi, pressé de près par un des concurrents, le président lui répondit à un moment donné :

« Un programme ne peut pas être toujours suivi à la lettre, il faut en saisir l'esprit, en interpréter le sens; ceci est une affaire de tact et de jugement. Supposez, par exemple, qu'un programme demande d'étudier la distribution d'un appartement composé de quatre pièces; parmi les concurrents qui prennent part au concours, le premier place ses pièces l'une à la suite de l'autre, il remplit le programme, et cependant sa solution est mauvaise; un autre divise un rectangle en quatre parties, il remplit aussi le programme, et cependant sa solution n'est pas meilleure; un troisième, enfin, rend ses quatre pièces indépendantes les unes des autres au moyen d'un vestibule, son projet est bon; l'accuserez-vous d'être sorti du programme parce qu'il a introduit dans sa distribution un élément, le vestibule, qui n'était pas demandé; pour moi, je n'hésiterais pas à lui donner la préférence, et c'est une considération de cette nature qui a fait rejeter votre projet; vous avez servilement rempli les conditions imposées, un autre les a mieux comprises et mieux interprétées, il a été plus fin et plus adroit et a ainsi justifié la préférence qui lui a été accordée. »

L'argument était sans réplique, il était formulé d'une manière simple et modérée; ce mode de discussion du reste appelant tout de suite un exemple à son aide, afin de rendre la démonstration plus frappante, est bien dans l'esprit droit et pratique du peuple hollandais.

Pourrions-nous imiter cet exemple, et une telle organisation est-elle dans nos mœurs? — Pourquoi pas? — En tout cas il faudrait essayer : car, si les concours doivent s'acclimater chez nous, ce qui serait à désirer, il est nécessaire, pour encourager cette innovation, d'entourer le jugement de toutes les conditions d'intégrité possibles, et le meilleur moyen sans contredit est la faculté, donnée au concurrent, de pouvoir, le lendemain du jugement, demander à son juge le motif de son appréciation, sans qu'il puisse se refuser à répondre, ni se retrancher derrière l'avis de ses collègues, — comme le cas s'est présenté à....., où un concurrent malheureux montrait un jour les lettres de condoléances qu'il avait reçues de ses quatre juges, rejetant l'un sur l'autre la responsabilité de la décision prise.

Fig. 42.

Sur les parois des murs de la salle dans laquelle nous nous trouvions, étaient accrochés quelques tableaux, assez mauvais du reste, représentant les types des différentes coiffures des femmes de Hollande, types déjà rares dans les villes, mais encore conservés dans les villages de certaines provinces. Nos croquis (fig. 42, 43 et 44) peuvent donner idée de quelques-uns.

Fig. 43.

Les femmes de la Zuid-Hollande (fig. 42) s'ornent

Fig. 44.

la tête de plaques d'or et d'argent, logées sous leur bonnet et terminées par des sortes d'antennes en spirale, souvent ornées de pierres fines ou d'émaux brillants.

Dans la Nord-Hollande (fig. 43), la coiffure des femmes est fort riche et fort compliquée. Les cheveux sont coupés courts et couverts d'un bonnet de dessous en satin blanc orné d'une broderie noire; sur ce bonnet se trouve un bourrelet qui maintient un anneau auquel s'ajoutent des plaques de métal garnies en avant des inévitables antennes. Les domestiques ont ces ornements en argent, les personnes riches les ont en or. Comme complément se fixe dans les cheveux, sur le sommet de la tête, l'aiguille dite de front; les femmes mariées en portent le haut bout à droite, les filles le portent à gauche. Ajoutons aussi que maintenant les riches bourgeoises couronnent le tout d'un chapeau à fleurs (fig. 44), venu de Paris ou de Londres, dont l'effet est le plus grotesque qu'on puisse imaginer.

Le voyage de Harlem à Amsterdam n'est pas long; on aperçoit par intervalles, sur la gauche, le golfe de l'Y (Aï); le chemin de fer traverse un pays semé de maisons de campagne de l'aspect le plus riant et le moins varié; bientôt nous pénétrons sous un édifice *grec,* qui est la gare; la cour est encombrée d'omnibus dorés et peints de couleurs éclatantes, nous passons sous une porte, sorte d'arc triomphal orné de colonnes corinthiennes, et nous sommes à Amsterdam.

AMSTERDAM

> De 500,000 hommes qui habitent Amsterdam,
> il n'y en a pas un d'oisif, pas un pauvre, pas un
> petit-maître, pas un insolent.
> VOLTAIRE.
>
> Amsterdam est bâti sur des arêtes de hareng.
> Dicton hollandais, XVIIe siècle.

LES MAISONS, LA NIEUWE-KERK, L'OUDE-KERK,
LA WESTER-KERK, LA KATOLIK-KERK, LE PALAIS DE L'INDUSTRIE,
L'AMSTEL-HOTEL, LA MONTALBANS-TOREN.

D'innombrables canaux couverts de navires; un port creusé dans la boue; une mer jaune qui ronge ses bords de vase; un sol conquis sur l'eau par une lutte incessante; une population calme, laborieuse; d'énormes vaisseaux allant et venant au milieu d'un amas de maisons uniformes, tristes, strictement closes; de grands monuments bas, écrasés, sans silhouette; pas de cris, pas de chants, des gens qui vont, viennent, sans se hâter, rentrant ou sortant avec un flegme inaltérable; sur toutes les physionomies une expression identique, des faces rondes, un teint rose et blanc; derrière les fenêtres, des figures immobiles et comme engourdies; — voilà ce que nous fait apercevoir notre première promenade à travers la ville, et c'est cet ensemble que nous avons bien des fois entendu comparer à Venise. — Hélas! où est la lagune bleue? où sont les gaies chansons des gondoliers, la place Saint-Marc et la piazetta? où trouver un souvenir de cette population alerte, vive, contente de son soleil et de sa vie large et facile?

Fig. 45.

C'est le matin, la ville se réveille, chaque habitant va à ses affaires, quitte sa demeure en fermant hermétiquement la porte de sa maison; les enfants gagnent l'école sans bruit, sans hâte et sans trouble; les servantes et les ménagères, armées de grands balais et de gigantesques éponges, lavent, frottent, polissent les façades des maisons, les trottoirs et les briques qui pavent les rues.

Ces maisons ressemblent à celles que nous avons déjà vues, et les détails dans lesquels nous sommes entré à propos de celles de Rotterdam n'ont besoin que d'être complétés.

La Hollande ne produit guère, en fait de matériaux de construction, que la boue; mais cette boue, séchée et cuite, devient brique et forme l'élément constitutif ainsi que la base de toutes les constructions.

Cette brique ne s'emploie pas comme en certaines contrées avec une recherche savante, des combinaisons variées de formes et de couleurs; l'esprit hollandais répugne à un tel travail, à une telle innovation. Les briques sont simplement entassées les unes sur les autres, le linteau des ouvertures est en fer ou en bois, les briques suivent sans encombre leurs lignes d'assises bien régulières, arrêtées seulement au droit des ouvertures par les encadrements en bois qui les entourent, et enfin après un, deux ou trois étages, couronnent l'édifice d'un pignon grotesque dont le sommet est souvent décoré d'une pomme de pin, d'un vase ou d'une sculpture banale.

Toutes ces maisons se suivent par longues files interminables; elles sont toutes pareilles, n'ont point de caractère propre distinct, ne diffèrent les unes des autres par aucune apparence spéciale et personnelle, et ne se font guère reconnaître que par quelque dissemblance dans la forme des pignons; aussi nous sommes-nous souvent demandé comment les habitants de certaines rues d'Amsterdam et de Londres, où ce même parti d'uniformité est adopté, pouvaient distinguer leur maison de celle de leur voisin.

Le plan de ces maisons ne varie pas plus que leurs façades : au rez-de-chaussée un long corridor servant de vestibule; au fond, l'escalier; à côté, la salle à manger et le salon séparés par une cloison mobile; au premier, deux chambres à coucher avec cabinet. Si la maison est importante, elle s'élève d'un étage de plus avec la même répétition; à l'étage supérieur, chambre des enfants et des domestiques. Dans le sous-sol, la cuisine avec des dépendances assez importantes, car la bonne chère est appréciée sous cet humide climat. Dans les combles, des magasins servant de dépôt pour toutes les denrées et objets de consommation (les caves sont impossibles dans un sol aussi perméable); au sommet du pignon, une pièce de bois horizontale supporte une poulie à laquelle s'accroche un panier qui monte et descend les fardeaux, afin d'éviter l'embarras et les dégâts que leur passage occasionnerait à l'intérieur.

Parfois, cependant, les maisons construites au siècle dernier, dans certains quartiers, présentent sur leurs façades des dispositions moins banales et qui ne sont pas exemptes d'une certaine étude, offrant quelque intérêt.

Voici, ci-contre, les plans (fig. 47 et 48) et l'élévation (fig. 46) d'une de ces maisons construites sur le Nieuwe-Mark. Ce qu'il faut surtout remarquer dans cette façade, ce n'est pas l'ordonnance ou le parti général adopté pour la décoration, mais certaines dispositions particulières prises par le constructeur et qui indiquent une recherche consciencieuse pour satisfaire, dans tous ses détails, le programme imposé et ne rien laisser à l'imprévu. Ainsi nous voyons sous la corniche placée à la base du pignon des vides carrés d'environ $0^m,18$, destinés à laisser passer les bouts des pièces de bois auxquelles s'accrochent les échafaudages nécessaires au nettoyage des parements, au jointoiement des briques ou à l'exécution de toute autre réparation que demande la façade; ces trous sont, en temps ordinaire, fermés par une petite dalle, par un ornement en terre cuite ou simplement par l'extrémité de la

Fig. 46.

 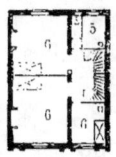

Fig. 47. — Rez-de-chaussée.   Fig. 48. — Premier étage.
(Échelle de 0ᵐ,002 pour mètre.)

1. Entrée.   3. Salle à manger.   5. Cabinet.
2. Antichambre.   4. Salon.   6. Chambres

traverse en bois dont le reste de la longueur est abrité dans le grenier.

Dans les rues commerçantes les maisons changent de forme : les boutiques occupent le rez-de-chaussée; les étages supérieurs, deux ou trois, jamais plus, servent de magasins ou de logements aux commerçants; la porte d'entrée s'ouvre directement sur la rue; c'est, à peu de chose près, ce que nous voyons chez nous, sauf toutefois cette différence que les magasins sont souvent séparés de la voie publique par un espace libre, couvert, formé d'une retraite du mur de face, et porté sur des piles dans la hauteur du rez-de-chaussée; cet espace, formant porche, facilite l'entrée de la boutique, permet aux promeneurs un tranquille examen des étalages sans qu'ils gênent la circulation ou encombrent la rue, mais offre l'inconvénient d'enlever du jour à l'intérieur du rez-de-chaussée (fig. 49 et 50).

Celles de ces maisons servant de tavernes, de brasseries ou de *sociétés* (à peu près nos cafés ou nos cercles) ont en général leur sol en contre-bas de celui de la rue, et sont divisées en deux parties, l'une publique, l'autre réservée à certains clients privilégiés[1]. A travers les vitres, on aperçoit, immobiles à leur place, des consommateurs isolés, assis chacun à une petite table, buvant et fumant sans échanger une parole, sans paraître avoir à exprimer une idée.

Telles qu'elles sont, ces demeures répondent parfaitement, on le voit, aux besoins de leurs habitants, aux exigences de leur vie casanière et peu sociable.

Le terrain est rare à Amsterdam, les constructions ne peuvent s'y développer, et l'installation d'un nouvel

---

1. Ces *sociétés* ou lieux de réunion prennent des dénominations souvent prétentieuses, telles que : à la *Prudence* et à la *Sagesse*, à l'*Amitié* et à la *Vertu*.

arrivant y rencontre des difficultés insurmontables; chaque habitant demeure dans sa maison et ce n'est qu'à sa mort,

Fig. 49.

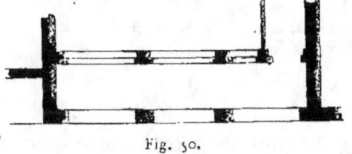

Fig. 50.

s'il n'a pas d'héritiers, qu'on peut espérer acquérir, non pas la maison qui vous plaît, mais celle qui se trouve vacante ; il est vrai qu'elles se ressemblent si bien toutes entre elles que le choix n'a pas grande importance.

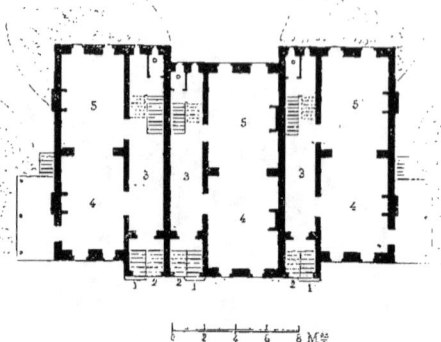

Fig. 51. — Rez-de-chaussée.

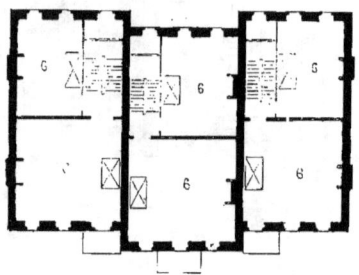

Fig. 52. — Premier étage.

1. Entrée principale. 3. Antichambre. 5. Salle à manger.
2. Entrée de service. 4. Salon.   6. Chambres.

Quand une maison tombe en ruine, on la reconstruit telle qu'elle était sans presque en modifier ni les détails ni les dimensions; ce procédé, excellent pour conserver à la ville son même aspect, n'est pas précisément propre à développer l'imagination des architectes. Cependant une

AMSTERDAM.

occasion s'est présentée et a bien vite été saisie par un de nos confrères[1], chargé de la construction de maisons

Fig. 53.
(Échelle de 0^m,004 pour mètre.)

à élever dans un emplacement récemment conquis sur la mer.

1. M. Cuypers, architecte à Amsterdam, conseiller du gouvernement pour les monuments historiques du royaume.

HOLLANDE.

Ces maisons modernes offrent un caractère tout différent de celles dont nous venons de parler et réalisent ainsi un incontestable progrès : car, outre le talent dont a dû faire preuve leur auteur, il lui a fallu une véritable énergie et une grande influence sur ses compatriotes pour obtenir d'eux une concession à ses idées et aux formes nouvelles qu'il voulait faire prévaloir.

Nous donnons deux types de ces habitations : d'abord un groupe de maisons élevées dans une sorte de cité et entourées de jardin, puis une autre construction

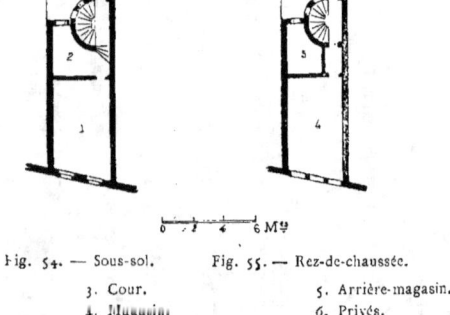

Fig. 54. — Sous-sol.   Fig. 55. — Rez-de-chaussée.

1. Cuisine.   3. Cour.   5. Arrière-magasin.
2. Laverie.   4. Magasin.   6. Privés.

à façade étroite plus conforme à la tradition hollandaise, avec fossé en avant et jardin en arrière.

Le premier type (fig. 51 et 52) comprend trois habitations réunies mais distinctes : au rez-de-chaussée de chacune d'elles, deux salles à la suite l'une de l'autre, dans le sous-sol les cuisines, et au premier étage les chambres à coucher; sur la façade, un porche abritant l'escalier extérieur et formant balcon au-dessus. Ces balcons sont découverts, disposition qu'un Hollandais n'eût certes pas acceptée dans une rue passante, sur un canal populeux, mais qu'il a pu tolérer au milieu d'une cité isolée. On nous assure cependant que jamais une jeune femme ne viendra s'accouder sur

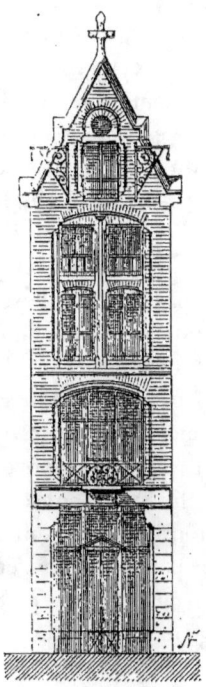

Fig. 56.
(Échelle de 0^m,005 pour mètre.)

l'appui de ce balcon. Sans tenir compte de cette pruderie, qui perd d'autant plus de son importance que la maison est destinée à des étrangers, nous devons cependant reconnaître que, sous un climat aussi pluvieux que celui d'Amsterdam, une logette close et fermée est préférable à un balcon ouvert à tous les vents.

Les détails sont bien étudiés; les briques, élément constitutif, base de la construction, sont employées avec des combinaisons variées; des plaques de faïence, peintes, colorées, placées dans les pignons, égayent l'aspect général dont l'ensemble (fig. 53) produit un heureux effet, surtout quand on le compare aux bâtiments voisins.

Le second exemple est moins original : c'est le plan étranglé des maisons du pays, le fossé en avant, les deux pièces en enfilade au rez-de-chaussée, le jardin à la suite, puis deux chambres à l'étage (fig. 54 et 55).

Les façades (fig. 56) offrent des profils bien tracés et des combinaisons originales : l'escalier en tourelle, accusé sur la façade intérieure, est chose rare à Amsterdam; la construction est raisonnée et cherchée, les matériaux sont bien employés suivant leur nature.

Il faut surtout remarquer avec quel soin, tout en apportant dans ses travaux de nouveaux éléments, de nouvelles formes, l'architecte a consciencieusement conservé, aux constructions qu'il élevait, tout ce qui, dans celles antérieures, lui paraissait bon et utile. C'est ainsi qu'il n'a pas craint d'avoir de hauts pignons en façade, — d'accuser, par une grande ouverture et une prosaïque poulie, l'important service des combles, — qu'il a franchement présenté et su faire servir à la décoration de ses façades les trous destinés à faciliter les réparations dont elles peuvent avoir besoin; mais, inventeur réfléchi et sensé, il n'a pas, dans son désir de faire du nouveau, remplacé ses toits aigus par des terrasses italiennes, substitué aux excellentes briques dont il pouvait disposer des enduits en plâtre ou en simili-pierre, il est resté dans la tradition ancienne en s'efforçant de la perfectionner.

Ce n'est, du reste, qu'en marchant lentement, en prenant le temps de s'imposer peu à peu par l'étude et le raisonnement, en ne faisant jamais un pas en avant sans que le précédent ait été accepté, qu'une œuvre progresse, qu'un art se perfectionne. Les transformations subites, les changements hâtés et rapides qui ne tiennent compte ni des idées admises ni du respect dû aux productions de nos devanciers, soulèvent les haines de parti, causent de la défiance et de l'effroi et aboutissent le plus souvent à une révolution, puis à la réaction qui, par malheur, en est presque toujours la conséquence fatale.

Pour en revenir aux maisons d'habitation de Hollande et en finir avec elles, nous dirons qu'il y a une étude fort intéressante à faire sur les demeures que se sont construites les races germaines, comparées à celles des races latines, afin de rechercher et constater comment, par quels moyens, chacune de ces races, si opposée par ses goûts, si différente par ses exigences, a pu sur le sol où elle s'est établie s'élever une habitation en rapport avec ses besoins, sa manière de vivre, la nature du climat et des matériaux dont elle pouvait disposer. Nous n'avons pu, ici, qu'effleurer un tel sujet dont le développement nous aurait entraîné trop loin. Mais nous aurons l'occasion d'y revenir et de compléter ce premier travail au moyen des exemples recueillis dans d'autres pays.

Les monuments d'Amsterdam ne sont pas nombreux, mais ils ne sont pas dépourvus d'intérêt en ce sens surtout qu'ils nous permettent d'établir d'utiles comparaisons avec les nôtres.

La *place du Dam*[1] est le centre de l'activité, du mou-

---

[1]. Dam veut dire digue. Amsteldam, d'où Amsterdam, signifie digue de l'Amstel sur laquelle est bâtie la ville.

vement des affaires et de la vie de toute la ville; c'est là qu'aboutissent les voies les plus populeuses et les plus fréquentées; c'est sur cette place aussi que s'élèvent les plus importants monuments d'Amsterdam : la Bourse, le palais royal et la Nieuwe-Kerk.

Signalons, en passant, le soin consciencieux avec lequel les livrets et guides hollandais comptent le nombre de pilotis qu'a exigé la construction de leurs monuments; c'est avec orgueil qu'ils citent certains chiffres, et l'intérêt que leur inspire tel ou tel édifice paraît être en raison directe du nombre de pieux enfoncés sous ses murs.

La *Bourse* (dont les fondations ont exigé 34.000 pilotis!) est une sorte de temple grec, masse lourde, carrée, d'un aspect triste et sombre, dont la construction date de 1845.

Le *palais royal,* construit au xviie siècle pour servir d'hôtel de ville, n'est soutenu que par 14,000 pilotis! Ce monument est regardé comme le plus beau de la Hollande; il se présente bien et produit grand effet. Son architecte, dont le nom est connu (Jacob van Campen), s'est inspiré des souvenirs de l'Italie; mais il était Hollandais : son esprit méthodique, régulier, a exercé son influence sur les études qu'il avait faites des monuments d'un autre pays, élevés à une autre époque. Le parti général adopté est froid et monotone, la symétrie de cette immense façade de 100 mètres de long fatigue l'esprit et les yeux. Le regard ne trouve rien pour s'accrocher ni se reposer, et suit sans s'arrêter les lignes d'architecture ressautant à peine sur les saillies insuffisantes des pavillons extrêmes et de l'avant-corps principal ; par bonheur, le campanile rompt un peu par sa silhouette la régularité de lignes des combles.

Fig. 57.

Le soubassement est tellement écrasé qu'il ne compte pas dans l'ordonnance; deux grands étages, comprenant chacun une grande et une petite fenêtre superposées et identiques, seuls attirent l'attention, mais déplaisent à cause de la répétition des mêmes proportions, des mêmes ordres et des mêmes détails ; puis, reproche plus grave encore, aucun motif n'accuse sur la façade la porte d'entrée; le spectateur ne comprend pas comment ces sept petites portes[1], basses, écrasées, peuvent donner accès dans cet immense bâtiment (fig. 57).

1. Les amateurs d'architecture symbolique ont voulu voir dans ces *sept petites portes* une allusion aux *sept provinces unies*.

L'intérieur renferme de belles salles, très-décorées pour la plupart, quelques-unes remplies d'objets d'art de valeur; ces salles sont bien disposées pour les réceptions et les fêtes; le grand escalier rappelle la grandeur et les proportions de ceux des palais génois. Ce qui frappe surtout dans ces salons, c'est leur ameublement. Un Français retrouve là, dans ses plus petits détails, tout un mobilier du temps de l'Empire. En effet, autrefois... quand la France donnait des rois à l'Europe, elle mit un jour Louis-Napoléon sur le trône de Hollande, et, faisant bien les choses, en même temps que le souverain, elle envoya ses meubles. Ce mobilier est resté intact, les siéges sont en X, les lits sont ornés de têtes de sphinx, les tapis et tentures retracent les hauts faits des héros d'Homère. Les étoffes viennent de Lyon et de Beauvais, les porcelaines de Sèvres.

Malgré ses dimensions, malgré sa splendeur, ce palais sans jardins, sans autres cours que des cours de service, ne doit pas être une demeure agréable, et l'on comprend sans peine que le roi de Hollande préfère habiter le palais royal ou la maison du bois de la Haye.

C'est à peine si la Hollande existait à l'époque où s'élevaient chez nous les monuments de l'époque romane; aussi les édifices du commencement du moyen âge sont-ils rares, et ceux qu'on retrouve ne remontent guère qu'aux XIVe et XVe siècles. Ils sont tous inspirés des types de l'architecture rhénane ou de ceux de l'Ile-de-France; mais l'application qui a été faite de ces formes et de ces souvenirs est fort discutable, le sentiment des proportions, la délicatesse du goût font défaut, et le choix des modèles n'est pas toujours heureux; parfois aussi, le plus souvent même, ce modèle a été dénaturé ou soumis à une *adaptation,* en sorte que l'idée originale ne se retrouve plus, même de loin, et qu'il faut le bon vouloir excessif d'un archéologue... hollandais pour admettre que telle église rappelle Notre-Dame de Paris ou la cathédrale d'Amiens.

Néanmoins, tels qu'ils sont, et justement à cause de ce qu'ils sont et des différences qui les séparent des nôtres, les édifices religieux de Hollande ne peuvent passer inaperçus aux yeux d'un architecte.

Déjà, à l'occasion de Saint-Laurent de Rotterdam et de Saint-Bavon de Harlem, nous avons parlé des voûtes en charpentes dont sont recouvertes la plupart des églises des Pays-Bas; les constructeurs ont ainsi trouvé l'occasion d'utiliser une matière autrefois très-commune dans leur pays en même temps qu'ils évitaient de charger le sol très-compressible sur lequel ils élevaient leurs constructions.

Nous avons vu à Rotterdam un exemple remarquable de ces voûtes en bois; celui que nous trouvons dans l'Oude-Kerk d'Amsterdam est encore plus intéressant.

Cette église fut fondée au XIV siècle, mais la plus grande partie de ses constructions date du XV siècle; son plan (fig. 58) se compose d'une nef et d'un chœur entourés d'un très-large bas côté sur lequel s'ouvrent des chapelles, dans l'origine propriétés de certaines familles qui y prenaient place pendant les cérémonies du culte. Au moment de sa transformation en temple protestant, on y voyait de très-riches ornements, des objets d'art et jusqu'à trente-trois luxueux autels; tous ces trésors ont aujourd'hui disparu, les murs sont nus, tristes et pauvres.

La figure 59 indique la disposition générale de la voûte en bois qui recouvre la grande nef. Cette voûte se compose d'arcs-doubleaux, d'arcs formerets et d'arcs diagonaux qui ont le tort d'offrir des profils analogues à ceux qui leur auraient été donnés s'ils eussent été construits en pierres. Ces arcs sont reliés ensemble par des traverses qui les rendent rigides et sur lesquelles reposent les

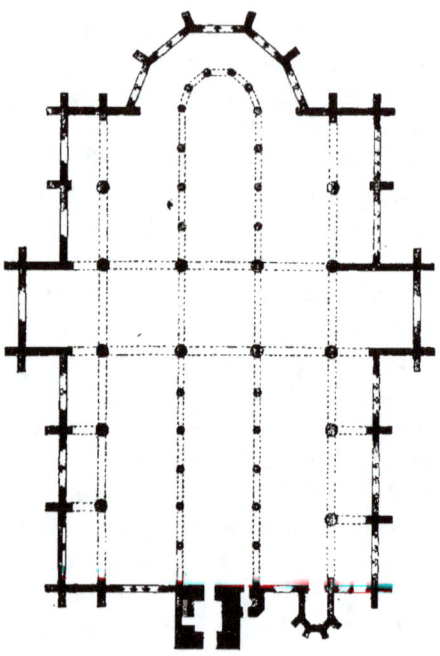

Fig. 58.
(Échelle de 0^m,001 pour mètre.)

voliges formant la voûte; les arcs diagonaux et les arcs formerets sont portés sur un petit cul-de-lampe, tandis que les arcs-doubleaux s'appuient sur une colonnette, dont la base se trouve à la hauteur d'un étrésillon placé au-dessus du sommet des arcs des bas côtés; ces étrésillons qui partagent la hauteur des piles, depuis le sol jusqu'à la naissance des voûtes, avaient sans doute pour but de maintenir l'écartement des murs latéraux, et servaient ainsi de contre-forts ou d'arcs-boutants intérieurs, rendus nécessaires par la nature du sol.

Fig. 59.

Les fûts des colonnes sont seulement surmontés d'un profil sans chapiteaux sculptés, les moulures sont maigres, la proportion des arcs est désagréable. L'arcature qui surmonte les arcs des bas côtés est un placage, parement décoratif d'un assez triste effet.

Une autre église d'Amsterdam, également digne d'intérêt, est la Nieuwe-Kerk, *église neuve*, qualification qu'elle a le droit de porter au même titre à peu près que notre Pont-Neuf, car elle date du commencement du xv⁰ siècle.

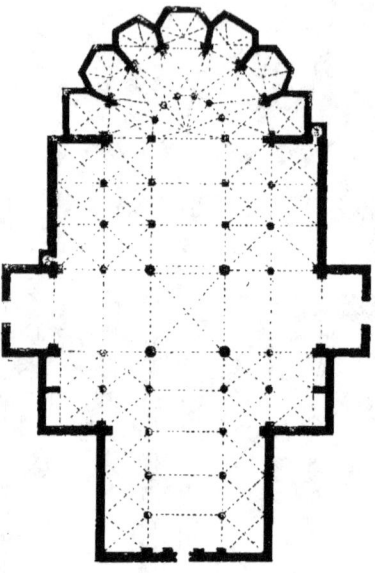

Fig. 60.
(Échelle de 0^m,001 pour mètre.)

Son plan (fig. 60) a de la grandeur et des proportions plus heureuses que celui de l'Oude-Kerk, il est aussi moins décousu et plus correct, pour ainsi dire; un bas côté un peu étroit accompagne la nef; des chapelles élevées au droit du transsept devaient, par leur disposition, beaucoup contribuer à la splendeur des cérémonies du culte catholique : le chœur est entouré de bas côtés et de chapelles rayonnantes, celle du chevet dominant les autres.

Fig. 61.
(Échelle de 0ᵐ,005 pour mètre.)

La Nieuwe-Kerk fut victime de deux incendies : la voûte actuelle ne doit pas être antérieure au xvııᵉ siècle;

elle offre les mêmes combinaisons que les voûtes du même genre dont nous avons déjà parlé, mais est moins bien comprise, moins bien exécutée et moins originale que celle de l'Oude-Kerk. La coupe (fig. 61) indique l'ensemble général de l'intérieur de l'édifice : les proportions ne plaisent pas, les points d'appui sont maigres, les pro-

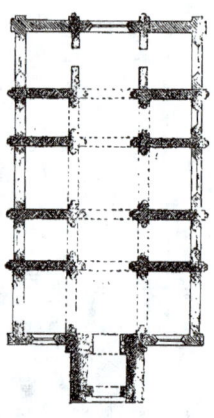

Fig. 62.
(Echelle de 0^m,001 pour mètre.)

fils et les meneaux des fenêtres, grêles et secs. On retrouve encore à l'entrée du chœur une grille de clôture en bronze d'un travail remarquable, mais d'un aspect lourd et épais. Une galerie fait communiquer ensemble les deux bras du transsept : sur les parois des murs, sur le sol, se retrouvent un très-grand nombre de dalles tumulaires, de monuments funèbres, dont un des plus célèbres est celui de l'amiral Ruyter avec la célèbre, mais peu modeste inscription : *Immensi tremor Oceani*.

Amsterdam possède aussi plusieurs types d'édifices

religieux de cette architecture que nous désignons sous le nom d'architecture jésuite. Un des plus complets est la Wester-Kerk, *église de l'Ouest*. Le plan que nous don-

Fig. 63.

nons (fig. 62) et l'élévation (fig. 63) permettront au lecteur de se faire une opinion des monuments religieux hollandais de cette époque. Nous dirons seulement que cette église a été construite en 1610, et que de son clocher, haut de 100 mètres, on jouit de l'immense panorama qu'offre la ville, le golfe de l'Y et le Zuydersée.

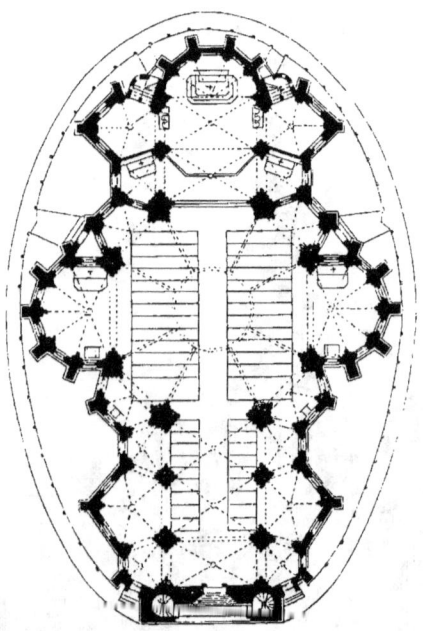

Fig. 64.
(Echelle de 0^m,002 pour mètre.)

Les catholiques de la Hollande, voulant suppléer aux églises dont ils ont été dépossédés pendant le XVIe siècle, élèvent en ce moment une église nouvelle, placée ouss le vocable du *Sacré-Cœur*. L'œuvre n'est pas encore complétement achevée, mais on peut déjà apprécier ce qu'elle sera un jour.

Le plan (fig. 64) offre une disposition originale : une

Abside de l'Église du Sacré-Cœur, Amsterdam.
M. Cuypers, architecte.

nef large et courte, accompagnée de chapelles formant bas côtés, aboutit à un vaste transsept qui peut contenir plus de 1,500 personnes, ayant toutes la facilité d'assister, de leur place, aux cérémonies qui se célèbrent à l'un des trois autels principaux ou à l'un des quatre autels secondaires ; quatre entrées d'égale importance

Fig. 66.
(Échelle de 0^m,002 par mètre.)

permettent à la foule de s'amasser rapidement et de s'écouler sans encombre ; les formes bizarres du plan s'équilibrent bien entre elles ; elles sont, du reste, motivées, et si elles indiquent l'étude, elles ne sentent pas la recherche [1].

Les façades sont très-mouvementées : celle de l'abside (fig. 65) indique l'aspect général du monument et fait comprendre l'effet qu'il doit produire. Cet édifice, qui serait remarqué en quelque contrée qu'il eût été élevé,

1. M. Cuypers, architecte.

l'est bien davantage dans un pays où la monotonie est si en faveur, où les mêmes formes se répètent et se reproduisent sans cesse. Aussi n'est-ce pas un faible sujet d'étonnement que de voir, au milieu des constructions environnantes, la variété que M. Cuypers, un artiste qui a beaucoup vu et su voir, a introduite dans son œuvre ; la silhouette est heureuse, la différence de hauteur des murs pignons des combles est justifiée par la dimension de ces murs dans leur partie inférieure ; la flèche est solidement assise sur sa base et file bien jusqu'à son extrémité.

Les voûtes en briques creuses, et par conséquent très-légères, sont contre-butées directement par des contre-forts ou des arcs logés sous les combles inférieurs. La coupe (fig. 66) indique la hauteur des colonnes portant les arcs des bas côtés, celle des voûtes, ainsi que le système général de la construction; une lanterne occupe le centre de la flèche, grandit et allége la coupole du transsept.

Nous donnons (fig. 67) le détail de la flèche à son point de départ. Cette flèche est dès sa naissance établie sur plan octogonal; quatre des fermes qui forment ses arêtiers sont posées sur les faîtages des pignons du transsept; les quatre autres, dans les noues qui séparent ces pignons; des fermes inférieures, appuyées directement sur les piles et formées de contre-fiches reliées par des moises, soutiennent les fermes principales, les plus hautes formant un nouveau plan octogonal réduit aux dimensions de la base de la pyramide de la flèche; les angles des faces de cette flèche sont construits au moyen de poteaux doubles et, par suite, complétement rigides ; de longues contre-fiches qui vont rejoindre le poinçon, âme de l'ossature principale, maintiennent ces poteaux dans un plan vertical; des fiches secondaires relient également les parties supérieures de ces faces avec ce même poinçon ; outre ces fiches qui assurent le contreventement des fermes entre elles, des croix de Saint-André moisées

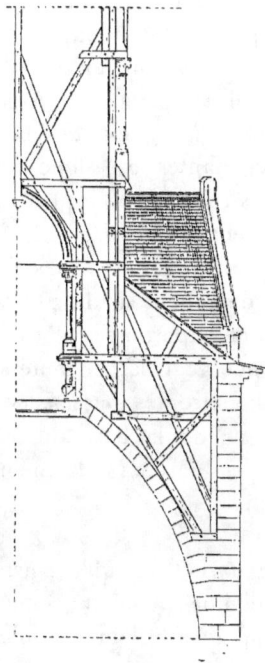

Fig. 67.
(Échelle de 0^m,004 pour mètre.)

sur les poteaux rigides servent au contreventement des faces. Les huit angles de la flèche sont donc portés sur des points fixes, libres et indépendants, mais cependant solidaires les uns des autres, en sorte que tout mouvement de torsion (cause ordinaire de la ruine des flèches en charpente) qui viendrait à s'exercer sur une des faces se répartirait sur les voisines et leur permettrait d'y résister.

Les tenons et mortaises sont supprimés et remplacés par des moises, les bois loin d'être affamés conservent ainsi, au contraire, une résistance considérable; le fer n'est employé que comme boulons, à l'exclusion des crosses, étriers, etc., qui enlèvent aux assemblages l'élasticité nécessaire; l'équarrissage des bois diminue en raison de la hauteur à laquelle ces bois sont placés : le poids des parties hautes est donc allégé, et celles-ci sont mieux assises sur une base plus robuste.

Quant à l'aspect extérieur et à la silhouette, l'architecte savait que, suivant leurs formes et leurs proportions, les objets qui se détachent sur le ciel perdent ou acquièrent facilement une importance relative; il a tenu compte de cette expérience acquise, et toute son attention s'est portée sur la silhouette des masses, de façon à conduire l'œil du spectateur de la base au sommet de la flèche sans que, dans ce parcours, la moindre disproportion choque le regard.

C'est dans la *Muts-Toren* qu'est installé le grand carillon de la ville. A minuit, quand ont sonné les douze heures, éclate tout à coup une brillante fanfare : c'est d'abord comme un bruit d'engrenages qui se déroulent, un murmure confus, puis les accords se modulent, aux graves accents des bourdons se mêle le gai babillement des clochettes, tous les sons s'accordent, se fondent en une cascade de notes aiguës, graves ou légères. Le grand silence de la ville endormie est pour un instant troublé, chaque cloche fait sa partie, se joint ensuite à sa voisine et disparaît dans l'ensemble; c'est une harmonie brillante aux sons métalliques, nets et précis, qui se répand au loin, rappelle un vieux refrain national, évoque de gais et joyeux souvenirs auxquels sourit le dormeur à demi éveillé; puis, tout à coup, comme il a commencé s'éteint brusquement ce concert, dont les dernières vibrations seules sont encore un moment répétées dans les airs.

Le *Palais de Cristal* est construit en verre et en fer. Il a la même destination que notre palais de l'Industrie, mais sans avoir son aspect monumental; les matériaux employés, le mode de construction, la simplicité de sa construction ou plutôt l'absence de décorations, lui donnent l'aspect d'une grande halle.

Le plan (fig. 68) se compose d'une nef avec doubles bas côtés, d'un transsept surmonté d'une coupole oblongue à la croisée. Les moyens d'accès sont faciles et nombreux : des portes principales placées aux extrémités et, en cas de besoin, des portes supplémentaires ouvertes sur les faces latérales permettent à la foule de s'écouler rapidement, puis, condition excellente, trop peu appliquée dans nos édifices publics, les voitures entrent sous une galerie couverte et fermée, tandis que les piétons pénètrent par une entrée spéciale et séparée, sans se trouver exposés aux atteintes des chevaux, ni mêlés à l'encombrement des équipages. Les escaliers qui montent aux galeries supérieures n'ont pas assez d'importance; du reste, le bois de sapin employé à leur construction fait supposer que les escaliers actuels ne sont que provisoires.

Les façades de ce palais sont plus mouvementées que ne le sont en général les monuments hollandais, et leur silhouette rompt un peu l'uniformité environnante (fig. 69).

La coupe (fig. 70) montre le système de la construction : les grands cintres de la nef reposent sur deux étages de colonnes accouplées en fonte; ces points d'ap-

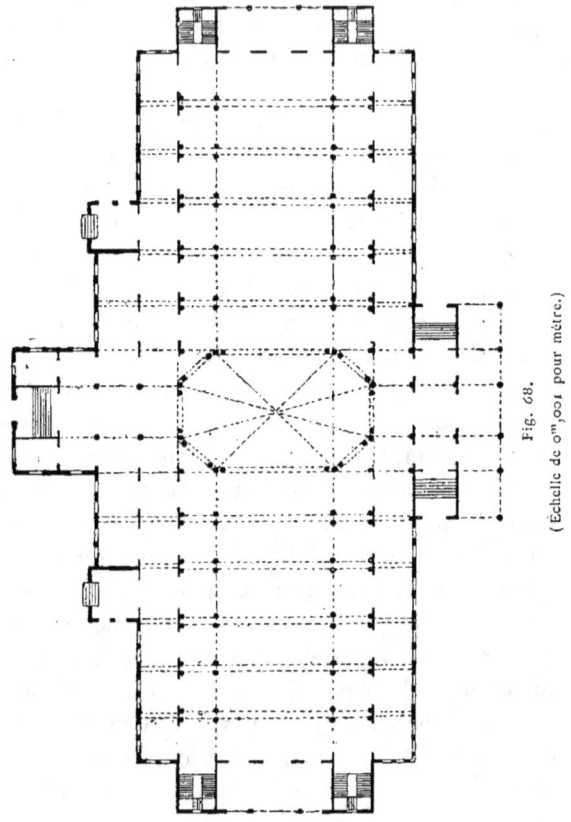

Fig. 68.
(Échelle de 0^m,001 pour mètre.)

pui, placés à 6^m,50 de distance, sont reliés par des arcs sur lesquels s'assemblent de petites fermettes secondaires.

La couverture des combles est en verre, la maçonnerie des murs d'enceinte en briques, mais sans épaisseur, ce qui rend l'atmosphère intérieure très-sensible aux variations de la température.

Fig. 69.

Enfin, circonstance dont nous pourrions faire notre profit, l'érection de ce vaste édifice est due à l'initiative privée. Le promoteur de l'entreprise est un simple particulier, le docteur Sarphati et l'architecte, l'ingénieur Outshoorn.

L'*Amstel-Hôtel*, également construit par l'architecte

Fig. 70.

Outshoorn, est une œuvre privée, non moins digne d'intérêt que le Palais de cristal.

La construction des grands hôtels de voyageurs est trop à l'ordre du jour, d'ailleurs, pour qu'il ne soit pas utile d'entrer dans quelques détails à propos de celui d'Amsterdam.

L'Amstel-Hôtel diffère des grands hôtels de Paris, Marseille, Nice, Vienne, Genève, etc., en ce qu'au lieu d'offrir comme ces derniers une cour centrale servant de

AMSTERDAM.

vestibule, où pénètrent les voitures et autour de laquelle rayonnent les services et les chambres des voyageurs, — il comprend un porche couvert et fermé pour l'entrée des voitures et le dépôt des bagages, puis un grand vestibule sur lequel aboutissent les services généraux et les esca-

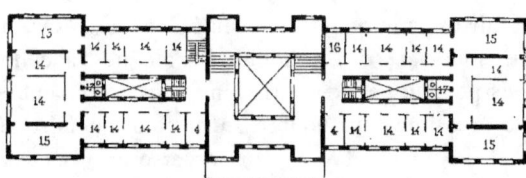

Fig. 71 — Rez-de-chaussée.

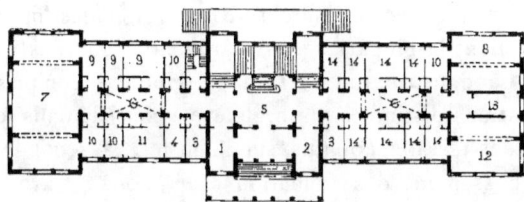

Fig. 72. — Premier étage.

(Échelle de 0^m,001 pour mètre.)

1. Portier.
2. Monte-charges.
3. Bureaux.
4. Domestiques.
5. Grand vestibule.
6. Hall.
7. Salle à manger, table d'hôte.
8. Salle à manger, déjeuners.
9. Restauration.
10. Offices.
11. Salon de lecture.
12. Salon de conversation.
13. Direction.
14. Chambres à coucher.
15. Salons.
16. Bains.
17. Privés.

liers ; tandis que les chambres des voyageurs, isolées du mouvement et du bruit, se trouvent distribuées à droite et à gauche avec des accès larges et commodes, éclairées sur des *halls* qui font pénétrer dans toutes les parties l'air et la lumière.

Le plan du rez-de-chaussée (fig. 71) et celui du premier étage (fig. 72) indiquent les principales distributions.

L'hôtel contient en tout cent vingt-quatre chambres dont dix avec salon, un monte-charge évite de faire passer les bagages et les fardeaux par les escaliers; toutes les chambres sont pourvues d'eau, de gaz, chauffées par une bouche de calorifère et munies d'un appareil de ventilation.

L'air est amassé et comprimé dans un réservoir établi au sous-sol; des conduites analogues à celles employées pour le gaz le distribuent dans les chambres : la simple pression d'un bouton suffit pour l'y faire affluer. A sa sortie du réservoir, l'air traverse un jet de vapeur pulvérisée qui lui donne, en cas de besoin, le degré d'hygrométrie nécessaire[1].

Les façades de l'hôtel sont peu originales (fig. 73) et rappellent la plupart de nos bâtiments modernes.

La construction de l'Amstel-Hôtel a compris trois opérations distinctes : la première a consisté dans le remblai des terrains conquis sur l'Amstel; la seconde, dans l'établissement des fondations sur pilotis, travail commencé en 1864 et achevé en juin 1865; enfin la troisième, dans les constructions au-dessus du sol, qui, entreprises en février 1866, furent complètement achevées en juillet 1867; l'hôtel put être exploité le 15 du même mois.

Ces travaux ont donné lieu à une dépense de 600,000 florins (1,260,000 francs), soit 690 francs par mètre de surface couverte (non compris les substructions).

Ces détails ont leur intérêt; ils nous montrent la marche que suit en Hollande l'exécution des grands travaux publics, les divers phases qu'ils subissent, et, en

---

[1]. Une installation analogue existe, en France, dans certains établissements publics.

AMSTERDAM.

rapprochant les dates, on voit qu'après une halte nécessaire pour que l'affaire soit complétement étudiée et arrê-

Fig. 73.

tée, se développe un mouvement d'activité propre à amener une rapide solution.

Les *ponts,* que l'on rencontre à chaque pas pour traverser les innombrables canaux dont la ville est coupée, ont un tablier mobile en totalité ou en partie, de façon à laisser libre le passage des navires ; la manœuvre qui lève ou baisse ces tabliers est incessante et se fait avec une extrême facilité, grâce à la combinaison adoptée (fig. 74).

Fig. 74.

Dans l'axe des piles centrales s'élèvent deux points d'appui verticaux, sur le sommet desquels s'assemblent deux traverses horizontales répétant comme poids et dimensions les traverses inférieures du tablier ; ces deux appareils ainsi disposés se maintiennent mutuellement à l'état du repos ; mais qu'une cause accidentelle, une différence de poids, quelque faible qu'elle soit, vienne à rompre l'équilibre, la bascule se produit, les branches inférieures soulèvent sans efforts le tablier du pont et le laissent tomber sans secousse quand l'excédant de poids a disparu.

Les *Marchés* d'Amsterdam n'offrent pas à tous égards

les remarquables installations des nôtres. Le nouveau marché est sombre et mal aéré; son plan, un carré de 30 mètres de côté, a exigé une couverture spéciale. Les combles sont divisés en deux versants : le versant extérieur par lequel les eaux s'écoulent dans des chéneaux et de là sur la voie publique, le versant intérieur, concentrique au premier, ayant la forme d'un entonnoir, et par lequel les eaux arrivent à une énorme descente ménagée dans la pile centrale, pile qui supporte au milieu de la construction la charge des entraits de la charpente. Cette combinaison offre le double avantage de permettre de diminuer la hauteur qu'auraient exigée les combles d'un bâtiment de 30 mètres de côté et d'éviter ensuite les chéneaux intermédiaires entre deux rampants, cause incessante d'infiltrations et de réparations d'entretien.

Sur la place du marché aux poissons, *Vischmarkt*, on aperçoit une massive construction à l'aspect bizarre, aux saillies accentuées, sans destination fixe actuelle, et qui a été construite au XIVe siècle pour recevoir le poids de la ville, nom sous lequel elle est encore désignée aujourd'hui (fig. 75). Au milieu d'une autre place, le *Boter Markt,* se dresse la *statue de Rembrandt ;* le statuaire, un Belge, a placé son personnage debout, il lui a donné une démarche hautaine, un air fier et rébarbatif; cette statue n'est pourtant pas sans mérites, seulement elle ne répond guère à l'idée qu'on peut se faire de Rembrandt, bon bourgeois d'Amsterdam, avare et riche collectionneur de bibelots.

L'inscription du socle est pleine de grandeur dans sa concision, deux mots seulement : A Rembrandt.

Les anciennes fortifications de la ville n'existent

plus; cependant on retrouve encore trois des tours qui flanquaient le mur d'enceinte ; la *Montalbans Toren* en est une, elle faisait partie du système de défense construit à la fin du xve siècle et n'a plus aujourd'hui de destination précise (fig. 76).

Fig. 75.

Amsterdam est défendue contre la mer par deux digues, bras immenses qui s'étendent à droite et à gauche ; la digue de droite renferme les docks et le bassin des gros navires qui font les voyages de l'Océanie. La construction de ces docks dont les murs ont une hauteur considérable, puisqu'elle permet à certains navires d'y entrer pour déposer ou recevoir leur charge, a rencontré de sérieuses difficultés. En effet, monter à 15 ou 20 mètres des murs isolés que ne reliaient aucun plancher et dont

AMSTERDAM.

les fondations étaient assises sur un sol inconsistant et compressible, constituait une entreprise peu facile. Le système employé a consisté dans l'établissement de points

Fig. 76.

d'appui très-résistants, consolidés par d'innombrables pilotis et supportant la charge des combles; puis, ces piles reliées par des arcs ont eu l'intervalle qui les séparait rempli par une maçonnerie relativement légère, ne chargeant pas les fondations et indépendante de l'ossature principale dont elles ne font pas partie et dont elles peuvent être détachées, même sans modifier l'ensemble général et sans l'affaiblir.

De cette façon, si un tassement s'était produit dans le remplissage, la solidité des piles n'en eût pas été compromise, et si, au contraire, une pile avait manqué, c'eût été un accident isolé dont les fâcheuses conséquences pouvaient facilement être circonscrites; de plus, avantage sérieux pour des gens pratiques et économes, cette combinaison permettait d'obtenir la stabilité nécessaire aux piles en reportant sous ces points seuls les travaux de consolidation du sol qu'autrement il eût fallu exécuter sous tout le périmètre des murs. Ce système n'est, du reste, que l'application du principe qui a présidé à la construction de nos grandes cathédrales du moyen âge.

Les richesses artistiques d'Amsterdam sont ses musées, dans lesquels se trouvent les chefs-d'œuvre de l'école hollandaise.

Un Français qui abusait de son esprit écrivait, il y a peu de temps, pendant son séjour à Amsterdam :

« N'écoutez pas les gens qui vous conseilleront d'aller voir les curiosités de la Hollande; il n'y en a pas, les musées sont nuls ou médiocres, deux Rembrandt et un Potter, voilà tout, et encore y a-t-il bien des critiques à adresser au *Taureau* de celui-ci et à la *Ronde de nuit* de celui-là, c'est mon guide qui me l'affirme. »

Il ne faut pas croire ce voyageur, exaspéré sans doute par les ridicules prétentions des Hollandais, qui n'hésitent pas à mettre la *Ronde de nuit* de Rembrandt au-dessus de la *Transfiguration* de Raphaël; il faut, au contraire, faire de longues et de fréquentes visites aux musées de Hollande, à celui d'Amsterdam surtout.

Ce musée est installé dans une ancienne habitation particulière; les salles sont des chambres; le jour arrive de côté; les plafonds sont si bas que les grandes toiles descendent jusqu'au parquet; pour voir un tableau il faut presque toucher celui qui lui fait face.

Il est indigne d'un peuple éclairé de traiter avec ce sans-gêne les productions du génie et le public qui vient les admirer, mais des considérations de cet ordre touchent peu les Hollandais, et aux reproches qu'on leur adresse à ce sujet, ils sont tout prêts à répondre : Nous trouvons les choses bien comme cela, si elles ne conviennent pas aux autres, qu'ils restent chez eux. — Cette manière de pratiquer l'hospitalité et de comprendre les relations sociales n'est pas précisément conforme à nos usages, et ne ressemble en rien à l'accueil que reçoivent chez nous les étrangers qui veulent bien nous visiter, mais il faut savoir surmonter sa mauvaise humeur, car, une fois entré dans le *Museum* d'Amsterdam, on oublie bien vite sa première impression.

Ce musée est le plus important de la Hollande; c'est là surtout qu'il faut étudier cette école de peinture, la dernière venue dans l'histoire de l'art, la seule née sur le sol germain, et dont les œuvres ont une si incontestable originalité.

L'imagination a fait défaut à ces artistes; ils ne s'élèvent pas dans le monde idéal et restent sur terre, ils ne créent pas et se contentent de copier; mais de quelle façon ils s'acquittent de leur tâche! Avec quel minutieux scrupule ils reproduisent jusqu'au plus petit détail les dessins d'une draperie, ses couleurs étincelantes et la cassure de ses plis; avec quel soin ils représentent les ciselures d'un vase, les poils d'une fourrure, les briques d'une maison et même la disproportion d'un corps humain; comme ils saisissent les traits grotesques, la carrure lourde, épaisse de leurs concitoyens! Toute leur œuvre n'est que la glorification de la vie réelle, la seule qu'ils paraissent comprendre; ils ne connaissent, ne savent et ne veulent voir que le calme d'un intérieur bourgeois, le bien-être et le confort d'un appartement bien clos, les satisfactions de la chair en présence d'un bon repas; la gaieté qu'ils peignent est lourde, épaisse, triviale; c'est celle de la taverne ou d'une existence monotone et réglée; ils ne montrent pas les efforts de l'homme pour arriver au bonheur, mais la jouissance de l'homme parvenu à la satisfaction de ses sens.

Quand ils sortent de cette donnée habituelle, de cette règle générale de leurs compositions, leur idée n'est pas nettement exprimée, la traduction n'en est pas rendue sensible : les deux toiles capitales du musée d'Amsterdam, la *Ronde de nuit* de Rembrandt et le *Banquet civique* de Vander Helst, sont là pour prouver ce que nous avançons; l'une représente une scène bourgeoise : des gardes nationaux à table dont tous les types sont des portraits; l'autre est une œuvre d'imagination et le sujet reproduit n'est pas encore aujourd'hui clairement expliqué.

Mais la différence d'origine est la seule qui sépare ces deux œuvres; toutes deux ont une puissance de vérité et une énergie de couleur étonnantes; les personnages sont là chacun avec leur caractère, leur tempérament particuliers, exprimés non-seulement par les traits de leurs figures, mais par leurs gestes sobres et précis. Quant aux détails, ils sont étudiés avec une recherche et un fini dont un examen approfondi peut seul faire apprécier toute la valeur.

Le mérite qui éclate le plus dans ces œuvres, mérite supérieur, peut-être, à la vérité d'expression, à l'exactitude des scènes représentées, est la science et la finesse du coloris dont ces maîtres ont fait preuve.

Pour bien comprendre ce côté de la question, il faut connaître le pays dans lequel la peinture de l'école hollandaise a pris naissance et se rendre ainsi compte de l'influence qu'il a pu exercer sur les artistes et leurs productions.

L'impression la plus vive qui puisse s'imposer à l'esprit de l'artiste est celle que produit la vue de la nature au milieu de laquelle il se trouve placé; dans les pays accidentés, l'artiste voit surtout et presque exclusivement la ligne, les montagnes se découpent sur le ciel en traits nobles et grands : en Sicile, en Toscane, par exemple, tous les objets se détachent et s'enlèvent en vigueur sur le fond de l'air pur et limpide; dans les pays de plaines, au contraire, les contours disparaissent, les formes s'amollissent : dans les Pays-Bas, les lignes sont estompées, l'horizon est triste et froid, la couleur doit venir au secours du dessin, insuffisant pour faire comprendre la forme, le relief et le modelé; c'est pour cela que, comparant l'école vénitienne à l'école hollandaise, on a pu dire que, dans ces deux contrées, la nature avait fait l'homme coloriste; mais Venise avait son soleil pour dorer ses paysages, et la Hollande n'a que le brouillard qui laisse les siens pâles et froids; les blondes chevelures des patriciennes de Venise ne ressemblent pas aux cheveux jaunes des bourgeoises d'Amsterdam.

Le dessin peut suffire pour rendre un paysage des montagnes de Provence ou d'Espagne, pour faire comprendre l'aspect sec et terne du sol dont tous les tons disparaissent sous l'éclat de la lumière du Midi; mais, dans un pays creux, mouillé comme l'est la Hollande, le ciel caché pendant une partie de l'année perd toute valeur, on l'aperçoit sous forme de voile opaque, et les objets terrestres, par suite, acquièrent une importance que rien ne vient contre-balancer. Ce sont donc ces objets qu'il faut accuser et mettre en relief, il faut rendre l'étrange effet de ces fleuves luisants, épais, changeant de couleurs en un instant, passant des tons du gris le plus tendre à ceux de la suie détrempée, il faut montrer les façades rouges et jaunes des maisons, ou les troupeaux tachetant çà et là des prairies toujours vertes,— motifs peu variés, baignés dans une constante vapeur et se détachant sur un horizon plat et monotone.

Pour arriver à un résultat si complexe, il était nécessaire de joindre à toute la science des finesses et des ressources de la couleur, ce tempérament calme, placide et chercheur, particulier aux Hollandais, don indispensable pour mener à bien les longues et patientes études qui devaient les conduire au but si heureusement atteint.

Ajoutons une dernière observation au sujet de l'école hollandaise, c'est le souffle de la liberté qui l'a fait éclore et c'est en perdant leur indépendance que les Pays-Bas ont en même temps vu s'éteindre les derniers de leurs grands artistes.

Nous approchons de l'époque de la Kermesse de septembre. Une fois le gaz allumé, Amsterdam change d'aspect, le mouvement et le bruit remplacent le calme et le silence, la population se prépare aux jouissances qui vont avoir lieu et offre un curieux spectacle : les rues centrales sont encombrées par une foule peu endurante, aux mouvements grossiers, au contact peu engageant; sur les places se dressent des baraques destinées à des débits de nourriture et de boisson, à la vente d'objets usuels et surtout d'articles de Paris; de longues files de servantes accouplées à des soldats, tous dans un état de gaieté accentué, vont et viennent en chantant des refrains qui provoquent de longs éclats de rire, des cris aigus, prolongés, dont l'éclat retentit et fatigue; cette gaieté est lourde, épaisse, bruyante; l'animal est lâché, il se répand au dehors et ne connaît plus ni bornes ni retenue. Le peuple se gorge en une semaine de tout ce dont il s'est passé pendant une année, les dépenses si économiquement réglées deviennent momentanément excessives, le calme, le repos sont bannis du logis, le Hollandais sort de chez lui et vit au dehors; de même que, pendant toute l'année, c'est avec excès qu'il économise, se retire et se tait, de même c'est sans mesure que, pendant les kermesses, il dépense, sort et crie; ces démonstrations triviales, cette joie brutale n'inspirent aucun attrait; loin de là, elles font éprouver un sentiment de véritable répulsion.

Quelle différence avec les fêtes populaires de Paris ou de Rome. Là, un feu d'artifice, une voiture de masques, un concert en plein vent suffisent à mettre tout un peuple en joie; la foule reste pendant des heures pour voir une fusée, entendre une chanson. Et comme elle se charge de remplir les intermèdes, de charmer son attente par un feu roulant de lazzis, une suite non interrompue de plaisanteries, de quolibets, qui s'échangent d'individu à individu, de groupe à groupe! Les auditeurs sont juges de cette sorte de joutes, leurs rires encouragent les plaisants orateurs, et les bravos ne sont pas ménagés à l'heureuse répartie qui assure à son auteur le succès difficile d'avoir le dernier mot.

En Hollande, ces luttes de l'esprit, ces querelles de la langue sont inconnues; on boit, on mange, on crie, on se bat, et Dieu sait de quelle façon.

La Hollande a la réputation d'avoir les mœurs pures,

ce n'est toujours pas à l'époque des kermesses qu'elle mérite cette réputation ; quant au reste du temps, après avoir vu certaines scènes des allées solitaires du bois de la Haye, de la Calver-Straat ou des quartiers innomés d'Amsterdam, on peut se demander si cette prétendue candeur ne serait pas tout simplement la plus naïve corruption.

LA NORD-HOLLANDE

> Certains détails de cette singulière contrée font croire à une mise en scène préparée pour ébahir le voyageur.
>
> NIM.

Amsterdam est le point de départ de diverses excursions dont les plus intéressantes ont pour but la Nord-Hollande, grande presqu'île réunie au continent par une étroite langue de terre.

Le canal du Nord traverse cet isthme pour relier la mer du Nord avec le golfe de l'Y, et permettre, en toutes saisons, l'accès du port d'Amsterdam aux bâtiments de fort tonnage sans qu'ils aient à subir les lenteurs du canal de Hollande, ni à redouter les bancs de sable et les bas-fonds du Zuydersée.

On traverse le golfe de l'Y, — qui gela si à propos en 1794 pour permettre à la cavalerie française de prendre à l'abordage la flotte des Pays-Bas, — et, une fois sur l'autre rive, on découvre le panorama de la ville qu'on vient de quitter : amas de maisons rouges émergeant à peine au-dessus de l'eau, quatre ou cinq clochers, des masses grises, jaunes, une mer visqueuse et luisante, et, s'il fait chaud, les aromes du port et des canaux d'Amsterdam apportés par le vent. Rien, on le voit, quoi qu'on en dise, qui rappelle, même de loin, Venise vue du Lido.

Presqu'au milieu du golfe, de petites baraques en bois, bâties sur pilotis, isolées au milieu des eaux, sur une sorte de digue, sont les maisons de plaisance des riches négociants de la ville; ils viennent en bateau passer dans ces prisons leur journée de dimanche, heureux de manger, de boire et fumer sans craindre le bruit ou la visite d'un fâcheux.

Deux points principaux attirent le plus généralement le voyageur dans la Nord-Hollande : c'est d'abord le fantastique village de Broek, dont la méticuleuse et ridicule propreté est connue du monde entier, puis la cabane de Zaandam, habitée par Pierre le Grand, quand, en 1696, il vint en Hollande étudier la construction des navires.

Nous avons négligé ces deux buts d'excursions un peu banals et préféré continuer notre chemin jusqu'à Enkuisen.

Répéter que le pays est plat n'apprendrait rien; ce serait, du reste, inexact et insuffisant, car c'est creux qu'il faut dire. Les bords que ronge la mer sont légèrement relevés au moyen de digues, le reste s'enfonce et offre la parfaite image d'une cuvette. Le canal de Hollande, qui va d'Amsterdam à la pointe extrême du Helder, passe à gauche, la route traverse des polders avec des prairies, des troupeaux, des moulins à vent qui sont toujours les mêmes; mais, à côté de cette monotonie qui s'accuse de plus en plus dans la campagne, on voit le côté bizarre et étrange s'accentuer davantage dans les œuvres des hommes.

La contrée est fort riche, on s'en aperçoit à l'importance des troupeaux et à celle des constructions, puis au costume des habitants, des femmes surtout, dont la tête est enfermée dans une sorte de casque semblable à ceux dont nous avons déjà parlé, avec cette différence qu'au lieu d'être en cuivre ou en argent, ils sont en or décorés de pierres fines et d'œillères d'un luxueux travail. Les femmes ont une réputation de beauté exagérée; elles possèdent cependant un charme particulier dû à la finesse de leur peau, à l'éclat de leur teint et de leurs dents; ce qu'elles montrent de leurs cheveux est d'un blond fade, leurs traits sont empâtés, leur démarche est lourde et manque totalement de grâce et d'élégance.

Les fermes ou maisons qu'habitent ces paysans répondent peu à l'idée que ce mot éveille en nous. Au lieu des tas de fumier, des animaux vaguant en liberté, des cours encombrées, des salles mal tenues ou en désordre et des habitants malpropres de nos constructions rurales, les fermes hollandaises montrent : à l'extérieur, des cours sablées, des clôtures en bon état, des maisons propres, bien entretenues; — à l'intérieur, des pièces d'une propreté inouïe, excessive, invraisemblable. Dans l'une, travaille la maîtresse entourée de ses servantes : leur costume est coquet, élégant même; l'étable qui communique directement avec cette sorte de salon a son plancher irréprochable, net et exempt de souillures; les pots de la laiterie, les ustensiles de toutes sortes reluisent et brillent d'un éclat entretenu par des soins de chaque instant; les chambres à coucher de plain-pied avec le reste de l'habitation contiennent de grands lits enfermés dans des alcôves qui sont des sortes d'armoires, des bahuts couverts de faïences d'un prix fou; dans la salle commune, appendus aux murs, des cartes géographiques, des instruments de précision, un pèse-lait, un baromètre, un niveau, une mire, des outils d'arpenteur; sur une étagère, des livres, des journaux; deux cuisines, une pour l'été, exposée au nord, l'autre pour l'hiver, abritée des vents froids, et enfin, dernière singularité, une pièce d'honneur nettoyée chaque semaine avec les soins les plus méticuleux. Cette pièce (fig. 77) n'a aucune destination fixe, mais c'est là que sont conservés les riches ornements de

Fig. 77.

famille et la layette du nouveau-né; c'est là que la fiancée revêt sa toilette de mariage ou qu'est déposé le cercueil du parent défunt; la porte de cette pièce, appelée *Porte dorée,* donne directement sur le chemin, et ne s'ouvre qu'aux grands jours de deuil ou de réjouissance: pour un baptême, un mariage ou un enterrement.

C'est à une cérémonie de cette dernière nature que nous avons assisté. — Les parents et amis remplissaient la chambre, entourant le cercueil dont le couvercle à demi relevé laissait apercevoir la tête du défunt; le ministre et le maître d'école psalmodiaient un chant sacré au milieu de cris et de sanglots qui paraissaient faire partie de la cérémonie. La porte d'or s'ouvrit, le char reçut la bière et la veuve s'assit solennellement sur les restes de son époux pour les conduire au cimetière.

Fig. 78.

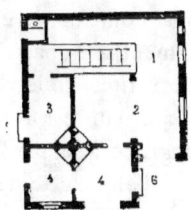

Fig. 79.
(Échelle de 0^m,001 pour mètre.)

1. Étable.   3. Cuisine.   5. Entrée ordinaire.
2. Hangar.   4. Chambres. 6. Entrée spéciale.

Les figures 78 et 79 représentent une modeste maison de paysan : elle comprend une cuisine, une salle et une chambre; en arrière, mais faisant corps avec l'habitation, la grange et une étable pour six vaches ; un petit pignon accuse la salle à l'extérieur et fait comprendre l'importance du rôle qui lui est attribué ; les quatre cheminées se réunissent dans un conduit unique, véritable tuyau unitaire qu'une souche en briques couronne à sa sortie du comble.

Les figures 80 et 81 représentent une ferme plus importante. L'étable peut contenir dix-huit vaches ; l'habitation comprend deux cuisines : celle d'été, isolée, largement ouverte ; celle d'hiver, placée au centre du logis, avec deux vastes armoires pour loger les lits, et en communication directe avec l'étable, d'une propreté irréprochable ; puis la salle, une chambre pour les maîtres ; et enfin la pièce spéciale avec son entrée particulière. A la suite de l'étable, la porcherie, la laiterie avec les fromages, amoncelés dans un coin où ils font l'effet des boulets de canon dans un arsenal ; le grand comble contient des greniers pour les provisions de blé et le fourrage.

Ces deux fermes sont construites en bois et en briques. Le soubassement a l'épaisseur d'une brique et demie, les murs en élévation, celle d'une simple brique ; mais leur parement extérieur est revêtu d'un lambris en planches, disposition grâce à laquelle les intérieurs sont parfaitement sains et à l'abri de toute humidité.

La grande ferme est couverte en tuiles, la petite en joncs provenant de l'île de Marken, — cette bizarre petite île des côtes du Zuydersée, dont les constructions ressemblent à celles d'une ville de castors. — Ces deux bâtiments sont d'une exécution soignée. Il faut remarquer parmi les détails à signaler : les chéneaux en bois portés sur de petits corbeaux, les arcs de décharge au-dessus des ouvertures, les bavettes en briques saillantes destinées à protéger les pénétrations des souches de cheminées dans leur passage à travers les combles.

Fig. 80.

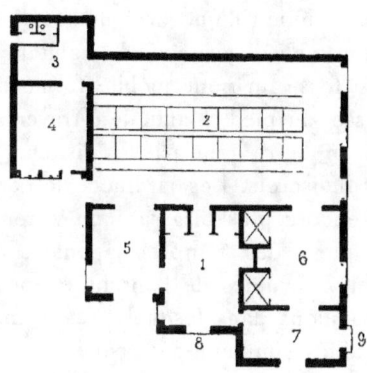

Fig. 81.
(Échelle de 0^m,0025 pour mètre.)

1. Cuisine d'hiver.
2. Étable.
3. Porcherie.
4. Cuisine d'été.
5. Salle.
6. Chambre.
7. Chambre spéciale.
8. Entrée ordinaire.
9. Entrée spéciale.

Ces constructions, que nous avons prises pour type au milieu de toutes celles du même genre qu'on rencontre, sont en parfait état de conservation, par suite des travaux d'entretien dont elles sont constamment l'objet de la part de leurs propriétaires; on les croirait construites d'hier, et cependant elles remontent au commencement du xviie siècle. Il est peu de pays où des édifices aussi modestes, aussi économiques et formés d'éléments constitutifs aussi peu résistants, soient parvenus jusqu'à nous autrement qu'à l'état de ruine ou sans avoir subi des modifications qui en aient complétement altéré la forme première.

En continuant notre route, nous trouvons le même caractère d'étrangeté s'accusant de plus en plus dans les habitations et dans les mœurs des habitants : c'est une distraction à la monotonie du paysage qui ne change jamais. En certains endroits, toutes les maisons sont bâties au milieu d'un carré de terrain entouré d'un large fossé rempli d'eau; quand l'habitant veut sortir, il jette sur ce fossé un pont mobile formé d'une planche qu'il repousse du pied quand il a traversé. Nul risque de cette façon d'être gêné par les visiteurs importuns ou les regards indiscrets! Les jardinets de certaines petites villes sont encore plus bizarres : on y trouve réunis des ponts rustiques, des temples japonais, des chapelles gothiques et des ruines de l'antiquité; tout s'y voit, jusqu'à des pavillons dans lesquels s'asseyent des personnages empaillés simulant des scènes peu intelligibles si on n'y est pas initié d'avance; puis, à l'ombre d'arbres en zinc découpé, une pièce d'eau sur laquelle des cygnes blancs et noirs, des canards privés s'efforcent d'atteindre des brioches en zinc comme eux; enfin, des poissons rouges peints sur un sable de ciment se baignant dans un ruisseau dont on ne peut dire : *Susurrans inter lapillos,* car il est formé d'un certain nombre de verres à vitre. Autant de grands jouets pour de grands enfants !

Parfois, sur la route pavée de briques pour éviter la poussière et la boue, passe, au grand trot de son étalon noir, un riche fermier du pays, assis dans son cabriolet jaune ou rouge, dont la caisse, décorée de sculptures et de peintures, est montée sur de hautes roues qui dévorent l'espace. Ces équipages font l'orgueil de leur propriétaire ; les chevaux qui les traînent sont d'admirables bêtes, à la robe noire, à la longue queue traînante, dont nous voyons, à Paris, les produits dégénérés faire le lugubre service des pompes funèbres.

Au xvie siècle, Enkuisen envoyait 140 bateaux à la grande pêche et les faisait protéger par 20 vaisseaux de guerre ; à cette époque, il avait un port, des chantiers de construction de navires, on voyait dans son enceinte des rues, des places, des édifices et des habitations luxueuses ; aujourd'hui le port est ensablé, les chantiers sont fermés, les édifices détruits, l'herbe croît sur les débris des constructions disparues et Enkuisen compte 500 habitants. L'aspect de cette grande ruine, de cette grande détresse ne cause pas cependant l'impression à laquelle on pourrait s'attendre : les maisons sont vides, mais toujours propres ; on réunit soigneusement en tas, devant chacune d'elles, les briques et les pierres qui se détachent des façades. Le temps lui-même a mis de l'ordre et de la méthode en créant cette solitude et cet abandon.

Ce qui existe de l'église laisse à peine deviner ce qu'elle fut autrefois. C'est maintenant un temple nu, froid, triste, badigeonné du haut en bas et pavé de grandes dalles noires. Son jubé du xvie siècle est chargé d'ornements dont les motifs offrent un singulier mélange de souvenirs chrétiens et d'allusions mythologiques. On retrouve aussi des boiseries et une chaire de la même époque, qui sont de curieux spécimens des sculptures de la Renaissance d'au delà du Rhin; nous ne parlerons pas de la forme et des détails, mais l'exécution est remarquable et indique une patience, une habileté de mains auxquelles on ne peut adresser que le reproche de ne pas s'être exercé sur des sujets d'une valeur moins discutable.

Parmi les constructions restées debout, celles qu'on retrouve en meilleur état sont les maisons d'artisans du xviie siècle; elles sont encore aujourd'hui, comme à l'époque de leur fondation, habitées par une seule famille. Leur distribution est des plus simples : une grande salle sur la rue, une de moindres dimensions à la suite, au fond, une cour et un petit jardin; à l'étage, des magasins ou des ateliers pour l'ouvrier s'il exerçait son industrie dans sa demeure.

Ces maisons sont entièrement en briques (fig. 82 et 83), à l'exception de quelques parties en bois et de deux ou trois morceaux de pierre; elles sont bien construites et se conservent en bon état au milieu de l'isolement qui se fait autour d'elles; leur forme extérieure, que caractérisent de hauts pignons en escalier, se rapproche plus des pignons flamands que des pignons hollandais aux grotesques enroulements; quant à l'intérieur, il respire, comme tous ceux que nous avons déjà vus, le bien-être et l'aisance, est tenu avec une méticuleuse propreté et une recherche inconnue chez nous.

Un peu au-dessus d'Enkuisen, le Zuyderzée se rétrécit et de chaque côté la terre s'avance en fermant l'entrée de ce grand golfe. Le génie industrieux et persévérant des Hollandais a conçu le projet de dessécher le Zuyderzée et de le convertir en polder. Il suffirait pour cela, dit un rapport officiel, de construire une digue partant de

Fig. 82.   Fig. 83.
(Échelle de 0^m,005 pour mètre.)

Medemblik, cap peu distant d'Enkuisen, et allant rejoindre à Stavoren la rive opposée, c'est-à-dire la Frise. Cette digue aurait 50 kilomètres de long, une profondeur variable, mais peu importante; la partie de mer à dessécher offrirait une surface de 200,000 hectares. Des ingénieurs étudient les moyens d'exécution, des banquiers réunissent les capitaux; l'entreprise mettra peut-être longtemps à aboutir, la chose est probable, mais il est non moins certain que si elle est commencée elle sera menée à bonne fin.

Depuis hier le vent souffle en tempête, au lieu de

rentrer à Amsterdam, nous partons pour voir au Helder l'effet des grandes lames sur les digues qui protégent la côte.

Le spectacle est saisissant, le vent plein nord; depuis le pôle aucune terre n'a brisé l'effort des lames, elles sont monstrueuses, et leur effroyable masse s'abat sans relâche sur les murs de granit qui les arrêtent; pas une voile n'est en vue, le ciel est gris, épais; il fait froid, le terrible vacarme de la mer étouffe tous les bruits du ciel et de la terre; la nuit vient, chacun se retire; les ingénieurs et le personnel sous leurs ordres restent seuls à leur poste, prêts au premier signal à se porter sur le point menacé, car d'une brèche dépend peut-être l'existence de la contrée, et une tempête comme celle-là pourrait d'un seul coup balayer toute la Nord-Hollande.

Les digues, contre lesquelles la mer s'use en stériles efforts, sont presque entièrement construites en granit de Norwége; elles ont environ 8 kilomètres de long avec une profondeur réduite de 80 mètres dont 14 au-dessus de l'eau et s'élèvent suivant une pente de 40 degrés. — Leur sommet sert de route publique et de promenade.

UTRECHT

<blockquote>Utrecht est, par son université, le siège de l'orthodoxie protestante.

ESQUIROS.</blockquote>

D'Amsterdam à Utrecht, la monotonie habituelle de la campagne ne change pas. On traverse pendant quelques instants une grande prairie plantée d'arbres dont les troncs sont peints et décorés de bandes alternativement noires et blanches, d'égales dimensions. Les poteaux qui servent à attacher les animaux, les baquets qui reçoivent le lait des vaches, les *sabots* des paysans, ont reçu la même décoration. Une route qu'on traverse est pavée en briques de façon à présenter aussi des raies noires et blanches. Cette effrayante répétition des mêmes choses et des mêmes couleurs, répétition dont on cherche en vain le motif, fatigue non-seulement les yeux, mais trouble l'esprit et irrite la raison; c'est la dernière et la plus complète expression qu'on puisse voir de cette étrange manie à laquelle tout un peuple sacrifie avec tant d'ensemble.

Utrecht est triste et solitaire ; c'est une ville religieuse où se conservent d'anciennes sectes dont presque partout ailleurs les souvenirs s'effacent et se perdent. L'austérité calviniste y domine sans partage; le silence, ce silence particulier aux cloîtres, règne dans les rues bordées de petites maisons basses, étroites, hermétiquement closes, sans miroirs pendus aux fenêtres, sans rien qui puisse, à l'intérieur, laisser deviner ce qui se passe au dehors. Pas de voitures, pas de promeneurs; quelque rare janséniste, à l'air inquiet, échange au passage un regard de mépris avec un luthérien orthodoxe; quelque belle puritaine, les yeux baissés, se rend lentement au prêche, et c'est tout! La plus grande distraction est le bruit de la petite charrette traînée par un chien dans laquelle le marchand transporte ses provisions; une servante, en robe violette (c'est l'uniforme), les bras nus jusqu'à l'épaule, se montre au-dessus de son fossé, fait ses acquisitions sans presque parler et disparaît à la hâte; puis tout rentre dans le calme accoutumé que ne trouble pas même le bruit des pas, étouffés par la mousse dont sont verdies les briques des rues.

Cependant, malgré cette tristesse et cette solitude, Utrecht n'inspire pas l'ennui; ce caractère si tranché, si rare de nos jours, nous a laissé une impression sur laquelle nous aimons à revenir; nous nous rappelons surtout une toute petite maison, ombragée de grands arbres au bord d'un canal couvert de lentilles d'eau et dans laquelle on serait bien pour travailler et se recueillir; puis une autre dont la porte, indiscrètement poussée par nous, nous a laissé apercevoir, dans une grande salle pleine de fleurs, un vieillard psalmodiant un psaume entre ses deux filles qui travaillaient tranquillement, méthodiquement, à un ouvrage de tapisserie pendant que la mère préparait le repas.

Comment vit toute cette population, quelle est son existence intérieure? il n'est pas facile de la pénétrer et peut-être la curiosité satisfaite n'aboutirait-elle qu'à une déception, en vous mettant en présence d'individus figés dans des convictions d'une autre époque et dont les idées ne sortent pas d'un horizon borné au delà duquel il n'y a plus rien pour eux.

Mais Utrecht possède le plus remarquable édifice du moyen âge de la Hollande : c'est la Dom-Kerk, qui a conservé son nom catholique de cathédrale.

Construite au XIIIe siècle sur les ruines d'une église primitive, ce monument ne comprend plus aujourd'hui que le transsept, le chœur avec ses chapelles et la tour placée autrefois à l'entrée. Cette tour est séparée aujourd'hui du reste des constructions par tout l'espace qu'occupait la nef dont les vestiges mêmes ont disparu.

Le chœur et le transsept ont été l'objet de récentes restaurations exécutées d'une façon remarquable. Il faut ajouter que les travaux nécessaires n'intéressaient pas le gros œuvre; on ne voit pas de traces de reprises importantes; seuls, les détails de certaines parties ont dû être réparés. Les restaurateurs ont non-seulement respecté la forme et la disposition des parties anciennes, mais aussi l'appareil et la nature des matériaux.

La tour (Domtoren) est la partie la plus remarquable de l'édifice; elle s'élève sur un plan carré de 19 mètres de côté et atteint 120 mètres de haut. Cette hauteur est occupée par deux grands étages en retraite l'un sur l'autre, le dernier surmonté d'un campanile, sorte de lanterne ajourée dont la légèreté contraste avec les parties inférieures, robustes et trapues. La flèche qui devait couronner le tout n'existe plus.

La différence de largeur entre les étages se trouve rachetée par les dimensions excessives données aux murs inférieurs qui, en se retraitant, laissent toujours la place nécessaire à l'assiette des murs supérieurs. Ce système est celui d'après lequel nombre de clochers ont été élevés en France au moyen âge (Limoges, Saint-Léonard, etc.), mais le clocher d'Utrecht, qui offre avec celui de Limoges l'analogie de se trouver séparé du reste de l'église par l'espace qu'occupait la nef, est construit avec moins de science et de recherche. L'architecte hollandais n'a employé que de la brique, il lui devenait par suite difficile d'avoir des points d'appui légers et rares ; en outre, faire porter le poids d'une masse aussi considérable sur des piles de petites dimensions eût été imprudent, puisque le sol dans lequel devaient s'enfoncer les fondations était de mauvaise qualité ; il fallait, au contraire, comme cela a été fait, répartir la charge de toute l'œuvre sur la plus grande surface possible, afin d'éviter les tassements et les déchirures tant à redouter en pareil cas.

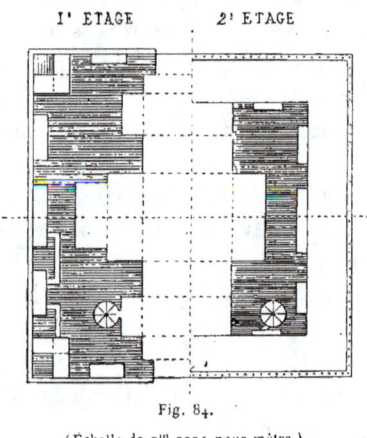

Fig. 84.
(Echelle de 0^m,0025 pour mètre.)

Le plan des deux étages (fig. 84) indique l'ensemble du système de la construction ; des massifs intermédiaires

Tour de la Cathédrale.
Utrecht.

ont été élevés pour consolider l'œuvre primitive et rendent par suite difficile de la reconnaître exactement. La figure 85 donne idée de l'aspect général de ce clocher, de beaucoup le plus intéressant de tous ceux que nous avons vus en Hollande.

Fig. 85.

Le Oude-Gracht (vieux canal), qui traverse la ville dans sa plus grande longueur, est bordé de quais à deux étages. Celui du bas, dont le sol dépasse à peine le niveau du canal, est voûté, il abrite les pêcheurs, les matelots et tous ceux dont la profession ou l'industrie s'exerce sur l'eau ; l'extrados des voûtes qui recouvrent ces habitations, parfaitement insalubres, du reste, sont convertis en promenades le long desquelles s'élèvent des bâtiments d'une apparence riche et confortable comme toujours occupés par une seule famille (fig. 86).

Utrecht était notre dernière étape en Hollande, au delà de cette ville la nature du pays commence à changer, ce ne sont plus les continuelles prairies que depuis Dordrecht nous n'avons cessé de parcourir ; nous voyons des terres labourées, un bouquet de bois, un semblant de colline se découpe à l'horizon, puis vers le soir se perd dans la brume le dernier moulin à vent (fig. 87).

Fig. 87.

BEAUX-ARTS — MŒURS

COUTUMES

Avant d'atteindre la frontière d'Allemagne, résumons rapidement ce que nous venons de voir en Hollande.

La Hollande n'a pas d'architecture propre; ses monuments, ses arts n'ont pas de style, seule son école de peinture a jeté un vif éclat au XVIIe siècle; depuis cette époque le Hollandais paraît avoir renoncé aux arts pour s'adonner exclusivement au commerce, à l'industrie, à toutes les professions propres à améliorer le bien-être physique de l'homme.

En effet, en littérature, pour nous occuper d'abord de ce qui ne nous regarde pas, le Hollandais ne produit pas, les statistiques établissent que si la Hollande est le pays dans lequel on imprime le plus, c'est en revanche celui dans lequel on écrit le moins; les éditeurs ne publient que des livres de théologie et surtout des traductions d'ouvrages étrangers.

La peinture moderne ne fait pas parler d'elle, et cette modestie n'est pas le propre des grandes créations artistiques.

Les architectes hollandais ne produisent pas plus que les peintres, car dans tout ce que nous avons vu, dans tout ce que nous avons fait passer sous les yeux du lecteur, rien n'indique une école originale, qui ait un style, qui ne soit pas un souvenir des monuments d'un autre pays, seules quelques maisons ont un caractère spécial, une disposition qui leur est particulière.

A quoi tient cette situation, quelle en est la cause et comment l'expliquer? Il nous faut pour cela entrer dans quelques détails, et comme la nature, les habitudes, les goûts de l'homme se trouvent toujours exprimés dans la demeure qu'il s'élève, dans les monuments qu'il conçoit, voyons quelle est la nature, quels sont les habitudes et les goûts du Hollandais.

D'abord le pays. — La contrée est humide à cause de sa situation au-dessous du niveau de la mer, puis trois grands fleuves l'arrosent, l'Escaut, la Meuse et le Rhin, elle est de plus coupée par de nombreux canaux et enfin en certains endroits l'eau reste stagnante à la surface du sol; il faut donc que l'habitant lutte sans cesse pour aider la terre à se défendre contre les eaux, lutte dans laquelle la propre vie des habitants'est en jeu. Ce climat saturé de vapeur d'eau amollit les nerfs de l'homme, n'excite pas ses passions qu'il tend plutôt à calmer, et les précautions nécessaires à sa défense le rendent tenace, patient et laborieux.

Voyons maintenant l'individu. — La race hollandaise est une branche de la race germaine, elle a le teint blanc, les yeux bleus, les cheveux blond clair; on lui reproche familièrement d'avoir du jus de navet dans les veines; les Hollandais sont grands, bien charpentés, mais sans élégance et taillés à coups de hache; leur figure est osseuse, ils ont l'apparence lourde et épaisse et ne rappellent en rien *la statuaire grecque.*

Les impressions de l'individu sont lentes à être mises en mouvement, son intelligence n'est ni vive ni alerte, il manque de ce que nous appelons l'*esprit ;* si vous demandez un renseignement, une indication, la réponse tarde, vous voyez se produire sur la face un effort pénible, un travail évident pour trouver la solution. Un marchand de cigares se mit un jour en nage, à la Haye, pour nous expliquer assez mal la valeur de la monnaie de son pays. Les Hollandais sont peu raffinés en fait de plaisirs : pendant les kermesses, le peuple se livre à de basses débauches. Les satisfactions de la vanité, de la gloire, les laissent indifférents; leur naturel calme, peu impressionnable, les détourne de l'ambition ; ils savent se contenter et, quand ils ont atteint le but qu'ils s'étaient proposé, on les voit souvent quitter les affaires pour prendre, jeunes encore, un repos qui leur permet de jouir longtemps du fruit de leurs efforts.

Comme mœurs, les Hollandais sont casaniers, économes, peu sociables ; réunis, ils savent écouter, rester immobiles pendant plusieurs heures, les apparences frivoles ne les éblouissent pas, ils veulent aller au fond des choses ; c'est pour ce motif que leurs maisons de banque ont atteint un si grand développement, une si grande prospérité. Ils s'enferment chez eux, vivent de la vie de famille, livrés à un certain nombre de pratiques religieuses, et ne semblent pas se douter qu'il y ait quelque chose par delà cet étroit horizon.

Les réunions mondaines sont fort rares, les relations sociales presque nulles. A Scheveningen, la plage la plus fréquentée de la mer du Nord, on voit les mères de famille travailler entourées de leurs enfants, et formant chacune un clan séparé, sans se réunir par groupes ou par coteries comme chez nous ; elles ont même inventé à ce sujet une sorte de cahute ou guérite qui, sous le prétexte de les abriter du vent et du soleil, leur sert à s'isoler, à se dissimuler, et dans lesquelles les femmes travaillent pendant des heures sans parler, sans même bouger.

L'amour du gain, le désir de satisfaire leurs intérêts matériels, emploient toutes leurs forces vives et les détournent de la recherche des jouissances spirituelles ou métaphysiques.

Les questions religieuses, pour lesquelles ils sont si intolérants, les gênent, les troublent; ils ont créé les écoles neutres, espérant avec raison que les enfants de diverses religions ainsi soumis à la même règle, à la même instruction, seraient, une fois devenus hommes, plus faciles aux concessions, plus bienveillants les uns pour les autres.

Leur calme et leur ténacité deviennent facilement de l'entêtement : un soir, à Amsterdam, sur la place du Dam, un omnibus comptait un voyageur en trop; il s'agissait d'aller à une sorte de promenade-concert qui ferme à dix heures, il en était huit, le conducteur se refusait à partir, les voyageurs à descendre; la voiture fit une fois, deux fois, trois fois le tour de la place, puis revint à son point de stationnement, la foule s'était amassée, pas un cri, pas une injure; on discutait sérieusement le droit des voyageurs, le devoir du conducteur; à dix heures, le cocher dételé ses chevaux et alla se coucher, les voyageurs descendirent et regagnèrent chacun leur logis; leur soirée était perdue, mais ils n'avaient pas cédé; remarquons que la police n'avait pas eu besoin d'intervenir et que personne n'avait pensé à elle.

La famille est pour eux l'objet d'un véritable culte, les mauvais ménages sont fort rares, la naissance d'un nouveau-né est signalée au public par un petit coussin pendu à l'extérieur de la maison, et cette exhibition oblige les passants à certains égards, à certaines attentions.

Les goûts du Hollandais se portent tous du côté des satisfactions matérielles, les plus développés sont l'amour de la bonne chère, il a grand appétit; après la quiétude de l'esprit et le repos, ce qu'il aime par-dessus tout, c'est le bien-être d'un intérieur confortable, propre, un foyer tranquille, exempt d'orages; il excelle dans les travaux qui exigent une grande patience, de la ténacité et de la suite; c'est parmi les Hollandais que se trouvent les meilleurs tailleurs de diamants, profession pour laquelle un ouvrier doit rester, pendant des mois, occupé à tailler une petite pierre de dimensions insignifiantes.

Les Hollandais n'éprouvent pas le besoin de parler, de chanter; ce n'est qu'au moment des kermesses qu'on entend, pendant quelques jours, dans les rues les chants qui sont si fréquents dans nos villes du Midi. Les marchands qui promènent leurs marchandises dans les rues n'attirent pas le chaland par leurs cris, ils passent en silence, toujours à la *même heure,* devant la maison de chacun de leurs clients.

Leur amour de la propreté est devenu une manie, et les exagérations invraisemblables qu'on raconte à cet égard ne sont pourtant que des vérités.

L'amour du lucre leur a fait vaincre leur amour du repos; hardis marins, adroits commerçants, ils exploitent Java d'une façon remarquable, pressurent la population, achètent à vil prix ce qu'ils vendent en Europe à prix d'or, et, jusqu'en ces derniers temps, étaient le seul peuple de l'ancien monde ayant un comptoir au Japon.

Leurs domestiques ne sont pas comme les nôtres parqués dans les combles de la maison, ils sont en nombre restreint, vivent près des maîtres, en contact continuel avec la maîtresse, et cette dernière ne se contente pas de les surveiller, de les diriger dans les soins du ménage, elle met elle-même la main aux détails intérieurs.

La bienfaisance est entièrement abandonnée à l'initiative privée, et pas une nation de l'Europe ne possède cependant un aussi grand nombre d'établissements de secours pour les misères humaines. Ils font quelque étalage de ce sentiment si naturel, et les uniformes bizarres dont ils affublent en public les pauvres de leurs hospices doivent, à chaque instant, froisser la dignité de ces malheureux et la modestie de leurs bienfaiteurs.

En général, ils sont riches, fort riches même, et acquittent d'énormes impôts. Il faut, pour être électeur, payer, en contribution foncière seulement, près de 150 florins (environ 315 francs).

Ils n'aiment pas la discussion et savent écouter, nous l'avons déjà dit; aussi le régime représentatif et parlementaire leur convient-il merveilleusement, et leur organisation politique fonctionne-t-elle d'une façon digne d'envie. Il n'en est pas de même des questions religieuses, et d'accord sur les questions politiques, ils ne peuvent s'entendre sur les dogmes religieux, motifs de constantes et interminables controverses, pour lesquelles ils arrivent presque à se passionner.

Maintenant il est facile, d'après ce qui précède, de comprendre pourquoi l'architecture est en Hollande telle que nous l'avons trouvée.

A part les quelques églises du moyen âge que leur a léguées la religion catholique, les Hollandais n'ont pas d'édifices religieux vraiment dignes de ce nom, parce qu'ils sont divisés en un si grand nombre de sectes, qu'un espace réduit suffit à assurer l'exercice de chacune d'elles.

Les Hollandais n'ont pas de théâtres, parce que se réunir leur plaît médiocrement et qu'en littérature comme en peinture ils n'aiment que la représentation des actes ordinaires de leur vie habituelle, sujets peu faits, on le comprend, pour exciter la verve et l'imagination des poëtes ou des musiciens étrangers. Nous avons vu que, quant à eux, ils négligent les productions de l'esprit.

Ils n'ont pas de palais pour leurs musées, parce qu'ils ne comprennent pas l'apparence extérieure et sont insensibles à ce qui parle uniquement aux yeux; pour eux, la richesse d'un musée consiste seulement dans les œuvres d'art qu'il possède et non dans le monument qui les contient.

La même raison les dispense d'édifices somptueux pour leurs hôtels de ville, leurs tribunaux, la demeure de leurs princes ou de leurs hauts fonctionnaires, puisqu'ils rejettent tout ce qui n'a pour but que de flatter le regard, de plaire sans offrir un côté utile et productif.

La décoration des villes, leur splendeur et leur éclat se trouvent ainsi singulièrement simplifiés.

En revanche, ils ont des écoles, des hôpitaux, des maisons de secours, des digues, des ports, des routes, des canaux et des chemins de fer, travaux dans lesquels l'idée pratique domine l'imagination, et où, à côté d'une forme presque toujours déplaisante et d'un goût douteux, on trouve une adroite solution du programme imposé et l'application logique, raisonnée, des moyens nécessaires pour arriver au but indiqué.

Ils ont surtout des maisons d'habitation fort bien comprises pour eux, pour leur nature, leurs goûts et leurs besoins. Ces petites cases tristes, isolées, toutes pareilles, propres à l'intérieur comme à l'extérieur, divisées en un nombre restreint de pièces suffisamment vastes, avec un petit jardin où ils cultivent les fleurs qu'ils aiment, sont pour les Hollandais la satisfaction la plus complète de leurs désirs et de leurs aspirations; ils sont là seuls, tranquilles, renfermés, pas de voisins, pas de regards indiscrets, pas de bruit; ces maisons sont aussi bien faites pour leurs habitants que leurs habitants bien faits pour elles.

De telles demeures seraient impossibles pour nous qui aimons la variété, le mouvement, qui déménageons dix fois dans le cours d'une existence, modifiant notre logement suivant notre situation du jour, nos ressources du moment, l'accroissement de notre famille. Si le Hollandais s'enrichit, il augmente son bien-être intérieur, mais sans pour cela changer de place; si sa famille s'accroît (jamais outre mesure), les enfants se serrent, quittent de bonne heure la maison pour aller chercher fortune au loin, à Java ou aux Indes, mais l'idée de déménager ne lui viendra jamais. A Amsterdam, à Rotterdam, dans les grandes villes, il n'y a pas d'appartements à louer et on ne reconstruit une maison que quand elle tombe en ruine [1]. Le système des nouveaux tracés de voies publiques par expropriation y est inconnu.

Les maisons isolées, habitées par un seul ménage, ne sont pas encore entrées dans nos mœurs et vraisemblablement n'y entreront pas de longtemps; le prix excessif du terrain dans les grandes villes est sans doute un des motifs, mais n'est pas le motif unique de cette situation, puisqu'à Londres, par exemple, où le terrain est aussi cher qu'à Paris, chacun a sa maison. La vraie cause de cette situation tient à notre essence, à notre origine, nous sommes Latins, nous voulons paraître. Ce qui brille, ce

---

[1]. On vient cependant, à Amsterdam, de chercher à créer un quartier où pourront se réfugier les nouveaux venus.

qui a de l'éclat, nous séduit et nous attire : nous aimons les belles étoffes, les couleurs éclatantes, les palais et tout ce qui peut nous faire illusion sur notre véritable rôle, sur la vraie place sociale que nous occupons; nous ne consentirions pas à habiter une maison de brique de mesquine apparence, à fenêtres écrasées, à porte basse, avec des couloirs et des escaliers exigus, nous demandons de grands vestibules, un passage de porte cochère, un large escalier, une façade monumentale, tous signes extérieurs qui préviennent le visiteur en faveur de notre fortune et de notre position dans le monde. Nous ne pouvons qu'à grands frais satisfaire des goûts de cette nature et, à lui seul, un simple particulier ne saurait s'en assurer la jouissance; aussi nous réunissons-nous à plusieurs pour habiter une vaste maison, présentant les conditions d'apparence qui nous plaisent et dont les dépenses diminuent en raison de leur répartition sur un plus grand nombre [1].

Une maison privée comporte chez nous, non-seulement les frais de premier établissement, l'acquisition du terrain et la construction, mais encore les frais accessoires de décoration, d'entretien, de domestiques, de concierge, de jardinier et autres dépenses de même nature que, comme nous l'avons vu, le Hollandais économe sait singulièrement restreindre ou supprimer.

Nous ne discutons pas la question de savoir si nous avons tort ou raison, si nous sommes les fous, et les Hollandais les sages, nous constatons les faits, nous faisons ressortir les côtés de notre nature, les points de notre

---

[1]. Nous ne parlons ici, bien entendu, que des classes moyennes de France et de Hollande : les classes extrêmes se trouvent en dehors des conditions ordinaires.

état social qui nous séparent des Hollandais et nous concluons en disant que les maisons hollandaises, très-bien appropriées à leurs habitants, seraient peu goûtées chez nous, de même que nos grandes habitations, où plusieurs ménages vivent côte à côte, seraient très-peu appréciées par eux.

ALLEMAGNE

HANOVRE — HAMBOURG

LES DUCHÉS

D'UTRECHT A HANOVRE

LE PAYS, LE VOYAGE ET LES VOYAGEURS.

C'était avec un véritable serrement de cœur que nous approchions des frontières d'Allemagne ; nous pensions tristement à tout le mal que nous avaient fait les gens venus de ce pays. L'image de nos désastres, des terribles malheurs dont nous avions été victimes se retraçait à notre esprit avec le souvenir de tous les détails pénibles, de toutes les scènes lugubres qui les avaient accompagnés ; mais un intérêt facile à comprendre nous poussait en avant, nous voulions voir chez eux, étudier dans leur pays ces Allemands qui nous connaissent si bien et que nous connaissons si mal et si peu. Nous avions déjà visité l'Allemagne, mais avant 1870, et, depuis cette époque, gens et contrée nous apparaissaient sous un autre jour, sous un nouvel aspect. Pour remplir convenablement notre but, il eût fallu peut-être aller en Prusse, mais le courage nous avait manqué, et pour but de ce nouveau voyage nous avions au contraire choisi entre les provinces du grand empire les moins prussiennes et les plus récemment annexées.

A Oldenzaal, les blancs et roses douaniers hollandais nous ont dit adieu ; ceux qui nous reçoivent à Bentheim ont le parler rude, l'apparence de soldats; la gare est fortifiée, les employés ont le costume militaire, ils sont armés, on croit entrer dans une forteresse. L'Allemagne, dès le premier abord, nous apparaît sous cet aspect qui est le fond de son caractère, celui du militarisme poussé à ses dernières limites, celui d'une société tout entière organisée comme un immense régiment, dans lequel chaque membre, du plus petit au plus grand, n'est plus qu'un numéro.

Les douaniers ne possèdent en aucun pays des formes séduisantes, mais nulle part ils ne sont aussi désagréables qu'en Allemagne ; grossiers, exigeants, ils glissent partout leurs vilaines mains sales et se permettent, en certains cas, de lourds lazzis répétés en chœur avec de gros rires bruyants ; ils emploient un temps inouï à accomplir leur besogne et mettent à confisquer tout objet douteux un zèle qui rappelle celui des anciens douaniers des principautés italiennes.

Mais tout a une fin en ce bas monde, même une visite de douaniers allemands, on nous fait donc remonter en wagon et nous pouvons continuer notre route.

Le chemin de fer de Rheine à Minden, point où il se raccorde avec la ligne de Hanovre à Cologne, est une nouvelle voie encore peu connue et qui, aux yeux du voyageur arrivant de Hollande, paraît pittoresque. On aperçoit des terres cultivées, de hautes collines boisées, des chaumières peintes au bleu de cobalt ou au vermillon ;

des chariots passent chargés des dernières récoltes de l'année; à l'entour, marchent de longues bandes de garçons et de filles, êtres vigoureux et robustes, taillés en force; près d'Osnabrück, centre d'importants minerais de fer, nous voyons une énorme agglomération d'ouvriers, sorte de meeting précédant une grève; dans les campagnes, à l'entrée des bourgs, à la porte des gares, de grands poteaux indicateurs, couverts d'inscriptions, font connaître le nom de la province, celui de la commune, le numéro du régiment, le numéro du bataillon et celui de la compagnie de la landwehr dont la contrée environnante fait partie : c'est là un des éléments de cette organisation régionale qui rend si prompte et si facile la concentration des troupes mobilisées dont chaque soldat connaît ainsi à l'avance le lieu de rassemblement. Aux stations un peu importantes, c'est-à-dire presque toutes les heures, arrêt prolongé, le train se vide, tous les voyageurs envahissent la restauration, prennent d'assaut des montagnes de petits pains fourrés de jambons ou de fromage, qu'ils arrosent de grands verres de bière vidés d'un trait et remontent munis des provisions nécessaires pour atteindre la station prochaine.

Inoccupés durant le trajet, ces voyageurs ne lisent pas, causent peu et entonnent parfois quelques refrains patriotiques; leur unique distraction, quand ils cessent de manger, est de fumer d'énormes pipes; quelques-uns fument à la fois un cigare et une pipe, alternant ainsi une bouffée de l'un avec une bouffée de l'autre; contrairement à ce qui se passe chez nous, où nous avons un compartiment pour les fumeurs, ils ont un compartiment pour ceux qui ne fument pas. Les hommes paraissent grossiers, brusques, peu polis; ils bousculent sans pitié les femmes et les enfants qui se trouvent sur leur passage, afin de monter les premiers en wagon et prendre les meilleures places. Les plaisanteries auxquelles ils se livrent en cas de succès, et que traduisent leurs gestes, sont lourdes, triviales ; elles excitent un gros rire, épais, dont la répétition énerve et fatigue. Les wagons sont heureusement confortables, et chaque compartiment est, en général, loin d'être complet. Il existe quatre classes : la première n'est guère autre chose que nos coupés ; quant à la quatrième, elle ne vaut pas beaucoup mieux que nos wagons à bétail ; dans les wagons de seconde classe, les deux banquettes, placées en face l'une de l'autre, peuvent, pendant les voyages de nuit, se rapprocher et former un véritable lit ; les trains express contiennent ordinairement des voitures de toutes classes.

La gare de Minden semble une véritable forteresse avec une enceinte de défense que protégent des forts. La voie entre dans la vallée du Weser, ligne très-forte et très-défendue. Toutes les stations du chemin de fer ont l'apparence de fortins (fig. 88) : ce sont des constructions en brique, avec guettes, machicoulis et meurtrières ; on croirait voir de grands joujoux, si les Allemands étaient gens à jouer. Il est plus vraisemblable de supposer que nos prudents voisins ont voulu prévoir la possibilité d'une attaque sur leur frontière du nord-ouest et se ménager, en cas de défaite, la possibilité de reformer leurs lignes à l'abri d'une seconde enceinte appuyée sur la mer et se continuant le long du cours du Weser.

Les scènes, les paysages qui se succèdent sont variés et intéressants, mais manquent d'animation et de gaieté, de cet air de fête et de joie qui donne un charme si puissant aux campagnes du Midi, dans lesquelles résonnent à toute heure les cris, les chants imagés dont sont si prodigues les populations de France, d'Espagne et d'Italie.

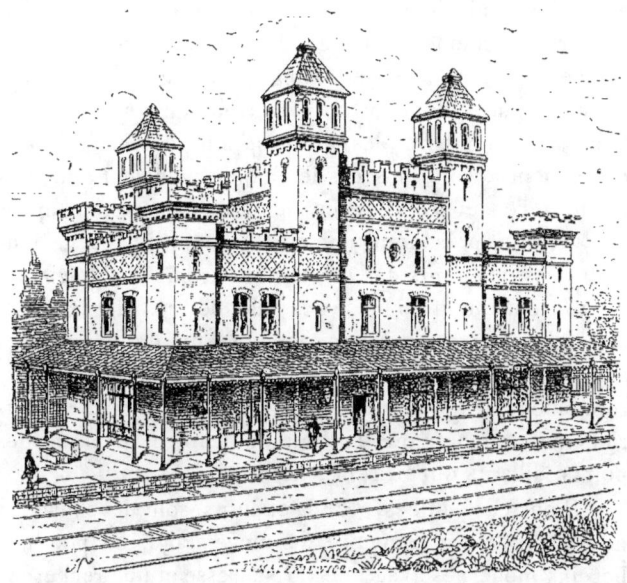

Fig. 88.

Les constructions qui filent de chaque côté de la voie ne ressemblent pas à celles que nous avons déjà vues; leurs formes, leurs dispositions varient à l'infini; les silhouettes sont différentes pour chacune, et le côté pittoresque se développe en toute liberté sur les façades. Les matériaux mis en œuvre sont la brique et la pierre blanche des carrières du pays. Ces briques sont employées suivant toutes les combinaisons possibles; elles ont, en outre, des formes spéciales qui se prêtent à des dispositions que nous ne connaissons pas et qui donnent des dessins bizarres d'une grande originalité; leurs tons sont aussi variés que leurs formes. Parfois l'angle d'une brique est enlevé : plusieurs briques, ainsi brisées, font, par leur rapprochement, l'effet de dents de scie; quatre briques, toujours avec leurs angles enlevés, mises à côté l'une de l'autre, donnent un petit trou noir qui accuse les assises; d'autres fois les briques, alternativement roses ou blanches, sont posées de champ, montrent leur plus petite face, et couronnées de briques noires coupées à 45 degrés, présentent une sorte d'arcature, etc... Souvent aussi les joints des briques sont remplis d'un ciment dont la couleur tranche avec celle de ces dernières et donne lieu à une nouvelle combinaison de dessin. Les allèges des fenêtres, les souches des cheminées, le couronnement des ouvertures, soigneusement étudiés, plus richement décorés que le reste de l'édifice, accusent des points saillants qui attirent l'attention.

Tous ces édifices, grands et petits, sont des souvenirs de l'architecture française du moyen âge, adaptés aux besoins modernes avec une rare adresse et une recherche qui dénote de longues et patientes études. Nous ne quittons plus la portière de notre wagon, ne voulant rien perdre de ce qui se déroule à nos yeux; nous approchons de Hanovre, où l'école gothique a jeté de nos jours un si vif éclat; nous commençons à croire que les *merveilles* qui nous ont été promises ne nous feront pas défaut et ne nous réserveront pas, comme cela arrive trop souvent en pareil cas, quelque amère déception.

Nous sommes en gare, le public encombre les quais, car il a libre accès sur la voie pour recevoir les amis qui arrivent ou dire adieu à ceux qui partent; les salles d'attente de toutes classes sont des restaurations où on entre et d'où on sort à volonté ; de longues banquettes le long des murs, des tables en avant, pour placer les paquets, avantages réservés dans notre république égalitaire aux seuls voyageurs de première classe ; les bureaux s'ouvrent sur les quais, d'immenses cartes géographiques tapissent les murs ; l'étranger, s'il éprouve des difficultés à se faire comprendre, peut désigner du doigt le lieu où il se rend. A force de regarder ces cartes pendant les longues heures d'attente, l'ignorant lui-même finit par se loger dans l'esprit certaines configurations, certains tracés qui se gravent à son insu dans sa mémoire et qu'il retrouvera plus tard au moment opportun. Des écriteaux en anglais, en français, en allemand, indiquent au voyageur la direction et le mouvement des trains ; à lui de prendre soin de sa personne, de chercher et de trouver la direction à suivre, ce qui n'est pas toujours facile, aux heures de croisement de divers trains allant en sens opposés. Par bonheur, un employé vient à notre aide, nous sortons de la gare et presque aussitôt nous sommes à l'intérieur de la ville.

L'impression que nous fit ressentir cette première promenade à travers Hanovre est encore présente à notre esprit ; la nuit commençait à venir, et les grands édifices, les maisons bordant les larges voies que nous traversions prenaient un aspect fantastique qui nous reportait à une autre époque et nous faisaient rêver à d'autres âges ; aussi le lendemain sur lequel nous comptions pour voir l'illusion se transformer en réalité nous semble-t-il bien long à venir

HANOVRE

I

ASPECT GÉNÉRAL. — LES RUES NOUVELLES. — LA VIEILLE VILLE
LE RATHAUS. — LA MARKT-KIRCH.
LA RESIDENZ-SCHLOOS — L'OPÉRA. — LE GYMNASE.
LA SYNAGOGUE. — LES ÉCOLES.

Il n'existe pas en Europe, croyons-nous, de ville transformée de nos jours suivant un style d'architecture bien net et bien déterminé, dans laquelle les édifices soient en rapport entre eux et avec les maisons d'habitation, qui ne montre pas des églises gothiques à côté de palais grecs plantés au milieu de maisons Renaissance. Munich, dans les travaux exécutés par le roi Louis, n'offre que des copies de monuments de toutes les époques, de tous les pays et de tous les styles, sans lien entre eux; c'est un musée de copies. Saint-Pétersbourg, Vienne, Genève et bien d'autres villes n'ont fait de nos jours que reproduire les constructions de Paris, lesquelles ne brillent pas précisément par l'homogénéité, l'expression d'une idée unique ou d'un principe dominant.

Hanovre, par une raison qui ne nous est ni connue ni expliquée, a donné naissance à une école d'architectes instruits, ayant étudié chez eux et hors de chez eux, chez nous surtout, il faut le reconnaître sans fausse modestie. Les œuvres de cette école sont déjà nombreuses et importantes; dans les constructions modernes de Hanovre on reconnaît et on peut suivre pas à pas les tâtonnements des premiers essais, les progrès réalisés peu à peu, leur influence dans l'ancien royaume de Hanovre, étendue ensuite à bien des villes de l'empire d'Allemagne.

Le point de départ de tels résultats a été l'étude des monuments anciens, des types restés debout d'une architecture d'une autre époque, d'un autre pays, transplantés sur ce sol étranger. Cette architecture, qui n'appartient pas en propre à l'Allemagne, était inspirée des monuments rhénans et des exemples de notre vieille architecture française du moyen âge.

Les Allemands, qui ont une école de littérature, une école de musique, n'ont pas d'école de peinture ni d'école d'architecture; ils n'ont pas d'architecture nationale, et nous voyons cette grande race germaine emprunter aux Latins, aux Slaves et aux Saxons, qui sont sur sa lisière, les formes et les dispositions qu'elle donne à ses demeures et à ses monuments.

C'est ce qui fait qu'on ne peut voir en Allemagne un enchaînement de faits artistiques, une parenté entre les différents monuments, ni la gradation régulière qu'ils expriment partout ailleurs; les transitions sont brusques ou, plutôt, il n'existe pas de transition entre les différentes époques, entre les différents styles. Le gothique, ils l'ont reçu tout fait, l'ont appliqué sans travail et sans étude; d'un trait, sans comprendre notre Renaissance, ils sont du gothique arrivés au rococo, et quel rococo! Quand nous avons construit Versailles, ils ont élevé leurs palais de Berlin et de Vienne; ils n'ont jamais créé et ont toujours copié; mais un mérite qu'on ne peut leur refuser, c'est d'avoir bien su choisir leurs modèles.

Ce qu'ils ont su faire au moyen âge, ce qu'ils ont su

faire à la Renaissance, les Germains ont su le faire au xixᵉ siècle. Après s'être inspirés des édifices romans et gothiques du Rhin et de l'Ile-de-France; après avoir, sans résultat, essayé de comprendre notre Renaissance et l'avoir transformée, on sait de quelle façon! les Allemands sont de nos jours entrés dans la voie que les ouvrages, les travaux archéologiques avaient commencé à ouvrir en France il y a trente ans, et depuis ils ont marché si vite dans le chemin tracé que parfois, comme à Hanovre, ils nous ont devancés.

Nous savions ce qui nous attendait à Hanovre; des dessins, des photographies, des récits nous avaient d'avance préparé à voir l'architecture gothique[1] y jouir d'une faveur qu'elle ne connaît pas chez nous; mais notre attente a été dépassée, et, chose bien rare, nous avons vu des œuvres mieux conçues et plus nombreuses que nous ne l'avions supposé.

La nouvelle ville est coupée de magnifiques avenues dont les principales, *Schiller-Strasse, George-Strasse, Eisenbahn-Strasse,* ont plus de 30 mètres de large; ces voies sont, sur tout leur parcours, bordées de constructions modernes, presque toujours de l'esprit le plus original et le plus varié; pas une de ces maisons ne ressemble à sa voisine, chacune a une forme particulière, un aspect différent; les proportions ne sont pas toujours agréables, les détails sentent la prétention et la recherche, mais l'ensemble plaît, attire et retient le regard.

Nous prolongeons longtemps notre première promenade; nous ne nous lassons pas de regarder ces façades

---

1. Nous employons le mot gothique pour parler de l'architecture empreinte des souvenirs du moyen âge français, parce que nous n'en avons pas d'autre à notre disposition.

d'édifices publics ou de maisons privées en briques ou en pierres, sur lesquelles silhouettent les encorbellements les plus audacieux qu'animent des loges, des balcons couverts, véritables moucharabys couronnés de pignons aux saillies accentuées ; nous regardons à la dérobée, par une fenêtre ouverte, quelque salon du rez-de-chaussée, quelque intérieur à moitié caché, préparant ainsi dans notre tête un plan de visite et d'examen qui nous promet des études attrayantes, fécondes en enseignements et en satisfactions de toutes sortes.

Il n'est pas aussi facile qu'on pourrait le croire à première vue de trouver son chemin au milieu de constructions si variées, mais entre lesquelles un air de famille établit des liens, des rapports, qu'il faut quelque temps pour démêler et classer d'une façon sûre ; néanmoins, cet apprentissage n'est pas bien long à faire, un peu d'observation suffit, et les points de repère ne manquent certes pas.

Nous commençons bientôt, du reste, à faire quelques classifications, quelques remarques dont le résultat sert à nous démontrer combien les administrations de Hanovre ont apporté de réflexion et d'étude dans l'œuvre de construction des nouveaux quartiers de la ville ; rien n'a été laissé au caprice ni abandonné au hasard, et cependant il est facile de reconnaître que la plus grande liberté d'allures a été laissée à l'esprit et à la personnalité des architectes chargés de la réalisation du programme.

Une des questions architecturales les plus importantes à résoudre dans une ville nouvelle, une fois la configuration adoptée et le tracé arrêté [1], est l'étude des

---

1. Il nous faudrait, pour discuter le plan de Hanovre, une connaissance de la topographie locale qui nous manque complétement, et nous tenons ce plan pour bon jusqu'à preuve du contraire.

angles formés par la rencontre de deux rues. En certaines villes, comme à Turin, par exemple, qui offre la parfaite image d'un damier, aucune disposition particulière n'est prise en pareil cas; à Paris, nous voyons les maisons d'angles importants, celles faisant face à un carrefour, affecter une forme spéciale, se distinguer des autres par une combinaison particulière ; malheureusement, presque toutes les maisons construites dans ces conditions offrent entre elles de tels points de ressemblance, qu'il n'est pas toujours facile de les reconnaître.

A Hanovre, les façades des maisons d'angles de carrefour, ou celles bordant des places, sont traitées différemment, suivant la forme du terrain sur lequel elles sont élevées et l'effet perspectif qu'elles doivent produire. Quand la disposition de la voie publique laisse au-devant de la construction un grand espace vide, la façade de cette construction est traitée autrement que si elle était élevée en bordure d'une voie étroite, et comme, malgré la largeur des rues, les constructions qui les bordent sont relativement basses, les conditions d'aération sont excellentes. Sur une promenade, devant un square, les points de vue sont habilement ménagés et permettent aux habitants de jouir à l'intérieur de l'aspect du dehors; les fenêtres ont alors une forme spéciale, sont plus larges, descendent plus bas, et des loges s'avancent pour laisser voir à la fois ce qui se passe de plusieurs côtés.

Quelques croquis faciliteront l'intelligence de ce qui précède et de ce qui va suivre.

La figure 89 représente la façade d'une maison[1] élevée à la rencontre de deux rues donnant, par leur intersection, un angle aigu; le sommet de l'angle est occupé

---

1. M. Oppler, architecte.

par une loge à l'aspect pittoresque, les deux façades en retour sont très-mouvementées, leurs profils très-accentués; leurs principales lignes s'accusent en outre par

Fig. 89.

des contre-forts, des pignons, des retraites et des saillies multipliées; cet ensemble, vu de face, serait d'un aspect lourd, mais il est vu de biais, se présente en raccourci et se trouve allégé par suite d'effets d'ombre et de lumière qui atténuent les formes.

Sur un angle obtus, au contraire (fig. 90), les façades présentent un grand développement et peuvent être par-

courues d'un seul regard; il y avait lieu, en pareil cas, à
redouter la monotonie résultant d'une longue suite d'ou-

Fig. 90.

vertures semblables : afin d'obvier à cet inconvénient, la
façade est coupée par des divisions d'inégale importance,
la partie principale se décroche sur les ailes, les lignes
inférieures se suivent, mais ressautent sur l'avant-corps,
où elles indiquent un motif important; puis sur les
retraites se retrouvent les divisions avec leurs saillies.
Les étages varient de hauteur, suivant leur importance
ou le rôle qu'ils ont à remplir, et dans l'épaisseur des
murs sont ménagés des renfoncements formant balcons,
que couvrent les grands arcs embrassant la hauteur de

deux étages. Cet ensemble est très-calme et ne vise pas autant à l'effet que l'exemple précédent, où un point

Fig. 91.

unique devait occuper le regard, tandis qu'ici la masse de l'œuvre, au contraire, était assez importante pour qu'il fût nécessaire de la diviser et de laisser le spectateur la parcourir facilement d'une extrémité à l'autre. Il fallait, grâce aux repos et aux arrêts habilement ménagés, diminuer la longueur du trajet que faisait son regard.

Une construction élevée sur une place (fig. 91) offre des dispositions[1] analogues à celles de la construction précédente, mais avec cette différence que le motif principal s'accuse davantage et prend les proportions d'un grand parti décoratif : les ailes sont relativement sacrifiées et font valoir le milieu de la construction traité avec plus de luxe et d'une façon différente des autres comme forme et même comme nature de matériaux. On comprend qu'une place, bordée de constructions donnant des silhouettes de cette nature, paraisse plus gaie, plus animée que si ces édifices étaient uniformes d'aspect et de hauteur ; on nous répondra, il est vrai, que cette seconde solution, adoptée, par exemple, pour notre place Vendôme ou notre place Royale, etc., donne, suivant les conventions académiques, une apparence plus grande et plus monumentale.

Quand il s'agit d'une maison élevée à l'angle d'un carrefour formé par l'intersection d'une ou plusieurs voies d'importance secondaire, le parti adopté est moins riche, mais le résultat obtenu est toujours original, pittoresque et surtout varié ; on voit que l'architecte a cherché à obtenir un effet perspectif, une silhouette qui s'aperçoive de loin. Voici (fig. 92 et 93) une petite maison placée dans un carrefour, elle se reconnaît à distance et ne peut se confondre avec les voisines ; l'angle, converti en pan coupé par l'établissement d'une petite colonne portant, au-dessus du rez-de-chaussée, les balcons des étages supérieurs, présente la mise à exécution d'une idée ingénieuse, dont la conception rentre dans l'ordre des applications que nous avons passées en revue tout à l'heure, et dont le but est d'attirer l'attention sur un

---

1. M. Oppler, architecte.

Fig. 92 et 93.

Maison sur un pan coupé, Hanovre.

point, en laissant au second plan les arrière-corps un peu sacrifiés.

Ces exemples n'ont, de notre part, d'autre but que d'expliquer les principales combinaisons adoptées pour les façades à Hanovre ; quant au parti que le constructeur a su tirer des matériaux employés, de la distribution donnée à son terrain, ce sont des questions qui viendront un peu plus tard, quand nous visiterons l'intérieur de ces maisons d'habitation.

Nous ferons seulement remarquer ici que les maisons dont nous venons de parler sont toutes construites, les unes entièrement en briques, les autres en pierres blanches et en briques; qu'en outre, ces briques sont de couleurs différentes, jaunes, rouges ou noires; que leur forme varie comme nous l'avons indiqué précédemment et que, par la façon dont elles sont employées, elles se prêtent à des imbrications de toutes sortes, contribuant à donner aux façades un aspect tout nouveau pour nous. Il faut aussi reconnaître que les habitants doivent trouver, dans l'intérieur de telles demeures, une jouissance égale à celle que l'extérieur produit sur le passant; on comprend, en effet, quel charme peu donner à une chambre, à un salon, une loge remplie de fleurs, bien exposée au soleil, avec une vue étendue, qui répand son animation et sa gaieté dans tout l'appartement.

Notons aussi que ces maisons ne sont pas des maisons de luxe, des hôtels somptueux, mais des maisons à loyer destinées à être habitées par plusieurs locataires; le rez-de-chaussée contient des boutiques, les étages des appartements ordinaires.

Les rues nouvelles de Hanovre sont en général peu bruyantes et la foule ne s'y presse pas, elles ont une importance qui n'est pas en rapport avec celle de la ville, il semble qu'on ait fait trop grand; il est vrai que quand le roi Ernest-Auguste s'occupa des embellissements et de l'agrandissement de sa ville, Hanovre était capitale du royaume, siége d'un gouvernement, résidence d'une cour, et que personne ne prévoyait alors qu'un jour viendrait où la Prusse, s'emparant de ce petit État, en ferait de nouveau une province de l'empire d'Allemagne.

Hanovre est une ville ancienne; au XIIe siècle elle était déjà importante. En 1553 elle accepta la réforme et s'accrut d'une façon sensible à partir de 1763, époque à laquelle Georges III fit démolir les fortifications qui l'entouraient; en 1801 le royaume perdit son autonomie, devint province prussienne, département français, puis fut reconstitué en 1817 pour redevenir province allemande en 1866.

La vieille ville a conservé son caractère du moyen âge; les rues sont tristes, étroites, noires, et on retrouve encore en plusieurs endroits les maisons de bois aux pignons gigantesques dont la hauteur compte jusqu'à cinq étages.

Ces maisons (fig. 94) sont de diverses époques; les unes remontent au XIVe et même au XIIIe siècle, ce sont les plus anciennes; les différents étages s'avancent en encorbellement les uns sur les autres, soutenus par de petits corbeaux en bois; les intervalles entre les traverses sont remplis avec de la terre ou avec de la brique; d'autres, les plus nombreuses, ne datent que des XVIe et XVIIe siècles : elles offrent un mélange de détails de l'architecture néerlandaise et de cette architecture appelée par les Allemands *la Renaissance allemande*, et qui n'est en résumé qu'une sorte de rococo laid de forme et désagréable de proportions. Cette sorte d'architecture a pour principal caractère distinctif les balustres et les colonnes renflées, les pyramidions boursouflés plus larges

Fig. 94.

au sommet qu'à la base, et enfin, mais ceci est leur bon côté, des loges, sortes de bretèches partant de fond et desservant plusieurs étages, souvenir modifié que nous avons déjà retrouvé et signalé dans les constructions modernes de la ville.

Les Allemands sont gens éminemment conservateurs, c'est une des qualités fondamentales de leur caractère ; aucune nation de l'Europe, car les Hollandais sont en définitive d'origine germaine, n'apporte plus de soin à la conservation de ses monuments et des objets d'art qu'elle possède. Ce n'est pas en Allemagne qu'on rencontre de ces administrateurs zélés, démolissant un édifice pour en collectionner les morceaux dans un musée : au contraire, c'est avec un amour véritable, des précautions de tous les instants, qu'une ville, un conseil communal ornent les ruines qu'ils possèdent, les décorent de façon à les faire valoir, les restaurent quand la chose est possible et les conservent toujours. Le moindre édifice est mis en évidence, la plus modeste galerie de tableaux exposée de façon à attirer l'attention, à faire parler d'elle ; si, dans une ville de moyenne importance, une œuvre d'art est remarquable, elle est signalée au public, et, dès sa descente de wagon, le voyageur est prévenu de ce qui doit exciter sa curiosité et des moyens qu'il peut employer pour la satisfaire. Il faut, il est vrai, se méfier un peu de cet enthousiasme qui prend sa source dans un bon sentiment, mais qui trop souvent aboutit à une déception.

Ce sont des mécomptes de cette sorte qui attendent à Hanovre le voyageur croyant trouver dans le Rathaüs et la Marktkirche des monuments dignes de son attention.

Le Rathaüs — *hôtel de ville* — (fig. 95) est un grand bâtiment isolé sur trois de ses faces, à l'apparence bizarre et qu'écrase un énorme toit ; le premier étage est irrégulièrement percé de fenêtres de dimensions dif-

férentes, la corniche de couronnement ne se retrouve
plus dans sa forme primitive, des lucarnes, récemment

Fig. 95.

construites, prennent la place de pointes de pignons
semblables aux pignons des façades et changent les proportions qu'avait le toit ancien à son origine.

Les pignons extrêmes, très-aigus, se composent de
cinq rangs de piles carrées en briques, présentant non
pas une de leurs faces, mais le sommet d'un angle ; les
intervalles sont remplis par une maçonnerie en briques

de moindre épaisseur, laissant l'angle de la pile accuser à l'extérieur une forte saillie : entre chacune de ces piles est percée une étroite fenêtre. Ce grand parti, presque complétement à jour, donne à la façade une apparence qui frappe, mais ne séduit pas. Au rez-de-chaussée, et couvrant l'escalier extérieur, a été construit, à une époque bien postérieure à celle de la fondation du Rathaüs, une loge dans le style architectural de cette renaissance allemande dont nous avons déjà parlé plusieurs fois ; cette loge ne produit un heureux effet ni par son ensemble ni par ses détails. Dans tout ce bâtiment, du reste, règne un défaut de proportions choquant : les vides et les pleins sont mal répartis, les saillies sont trop fortes, la silhouette par suite paraît dure et exagérée, et notre esprit français n'accepte pas facilement les moyens excessifs employés sous le ciel gris du Nord pour obtenir l'effet que donne si facilement ailleurs l'éclatante lumière du soleil du Midi. Quant aux détails, ils sont rares ; ceux qu'on retrouve sont des réminiscences trop souvent mal placées.

Près du Rathaüs s'élève un monument moderne qui sert de boucherie et dont les détails offrent un certain intérêt à cause du soin apporté dans leur étude ; les crochets auxquels sont suspendus les animaux, l'étal des marchands, les solives du plancher apparent, la décoration des murs, n'ont pas de formes et de couleurs banales, mais des profils raisonnés bien tracés et tous franchement *gothiques*.

Sur la place du Marché s'élève l'église Saint-Georges, le seul édifice religieux ancien de Hanovre qui offre quelque intérêt (fig. 96 et 97) et dans lequel on retrouve réunis les deux caractères distinctifs des églises du moyen âge en Westphalie : les voûtes de la nef élevées à la même hauteur que celles des bas côtés et les colonnes privées de chapiteaux sculptés. L'intérieur contient des vitraux peints du moyen âge qui, sans valoir ceux de nos belles cathédrales de France, offrent quelques parties admirables

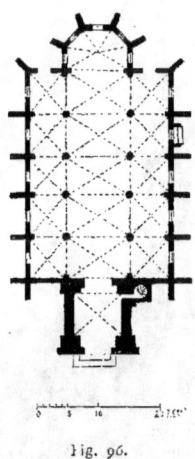

Fig. 96.

de couleur et de dessin ; ils ont récemment été restaurés avec beaucoup de soin et de savoir. Ces Allemands ne peuvent ni détruire ni créer, mais, en revanche, ils savent remarquablement conserver : démolir, remplacer une chose ancienne par une nouvelle, révolte leur nature. Il y avait là, dans un coin de l'église, un ouvrier plombier occupé à réparer les petits plombs d'une verrière qu'on venait de déposer; il procédait lentement à son travail, redressant avec soin, passant lentement sur un calibre des morceaux de plomb de trois ou quatre centimètres de long ; il prenait goût à cette occupation monotone et fastidieuse. Un ouvrier français eût depuis longtemps jeté au rebut tous ces débris, son patron eût voulu les remplacer par « du neuf »; mais les Allemands sont patients et économes : patients, ils supportent sans en souffrir la

Fig. 97.

monotonie du labeur qui leur est imposé; économes, ils ne comprennent pas une dépense inutile, et il ne leur vient jamais à l'idée de remplacer par une autre une chose pouvant encore être utilisée [1].

1. Les Allemands poussent la manie de la conservation si loin qu'ils

Un poste, établi dans une loge à colonnes doriques qui fait penser aux anciennes barrières de Paris, désigne de loin la *Residenz-Schloos* (palais de la Résidence). Nous passons devant une ligne de soldats : dans un angle s'ouvre une petite porte basse et étroite, et, après bien des formalités exigées par un portier rébarbatif, nous sommes confiés à un guide qui nous fait traverser une première cour triste et solitaire. Aucun bruit, aucun mouvement autre que celui des pas monotones et réguliers des sentinelles, on se croirait plutôt dans une prison que dans un palais; les pavés sont humides, l'herbe croît dans les fentes, il semble qu'à tout jamais ont disparu de ces lieux l'animation et la vie; leurs maîtres sont partis, et leur dernier hôte, aveugle et exilé, traîne avec sa fille de tristes jours loin de la patrie.

Notre guide a lu sur le registre d'inscription notre nom et celui de notre pays : après nous avoir introduit sous le vestibule, il commence sa description en français, en très-bon français même, il voit nos regards étonnés et nous dit avec une expression intraduisible : « *Je suis Messin.* » Il y avait une si profonde tristesse dans sa voix, cette courte phrase respirait par la façon dont elle était prononcée une si grande douleur, elle était si éloquente dans sa concision que nous n'osâmes lui demander des détails sur les circonstances faciles à deviner, du reste, qui l'avaient lui aussi exilé de son pays. Nos mains s'étaient tendues et avaient serré la sienne en silence. Triste rapprochement entre les destinées de ce roi et de ce simple citoyen, de ces deux êtres placés à

n'ont pas encore fait supprimer de l'uniforme de leurs soldats les trois boutons que le grand Frédéric avait fait coudre sur les manches de ses grenadiers, pour les empêcher de s'en servir en guise de mouchoir.

une si grande distance dans l'échelle sociale et que la même main avait frappé du même malheur, l'un chassé de France, privé de sa chaumière, trouve un abri en Hanovre, l'autre, dépossédé de son royaume, chassé de Hanovre se réfugie en France.

Le palais royal est une résidence princière installée avec luxe; les façades n'ont aucun caractère, mais à l'intérieur deux choses nous frappent : d'abord les parquets, ensuite la décoration d'une des salles; ce n'est ni la plus grande ni la plus riche.

Les parquets, de diverses essences de bois, sont couverts d'incrustations formant des arabesques, des dessins géométriques représentant même parfois des bouquets de fleurs et jusqu'à des personnages; ces marqueteries, préparées avec autant de soin que les menus objets du commerce parisien, offrent un travail d'une perfection difficile à atteindre comme composition et comme exécution. Il faut ajouter cependant qu'en certains endroits, les enroulements les plus difficiles sont tracés au moyen d'une sorte de ciment coloré, gravé dans le bois et permettant d'obtenir des contours plus agréables et moins brisés que ceux donnés par une application de bois découpé; mais ces *tricheries* sont trop rares pour diminuer le mérite de l'ensemble.

La pièce dont la décoration nous a frappé est de moyennes dimensions, sa destination précise nous a échappé; sur les murs sont peints des treillis, entre les losanges irréguliers desquels s'enlacent des branches de vigne et des fleurs, le fond est d'un blanc laiteux, et, à travers les roseaux, passent des aigrettes de fleurs et de feuilles; les tons sont peu variés, rouges, jaunes, verts, bleus, tous francs et nets, le dessin est exquis, et, par une richesse d'imagination vraiment étonnante de la part de l'artiste, malgré une aussi grande quantité d'objets de même nature et de même genre, pas un ne ressemble à l'autre, chacun a sa forme spéciale qui le distingue, sa physionomie pour ainsi dire. Cette peinture n'offre pas l'erreur des décorations ordinaires qui simulent des clairs et des ombres portées de convention, mensonge qui se modifie suivant les heures de la journée et dont l'effet n'est pas le même à la lumière du jour qu'à celle des bougies : les motifs sont peints sans effet d'ombre et de lumière et ne se font valoir que par le contour des formes et la pureté du dessin.

Le palais royal contient plusieurs autres salles, remarquables à divers titres, mais qui ont le tort de ressembler à celles de tous les palais possibles : l'une d'elles, la *Silberkammer,* renfermait autrefois plus de deux cents quintaux de vaisselle plate, qu'on peut voir aujourd'hui à... Berlin, paraît-il ; une autre, sorte de longue galerie, voulant imiter la galerie des glaces de Versailles, s'ouvre sur la vallée de la Leine et laisse apercevoir, au loin, de riantes prairies, un paysage frais, animé, coupé de petits bois, s'étageant sur des collines, au pied desquelles sont placées les résidences de Montbrillant et de Herrenhausen. Dans cette salle se trouvent quelques tableaux remarquables à divers titres, entre autres le portrait du duc Georges-Louis, devant lequel les courtisans venaient s'incliner, tous les dimanches, quand ce prince eut quitté le Hanovre pour aller, en 1714, occuper le trône d'Angleterre sous le nom de George Ier.

En rentrant dans la nouvelle ville, on aperçoit, sur le point culminant d'une grande place ornée de plantations, un vaste édifice qui, au premier abord, paraît plus grand qu'il ne l'est en réalité.

C'est le nouvel *Opéra,* inauguré en 1854. Pourquoi ce théâtre d'architecture italienne, au milieu de cette nouvelle ville gothique? Nous l'ignorons et nous n'avons pu l'apprendre, mais, tel qu'il est, l'opéra de Hanovre mérite une visite (fig. 98 et 99).

Fig. 98.

L'entrée des voitures a lieu à couvert, sous un porche assez large pour que deux équipages puissent s'y croiser sans encombre; les piétons pénétrent par deux portes latérales qui leur sont réservées et grâce auxquelles ils évitent les atteintes des chevaux ou les roues des voitures; puis, gens venus à pied et gens venus en voiture se retrouvent dans le vestibule, en face du service du contrôle : à droite et à gauche, des escaliers en pierre à double révolution, dont les marches ont deux mètres de largeur, conduisent les spectateurs à l'étage des premières loges ; des escaliers secondaires montent aux deuxième, troisième et quatrième galeries.

Chaque étage contient vingt-deux loges, non compris les avant-scènes et la loge royale de gala qui, comme dans les théâtres italiens, occupe le centre de la salle et la hauteur de deux étages. Le roi avait, en outre, une avant-scène comme loge particulière : il y parvenait au moyen d'un escalier spécial donnant sur une cour intérieure où stationnaient l'escorte et les voitures. Le foyer est au premier étage : il s'ouvre sur une terrasse qui, pendant les soirées d'été, offre une agréable promenade aux spectateurs. Ce foyer est accompagné d'un immense buffet, accessoire indispensable en Allemagne à tout lieu de réunion.

L'intérieur d'un théâtre, vu de jour, en dehors des heures de représentation ou de répétition, offre toujours un aspect fantastique, inquiétant, inconnu. La salle, plongée dans le silence et l'obscurité, paraît triste, noire, effrayante ; c'est le vide et la solitude. Une figure humaine égarée au milieu de ces ténèbres fait l'effet d'un spectre. La scène, à peine éclairée par les rares lucarnes des combles d'où tombe une lumière pâle et terne, prend des proportions bizarres, incompréhensibles, les décors vus à rebours montrent des profils tailladés d'une façon étrange, sans signification intelligible ; les toiles de fond, rapprochées les unes des autres contre toutes règles de perspective, présentent un assemblage informe, incohérent, faussement coloré de palais, d'églises, de ruines, de maisons, de jardins ou de forêts ; le sens de cet amas d'objets disparates échappe à l'esprit ; les agrès, poulies, cordages, échelles, les accessoires et les décors accrochés partout, rassemblés sans ordre et sans symétrie, bizarrement enchevêtrés les uns dans les autres, montrent un inextricable fouillis, dans lequel il paraît impossible de retrouver à l'heure de la représentation les objets nécessaires afin de les mettre en place au moment opportun. Parfois, un bruit subit, sans cause apparente, se produit dans les cintres, se répercute, éveille les échos de ce grand espace et fait tressaillir involontairement ; une charpente craque, l'effet acoustique faire croire à un écroulement général, un chat fait entendre un long miaulement, il semble que tous les animaux fantastiques qui peuplent la ménagerie de carton prennent tout à coup vie et mouvement; l'imagination va vite et loin ; elle ne s'arrête plus...... Nous en étions là quand soudain, par l'ouverture de la loge royale, éclate une voix pleine, jeune, vibrante, une voix de femme, une voix italienne, dont les accents remplissent la grande salle, elle chante le grand morceau du premier acte de la *Traviata* :

Tuta sola perduta in questo deserto.

Pauvre fille, elle a laissé son soleil, son bon public si gai, si facile, pour ce ciel gris et froid, pour ces gens lourds, épais, qui viennent l'écouter en digérant leur choucroute. Mais, pour nous, quel plaisir d'entendre, au lieu des rudes accents germains, les molles et caressantes intonations de cette douce langue d'Italie !

Puis le silence se fit de nouveau, plus complet et plus profond qu'auparavant; ce chant nous avait, en un instant, transporté bien loin, évoquant de ces souvenirs que le moindre incident fait toujours accourir en foule, et auxquels il vaut mieux peut-être ne pas trop s'arrêter.

HANOVRE.   185

Mais reprenons notre visite de l'Opéra de Hanovre. Indépendamment de la salle de spectacle proprement dite, l'Opéra renferme une salle de concert de près de 400 mètres de surface : son principal accès a lieu par le foyer. Éclairée sur ses deux faces latérales, cette salle

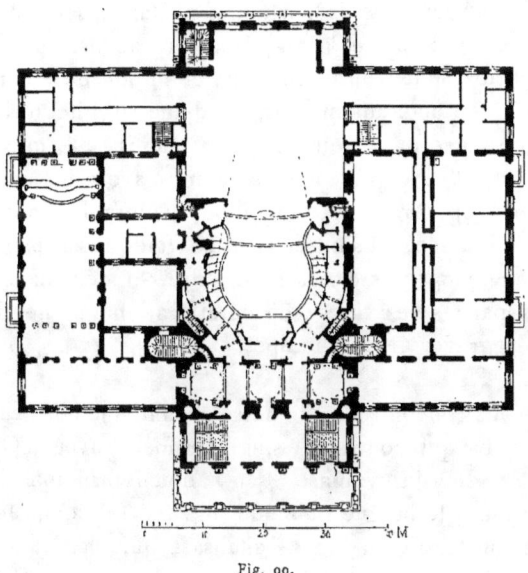

Fig. 99.

peut aussi servir à des réunions de jour. L'aile opposée contient une salle de répétitions, trois salles d'exercices pour le corps de ballet, les musiciens et les artistes dramatiques, avec des chambres à air pour les isoler de la salle et éviter le bruit, enfin, en arrière de la scène, les services divers, salles d'accessoires, magasins de costumes, loges et foyers des artistes.

Le monument, nous l'avons dit, est isolé de toutes

parts et placé au point culminant d'une grande place ; cette situation le fait valoir : il paraît plus élevé, plus élégant qu'il ne l'est en réalité.

Ses façades (fig. 98) ont dans leurs dispositions générales un certain air de grandeur; les détails manquent d'originalité, mais sont très-simples et employés avec une grande sobriété; les proportions des étages, leurs dimensions par rapport au grand motif qui accuse la salle à l'extérieur, sont trop uniformes; enfin, autre défaut plus sérieux, ce monument, inspiré d'une architecture née dans un autre pays, sous un climat moins rude que celui du Nord, offre le grave inconvénient d'avoir des combles couverts en terrasses, condition déplorable dans une contrée humide, sous un ciel gris et froid; aussi, bien qu'il n'ait que vingt ans d'existence, offre-t-il déjà dans certaines parties des traces de détérioration qui ne feront que s'aggraver avec le temps.

Nous rencontrons sur notre chemin une construction bizarre et qui contraste singulièrement avec l'Opéra. C'est la salle du gymnase [1]. Un bâtiment principal s'élève en bordure de la voie publique (fig. 100); il comprend un étage au-dessus du rez-de-chaussée qui, bas et écrasé, fait valoir la partie supérieure. Le parti décoratif placé au-dessus de la porte d'entrée est un peu compliqué, mais il présente des arrangements ingénieux; il y a là une foule de détails dans lesquels le goût germain s'est efforcé de présenter à sa manière les souvenirs gothiques; l'effet obtenu est original en ce qu'il indique bien son origine, c'est-à-dire les transitions subies pour arriver des formes lourdes, heurtées, du gothique tudesque, à ces

---

1. MM. Schulz et Havers, architectes.

proportions nouvelles que les Allemands n'ont pas inventées, mais qu'ils ont su appliquer souvent avec bonheur; il y a cependant trop de choses et la simplicité manque à

Fig. 100.

l'ensemble de la conception; ainsi, le motif principal ne se relie pas avec les parties latérales, au lieu d'un tout homogène on retrouve deux choses distinctes séparées et sans lien entre elles.

Le plan (fig. 101) n'est rien moins qu'académique; dans le bâtiment principal se trouve : au rez-de-chaussée, un vestibule, sorte de Hall anglais, renfermant l'escalier, à gauche, le vestiaire et le lavabo des hommes ; à droite, le bureau et le logement du gardien avec une pièce de

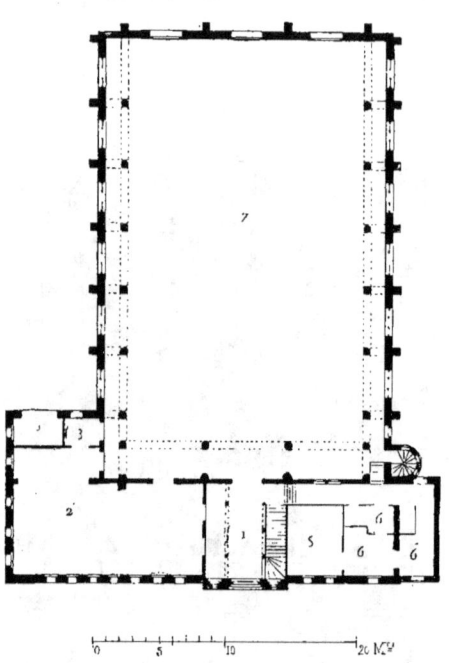

Fig. 101.

1. Vestibule.
2. Vestiaire des hommes.
3. Lavabos.
4. Magasins.
5. Bureau.
6. Logement du gardien.
7. Gymnase.

repos pour les professeurs ; au premier étage (fig. 102), une salle d'exercices séparée pour les femmes ou les personnes malades ayant à suivre un traitement spécial, puis en face les vestiaires des femmes. Une des salles sert également de salle de danse. Dans le bâtiment adossé au premier est placée la grande halle des exercices (28^m,60 de large sur 28 de long); elle est divisée en huit travées de chacune 4 mètres, excepté les deux

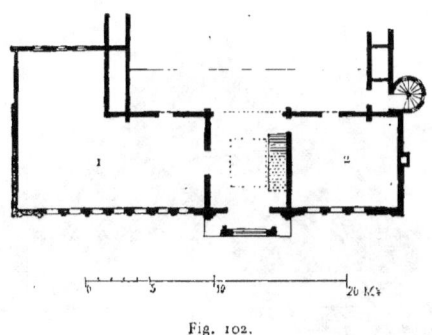

Fig. 102.

1. Salle des femmes.   2. Vestiaire des femmes.

extrêmes qui n'en ont que 2 et sur lesquelles s'appuie une tribune desservie par l'escalier du premier étage. Cette halle est couverte par un comble unique dont la charpente est certainement une des plus curieuses qui se puissent voir (fig. 103). Sur des points d'appui isolés en pierre et n'ayant que 3 mètres de haut prennent naissance des arcs séparant la nef des bas côtés. Ces bas côtés très-étroits, 1^m,30 de largeur seulement, sont voûtés en berceau, un arc inférieur relie la pile isolée au mur d'enceinte très-mince, (0^m,50,) mais renforcé par un contre-fort; c'est donc, on le voit, exactement jusqu'ici la même combinaison que celle adoptée dans certaines églises françaises du moyen âge, la Souterraine (Creuse), par exemple; mais à partir de la nef, la ressemblance entre ces édifices disparaît, car au lieu d'une voûte en maçonnerie comme celle qui recouvre l'édifice français, c'est une charpente apparente d'une combinaison spéciale qui est élevée sur l'édifice allemand.

190   ALLEMAGNE.

Le sommet des points d'appui se trouve à 3 mètres au-dessus du sol, avons-nous dit, tandis que le som-

Fig. 103.

met du faîtage est à 16^m,50, et la distance des points d'appui de 18 mètres; l'établissement d'une charpente en bois de ces dimensions, sans aucun point d'appui intermédiaire, offrait une véritable difficulté que les architectes hanovriens ont résolu de la manière la plus intelligente; sur le couronnement des murs ils ont placé un entrait dont la portée est soulagée par un lien formant avec le mur et le dessous de l'entrait un triangle rectangle; au-dessus de l'entrait, ce même triangle se trouve répété par le moyen d'une contre-fiche verticale soutenant l'arbalétrier : le lien du triangle inférieur prolongé jusqu'à la rencontre du poinçon forme avec l'arbalétrier un ensemble que les triangles moisés rendent rigide et indéformable. A partir de l'entrait et afin d'éviter à l'intérieur les influences trop sensibles du chaud et du froid, une voûte en bardeau a été inscrite sur un arc occupant l'espace entre l'arbalétrier et le sous-arbalétrier; cette voûte, dont les parties hautes sont malheureusement un peu obscures, sert, par sa forme et son importance, de décoration à cette grande salle. Quant à la poussée qu'exercent sur les murs les charpentes et les combles très-lourds qu'elles supportent, elle se trouve parfaitement contre-buttée par les piles reliées aux murs et aux contre-forts dont nous avons indiqué le mode de construction.

Les maçonneries sont en pierres et en briques, la charpente en sapin, aucune déformation ne se remarque ni dans la voûte ni dans les combles.

Il était facile, nous dira-t-on peut-être, d'arriver avec l'emploi du fer à une solution analogue sans avoir à résoudre ces difficultés. Nous répondrons que, d'abord, l'emploi du fer eût été plus coûteux, ensuite, qu'il n'eût pas permis d'établir des combles dans les données du programme préservant, aussi bien que ceux adoptés, de la chaleur et du froid; ainsi une toiture en zinc protége mal dans de semblables conditions, quand elle n'est pas complétée par un plancher intermédiaire; une toiture en verre eût été trop chaude en été, trop froide en hiver et, en outre, obscurcie par la neige au moment où la lumière qu'elle peut procurer eût été le plus nécessaire; une toiture en tuiles eût exigé des fers de dimensions énormes et par suite fort dispendieux; puis enfin, en présence du résultat obtenu, on ne peut contester aux architectes de Hanovre le droit de construire comme bon leur semble, et de préférer le bois qu'ils ont sous la main au fer qu'ils devraient se procurer à un prix élevé.

Pendant que nous parlons des constructions sortant des données ordinaires, examinons encore une église en train de s'élever dans Œgidien-Stadt (fig. 104 et 105); nous retrouvons là les piles isolées, l'étroit bas-côté, sorte de contre-fort intérieurement évidé que nous avons déjà vu dans le gymnase, il n'y a donc pas lieu de revenir sur ce point. Nous ferons seulement remarquer le mode adopté pour la couverture de la nef et qui consiste en un long entrait soulagé dans sa portée par deux rangs de liens d'inégale longueur, sur lesquels prennent naissance des voûtes annulaires. Cette combinaison est ingénieuse, mais son aspect est lourd; les dimensions forcément données aux pièces de bois écrasent les parties inférieures; c'est une sorte de compromis entre quelques édifices Neerlandais et certaines de nos églises modernes dans lesquelles a récemment été tenté l'emploi des voûtes annulaires. Toutefois, en acceptant ce dernier ordre d'idées, il y a évidemment avantage, au point de vue de la structure, de l'apparence et de la durée, à remplacer, comme nous le faisons, les entraits en bois par des arcs en maçonnerie sur lesquels les voûtes prennent naissance.

L'édifice religieux moderne le plus important de Hanovre est la nouvelle synagogue [1].

La synagogue servait aux Hébreux de lieu de réunion pour prier, lire l'Écriture sainte et l'interpréter. Ces pratiques n'ont pas changé et le culte hébraïque, toujours resté le même depuis trois mille ans, n'exige aucune modification au programme suivant lequel fut autrefois élevé le temple de Salomon. Il semble donc, à première

1. M. Oppler, architecte.

vue, que le plan de ce temple doive être adopté pour toutes

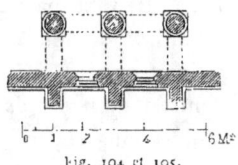

Fig. 104 et 105.

les synagogues de tous les pays possibles; mais, si la croyance, le culte ne se sont pas modifiés, les exigences des différents climats ne sont pas les mêmes. Il a fallu allier les nécessités modernes de l'Occident aux besoins d'une religion née en Orient, et concevoir un édifice que sa forme, son caractère, le système de sa construction conforme aux procédés actuels, mettent d'accord avec les traditions qu'il devait rappeler et les principes fondamentaux et immuables qu'il devait transmettre. Les synagogues, comme tous les autres édifices, varient donc autant de formes que de dispositions architecturales.

Le plan de la synagogue de Hanovre (fig. 106) est conforme aux conventions acceptées : il affecte la forme d'un rectangle, mais des excédants de largeur au droit du transsept rappelleraient malencontreusement la croix, si ce transsept n'était pas disposé de façon à présenter avec le prolongement de la nef et du chœur un vaste parti central qui, à proprement parler, forme à lui seul la véritable salle, séparée en travées par des arcs portés sur des piles isolées.

L'entrée, placée à l'occident, est précédée d'un porche sur lequel s'ouvrent des cages d'escalier montant aux tribunes; les voûtes de ce porche sont supportées par douze colonnes destinées à rappeler les douze tribus d'Israël. La nef ou *saint* est suivie du sanctuaire ou *saint des saints* placé à l'orient ; au centre de la croisée, une grande coupole domine toutes les parties du monument et symbolise l'idée de l'unité de Dieu.

Près du sanctuaire se trouvent, à droite et à gauche, deux vestiaires, et, à l'entrée, deux pièces de service; dans la grande salle du rez-de-chaussée, les gradins réservés aux hommes, et, au premier étage, ceux réservés aux femmes; dans l'enceinte du chœur, les stalles du grand rabbin, celles des membres du consistoire et de la commission administrative; en avant, la chaire, les chandeliers à sept branches et la lampe traditionnelle; dans l'abside,

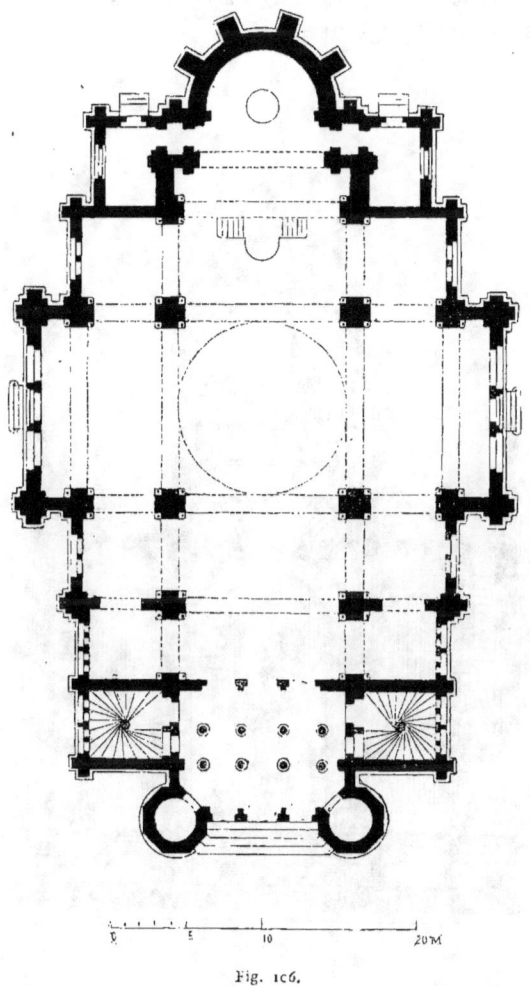

Fig. 106.

l'arche ou armoire, souvenir de l'arche d'alliance et dans

laquelle les Juifs tiennent enfermés les cinq livres de Moïse (livres de la loi) écrits à la main sur du vélin et roulés suivant l'usage antique.

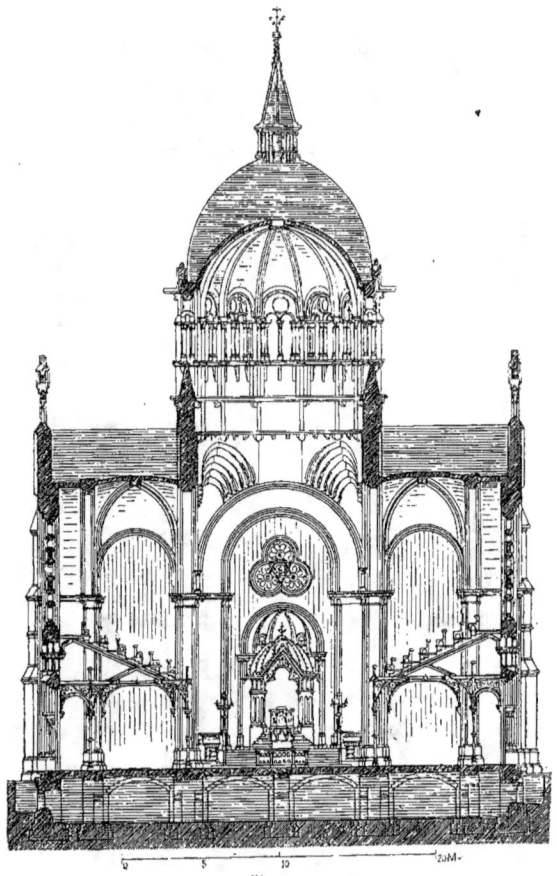

Fig. 107.

Comme disposition architecturale nous signalerons à l'intérieur (fig. 107) les grands arcs de la nef qui en occupent toute la hauteur, du sol aux voûtes, sans être coupés par des arcs inférieurs destinés à porter les tribunes, souvenirs des anciens monuments de Westphalie dans lesquels les bas côtés s'élevaient toujours à la hauteur de la nef. Les tribunes sont soutenues sur des colonnes et consoles en fer ouvragé et paraissent indépendantes de la construction on pourrait les enlever sans rien changer aux dispositions de l'édifice : c'est peut-être une faute, mais, d'un autre côté, ce parti adopté est nouveau, il augmente l'élévation des voûtes dont aucune combinaison de détail ne vient ainsi couper la hauteur; la coupole est portée sur quatre trombes formées d'arcs se retraitant successivement de leur épaisseur; le reste de l'édifice est recouvert de voûtes d'arêtes aux nervures saillantes; l'ensemble a une apparence de richesse et de confort que viendra augmenter plus tard la décoration, loin d'être achevée en ce moment

Les grandes dispositions du plan et de l'intérieur se retrouvent sur les façades (fig. 108) ; on comprend très-bien en les examinant ce que nous avons voulu dire tout à l'heure en parlant de la salle centrale, surmontée de la coupole et accusée par quatre piles saillantes. Remarquons aussi que les voûtes de la nef pourraient être obscures dans leur partie supérieure, — car elles ne sont éclairées qu'en second jour au moyen des fenêtres des bas côtés, — si, par suite de la forme peu allongée de son plan, l'édifice ne recevait pas la lumière par les grandes ouvertures percées aux extrémités du transsept.

La construction est en pierre de taille, en briques, en bois et en fer; c'est une des rares constructions de Hanovre où nous ayons trouvé le fer mis en œuvre. La façon dont son emploi a été compris, dont il a reçu des formes et des combinaisons appropriées à sa nature et au rôle qu'il doit jouer dans la construction, montre que son usage restreint n'a pas pour cause l'impuissance

Fig. 108.

des architectes hanovriens, à savoir en tirer parti, mais tient à l'influence de sages idées économiques qui font préférer au fer le bois encore abondant et d'un prix relativement assez bas dans le pays.

Le Gymnase et la Synagogue sont deux édifices intéressants qui méritent certainement les développements dans lesquels nous sommes entré à leur sujet; les architectes qui les ont conçus ont eu un mérite rare chez nos confrères allemands, celui de ne pas emprunter le travail d'autrui pour se l'approprier. Ces monuments constituent chacun dans leur genre une œuvre personnelle, renfermant, nous le reconnaissons, bien des éléments divers; mais ces réminiscences sont sagement coordonnées entre elles, mises en parfait accord et produisent au total un ensemble d'une véritable valeur.

Nous entrons dans une école publique : cour restreinte, local de la classe insuffisant, plafond trop bas, les enfants sont entassés les uns près des autres, le mobilier est vicieux, un seul maître surveille et instruit plus de cent élèves à la fois; le jour n'est pas favorable, le bâtiment, d'abord maison ordinaire, a été transformé en école et la transformation ne s'est pas opérée dans de bonnes conditions. Nous visitons une seconde école : celle-ci est moins mal tenue, moins mal installée que la précédente, mais bien au-dessous, cependant, de ce qu'on rencontre dans les écoles modernes de France et d'Angleterre; il y fait très-chaud et l'odeur produite par l'agglomération d'un très-grand nombre d'enfants est insupportable. Nous demandons au maître de quels moyens d'aération il dispose; il se fait plusieurs fois répéter la question, puis tout à coup sa figure s'éclaire, il a compris et, se précipitant vers une des fenêtres, il l'ouvre toute grande d'un air triomphant.

L'École polytechnique est un établissement qui répond à peu près à nos grands lycées ou plutôt aux colléges Rollin et Chaptal de la ville de Paris : les classes sont petites, mais bien aérées; les élèves ont une bonne tenue; ne voulant pas faire connaître notre nationalité de Français, nous demandons à un des grands un renseignement en anglais; il nous répond en fort bon français qu'on ne leur enseigne pas l'anglais, mais seulement le français; que cette langue seule est obligatoire. C'était un enfant de quatorze à quinze ans, il s'exprimait facilement et sans embarras; nous doutons que beaucoup d'élèves de nos lycées pussent se faire aussi bien comprendre en allemand. L'uniforme consiste en une casquette microscopique fond blanc avec une large bande rouge. Beaucoup d'enfants ont des lunettes; on peut presque dire que ceux qui n'en portent pas forment la minorité. La myopie, du reste, est une infirmité qui prend en Allemagne un accroissement inquiétant, accroissement généralement attribué au mauvais mode d'éclairage et aux dispositions vicieuses adoptées pour la construction et l'installation du mobilier scolaire [1].

Hanovre possède une des six écoles militaires d'Allemagne; nous n'en parlerons que pour signaler l'enseignement donné à la quatrième division et qui comprend la connaissance de l'ensemble de tous les documents relatifs aux armées des gouvernements étrangers. Ces documents, modifiés chaque jour, renseignent d'une façon précise les élèves sur les armements, la position des corps d'armée et l'effectif des régiments, leur situation, le nom des chefs qui les commandent, les canons qui les accompagnent et les approvisionnements des arsenaux d'Europe. C'est la connaissance exacte de tous ces

---

[1]. *Construction et installation des écoles primaires*, par Félix Narjoux, architecte. — 1 vol. in-8° avec gravures intercalées. Librairie Morel, 13, rue Bonaparte, Paris.

détails que, — ne pouvant nous l'expliquer autrement pendant la guerre de 1870, — nous avons mise sur le compte de l'espionnage.

Les élèves, pendant la dernière année de leurs études, subissent des examens fréquents sur ces matières : ils sont tenus, dans les réponses aux questions qu'on leur adresse, d'indiquer, par exemple, les numéros des régiments formant à l'étranger tel ou tel corps d'armée, les points de cantonnement, les ressources locales, l'importance et la nature des produits de chaque commune, les noms des généraux de brigade et de division avec le résumé de leurs états de service ; les camps, les forteresses, les arsenaux, sont l'objet de semblables études, d'égales investigations. Un officier allemand doit, en outre, connaître le réseau des chemins de fer d'Europe, leur mode d'exploitation, les points de bifurcation des lignes et l'importance du matériel des compagnies. Les ponts des fleuves et rivières sont tracés sur des cartes spéciales avec l'indication de la charge qu'ils peuvent supporter. La largeur, la profondeur des fleuves et canaux sont exactement cotées et apprises par cœur ; aucun moyen enfin n'est négligé pour que jamais, en campagne, un obstacle quelconque dû à l'ignorance ou à l'irrésolution puisse arrêter un chef de troupes.

Élèves des écoles publiques et élèves des écoles secondaires, tous se livrent avec ardeur aux exercices physiques ; l'importance donnée aux bâtiments du Gymnase (fig. 100, 101, 102 et 103) montre quel intérêt l'Allemand attache à ces jeux qui doivent développer le corps et lui donner la force nécessaire pour maintenir un juste équilibre entre le physique et le moral.

Nous n'avons pas l'intention de faire ici une étude comparée entre l'enseignement secondaire allemand et l'enseignement secondaire français; mais nous signalerons cependant les points de dissemblance les plus saillants entre les deux systèmes. L'Allemagne a mis en pratique le système tutorial si en faveur en Angleterre et qui consiste à supprimer les grands internats pour les remplacer par des pensions de huit à dix élèves, pensions restreintes tenues par les professeurs des colléges. Les professeurs élèvent ces jeunes gens dans leur propre famille, les accompagnent à la classe, leur font répéter leurs devoirs, les guident dans la vie et remplacent près d'eux le père absent. Les heures d'études obligatoires sont supprimées et les enfants travaillent quand bon leur semble; pourvu que la besogne soit achevée au moment opportun, le maître ne leur demande aucun compte de l'emploi de leur temps. Les maîtres d'étude sont remplacés par des surveillants choisis par les élèves et pris parmi eux; enfin les classes, au lieu de durer deux heures, ne durent que trois quarts d'heure ou une heure et sont toujours séparées par une récréation.

Si l'enseignement supérieur allemand se perd dans es images de la métaphysique et une sorte de rêvasserie poétique pleine de l'étude de minutieux détails sur l'analyse des sentiments, l'enseignement secondaire, au contraire, est éminemment pratique, et les jeunes élèves sont très-ferrés sur l'histoire, la géographie, les mathématiques, les sciences naturelles, le chant, le dessin et une ou plusieurs langues vivantes, professées au moyen de *longues conversations* entre les maîtres et les élèves. L'enseignement primaire, quand l'intelligence un peu rebelle de l'enfant allemand a pu le suivre, est assez avancé; les élèves ont, plus que nos enfants du peuple, de connaissances en chant, calcul et géographie.

Une dernière observation pour en finir avec ce sujet,

c'est qu'en différents voyages faits en Allemagne, nous avons toujours été frappé, longtemps avant 1870, de la quantité de cartes géographiques qui tapissent les murs des gares, des tavernes, des restaurations, de tous les lieux de réunion, enfin; les cartes de France y étaient et y sont encore très-nombreuses, elles remplacent avec avantage (il faut bien le dire) les enluminures de mauvais goût malheureusement si en faveur chez nous et ailleurs.

Cet emploi des cartes géographiques nous avait paru si heureux que, chargé, peu après un de nos voyages, de la rédaction d'un projet de maison d'école, nous avions proposé de peindre des cartes sur les murs du préau et des classes; cette proposition eut auprès de l'administration locale un grand succès..... de rire, à nos dépens. Le même succès nous fut du reste réservé à Paris, lors de la construction d'ateliers où devaient se trouver réunis de nombreux ouvriers : nous voulions encore peindre sur les murs des cartes géographiques, des outils, des modèles de calcul, d'écriture, de dessin ou des renseignements usuels. — « Cela distrairait mes ouvriers, » nous répondit le patron.

HANOVRE

II

LES MAISONS. — LEUR MOBILIER ET LEURS HABITANTS

Avant de parler des maisons de Hanovre, parlons un peu de leurs habitants, et voyons l'aspect de la ville. Il est de bonne heure encore, déjà les rues sont animées, les ménagères se rendent au marché en chapeau rose ou bleu; une maîtresse de maison ne dédaigne pas d'aller elle-même faire ses acquisitions, accompagnée de servantes qui, les bras nus jusqu'à l'épaule, portent dans leurs paniers une énorme charge de provisions de toutes sortes et prodiguent leurs sourires aux soldats casqués qu'elles rencontrent. Les groupes sont fréquents; ceux qui les composent restent indéfiniment plantés à la même place, et, cependant, la conversation n'a pas l'air d'être très-animée ni très-intéressante; deux hommes se rencontrent, s'arrêtent et fument à côté l'un de l'autre leurs longues pipes de porcelaine, à peine s'ils échangent quelques phrases, ils se contentent de prononcer de temps en temps un mot qui pour eux sans doute signifie beaucoup de choses, car ce mot suffit pour *raviver* l'entretien et prolonger la durée de la station; il y a peu de voitures traînées par des chevaux, mais quantité de charrettes à bras, un homme seul traîne une charge considérable ; les employés vont à leurs bureaux avec cet air ennuyé, cette expression d'indéfinissable fatigue que, dans tous les pays du monde, imprime à leur figure leur genre de vie monotone et régulière ; des régiments défilent, les hommes sont forts, robustes ; la nature est développée, la force brutale énorme, mais l'intelligence ne brille ni dans les yeux ni sur le front, la discipline paraît excessive et maintenue avec une sévérité exemplaire ; si un officier passe, les soldats s'arrêtent et saluent ; si c'est un officier supérieur, non-seulement les soldats, mais les officiers qu'il rencontre s'arrêtent, s'alignent, saluent et reprennent leur promenade avec la régularité, la rectitude d'un automate dont on fait mouvoir le ressort.

A l'heure des repas — et ces heures-là sont fréquentes — les restaurants se remplissent quand ils ont eu le temps de se désemplir ; d'énormes plats pleins de mets peu recherchés sont servis devant les consommateurs toujours affamés qui mangent avec gloutonnerie, s'interrompant à peine pour avaler de grandes chopes de bière vidées d'un trait ; entre les repas, consommation fréquente de petits pains fourrés de jambon, de fromage ou de bœuf froid, arrosés de bière ou d'eau-de-vie. Les hommes ne posent leur pipe que pour manger et la reprennent aussitôt après ; on devine des habitudes peu raffinées, presque grossières. Le temps qu'ils ne consacrent pas aux affaires se passe souvent à la taverne. Les femmes échangent parfois des visites dans l'après-midi[1], et s'offrent alors des tartines de beurre et des tasses de

---

1. Ces petites réunions intimes se nomment *Mittwochnachmittageaffegesellschaft !*

café au lait : ces tartines ont une dimension et ces tasses une capacité qui n'empêchent pas les unes de disparaître bien vite et les autres d'être fréquemment renouvelées.

Quand, assis à la porte d'une taverne, l'un des habitués fait une plaisanterie, il sourit largement, sa figure s'épanouit d'un naïf et épais contentement, le *mot* circule d'une table à l'autre, chacun le répète à son voisin, se le répète à lui-même pour bien le comprendre, puis les rires commencent, augmentent d'intensité, et n'ont plus de fin, un quart d'heure après le plaisir dure encore ; ils appuient sur un mot, un geste qui leur paraît en mériter la peine, et cela de tout leur poids, lourdement, grossièrement. Dans une des riches tavernes qui bordent la place du chemin de fer, un gros officier venait de déjeuner ; le menu de ce qu'il avait absorbé effrayerait le lecteur, enfin il avait terminé par un saladier de harengs aux pommes de terre et une soupière de café au lait, il se sentait repu ; alors, se levant de table, rajustant ses lunettes et bouclant son ceinturon, notre héros se mit à chanter à tue-tête, avec un accent impossible à rendre : *Mein Herr Malporough s'en fa-t-en guerre!...* Le succès qu'il obtint fut prodigieux, chaque assistant répétait la phrase, la faisait passer à son voisin, l'apprenait aux nouveaux arrivés, puis c'étaient des rires, des trépignements, une heure après l'émotion n'était pas calmée, elle ne cessait que pour recommencer de plus belle, la fameuse phrase était commentée et répétée de cent façons avec une satisfaction et une admiration évidentes, elle suffit certainement à la consommation d'esprit qui se fit ce jour-là.

La vanité de ces gens est sans bornes[1], on la sent

---

1. Sur une table du musée de Sans-Souci, à Berlin, est un grand livre de velours rouge. Sur la première page on lit en lettres d'or : « Campagne d'Au-

à chaque mot, à chaque geste. Ces parvenus de la victoire ont pendant bien des années souffert de notre suprématie, de notre influence dans toutes les questions européennes, ils s'efforcent aujourd'hui de prendre leur revanche; mais ils comprennent autrement que nous la gloire et l'orgueil, et restent nos inférieurs en grandeur et en générosité; pour nous, l'éclat du triomphe suffit; pour eux, c'est au côté matériel, brutal de la conquête qu'ils sont sensibles; un titre est la récompense d'un général français revenu victorieux; les généraux allemands ont, comme des barbares, été gorgés d'or après la guerre de 1870.

Nous nous arrêtons devant un atelier de menuiserie : les ouvriers travaillent consciencieusement sans hâte et sans entrain, mais aussi sans perdre de temps; celui qui est le plus rapproché de nous réunit deux planches de chêne au moyen d'un assemblage à rainures et languettes : à chaque instant il rapproche ses planches, les essaye, les retourne, les compare; il diminue un peu la languette, élargit un peu la rainure, puis essaye de nouveau, enfin son maillet fait sans efforts entrer l'une dans l'autre, il regarde ses planches sur toutes les faces : le travail est solide et certainement bien fait, mais il a exigé le double au moins du temps qu'y eût consacré un ouvrier français, puis il est sans goût, les veines du bois se heurtent, se brisent, au lieu de se rencontrer sur la ligne centrale et de s'en éloigner ensuite en formant cette sorte d'aigrette si recherchée par nos menuisiers, et que n'eût certes pas oublié d'obtenir un ouvrier français un peu soigneux et aimant son métier.

triche »; puis, au-dessous : « Frédéric le Grand a mis sept ans », et, en face : « Guillaume 1er a mis sept jours. »

Pas de mendiants dans les rues, la mendicité est sévèrement interdite en Allemagne et, dans certaines villes du Nord, tout individu convaincu d'avoir fait l'aumône est lui-même puni d'une amende.

Nous ne retrouvons pas dans les rues, pendant l'après-midi, autant de femmes que nous en avions rencontrées le matin, elles sortent peu, se visitent rarement entre elles, c'est ce qui explique leur empressement à se grouper pour échanger quelques propos quand une circonstance les rapproche et les fait demeurer dehors.

Les hommes sont lourds, épais, trapus, grossiers, mais forts et robustes; nous croyons rencontrer à chaque pas tous les décrotteurs, tailleurs ou bottiers que nous avons pu voir en France. C'est bien des Allemands que Benjamin Constant, nous ne savons plus à quelle occasion, a pu dire : « Les Allemands sont lourds en raisonnant, en plaisantant, en s'attendrissant, en se divertissant, en s'ennuyant... ils croient qu'il faut être hors d'haleine pour être gai et hors d'équilibre pour être poli. »

Le théâtre commence de bonne heure et finit de même : les femmes y vont sans toilette, écoutent sans bouger de leurs loges, sans se faire de visites; les hommes sortent fréquemment, vont manger, boire et fumer, rentrent avec bruit, gardant leur paletot, affectant en public un laisser-aller, un sans-gêne déplorable; ils n'ont pourtant pas encore adopté la coutume des habitants de Breslau, qui entrent au théâtre avec leurs bottes fourrées et les accrochent sur le balcon en dehors de leur loge, où elles forment une décoration pour le moins originale.

Les habitants de Hanovre paraissent avoir pour le théâtre un goût assez prononcé ; leur Opéra est ouvert onze mois de l'année : le répertoire se compose surtout d'opéras-comiques, de quelques ballets, de traductions de pièces françaises ou d'œuvres d'auteurs nationaux.

Une des distractions favorites d'une certaine classe de la population est la musique de chambre pour laquelle les compositeurs allemands ont écrit tant de morceaux où l'harmonie permet, avec des moyens restreints, d'obtenir de merveilleux effets.

Ces gens ne sont pas riches et ils dépensent peu, de cette façon leurs bénéfices et leurs gains sont limités, cependant leur budget n'est pas toujours en équilibre et souvent ils sont criblés de dettes. La toilette des femmes est modeste et de mauvais goût : elles ne sont personnellement ni gracieuses ni élégantes, beaucoup portent des lunettes, toutes apportent dans leurs rapports avec les hommes un abandon étrange qui choque singulièrement nos habitudes de convenance et de retenue; à table d'hôte, devant cent personnes, une femme donne à son mari un baiser sur les lèvres; elle s'assied sur ses genoux en wagon et lui chante à mi-voix de douces mélodies dans cet idiome que nous prétendons, en France, servir de langage aux chevaux; si le couple n'est que fiancé, il se contente de se presser les genoux sous la table et de s'envoyer des baisers du bout des doigts; remarquons bien qu'il s'agit ici de gens qui évidemment par leur fortune et leur position appartiennent à la première classe de la société. On prétend que des manières aussi libres prouvent l'innocence et la naïveté de ceux qui les mettent en pratique, il nous semble, à nous, qu'elles sont tout simplement une preuve de mauvaise éducation et de l'absence de sentiments délicats et élevés[1].

---

[1]. On compte en France huit enfants naturels sur cent naissances; on en compte quatorze en Allemagne.

La classe moyenne ne possède ni l'influence ni la force qu'elle a chez nous, où, jusqu'en ces derniers temps, elle pouvait presque se dire maîtresse absolue; elle est en Allemagne à l'état rudimentaire, possède peu, est absorbée par la classe supérieure ou n'est pas encore dégagée de la classe placée au-dessous. Cette classe est besoigneuse, les dettes sont le souci, la préoccupation de toute son existence, c'est l'inépuisable sujet des conversations, des anecdotes, des commentaires, des récits de toutes sortes, et, — impression qui date de loin, — les histoires de débiteurs et de créanciers formaient le fond de tous les thèmes et de toutes les versions dont se composait la grammaire dans laquelle nous avons, au collége, si mal appris cette terrible langue allemande. Un des sujets le plus fréquemment développés dans certains de leurs livres est la fortune rapidement acquise, non par le travail mais par une cause accidentelle : une famille inconnue tout à coup découverte, un héritage imprévu laissé par un grand seigneur, sage appréciateur de leurs mérites.

La vie est simple, exempte de troubles, les passions sont rares, l'existence se concentre dans le cercle de la famille, et tout est disposé à l'intérieur des habitations pour assurer dans la vie intime l'influence du chef et régulariser le rôle de la mère chargée de l'éducation d'enfants souvent nombreux. Le foyer n'est abandonné que pour des raisons graves; quand, au contraire, la fortune de ses hôtes le permet, la maison offre tous les éléments propres à la rendre agréable et est abondamment pourvue de linge, de porcelaine, d'argenterie et surtout de fleurs.

L'or est fort rare en Allemagne, notre monnaie française n'a pas cours; mais dès qu'une pièce de vingt francs est présentée à un marchand, il s'en empare, la serre précieusement, et paraît radieux surtout s'il a pu voler un ou deux silbergroschen sur le change.

Une remarque à l'avantage des Allemands : pendant le cours de cette excursion faite peu après la guerre et durant une autre faite depuis, nous n'avons, dans aucune ville, aperçu un seul dessin insultant pour nos défaites ou les rappelant d'une façon blessante pour nous.

Il existe à Hanovre un élément étranger assez considérable formé surtout de résidents anglais. Les liens qui unissent l'Angleterre avec l'ancien royaume de Hanovre datent de loin : réunis pendant longtemps autrefois sous le même sceptre, ils n'ont vu la race de leurs rois et leurs intérêts politiques se séparer entièrement qu'à la suite des événements accomplis dans ces dernières années.

Ce rapide exposé était nécessaire pour donner idée des mœurs des habitants dont nous voulons étudier les demeures. Les points principaux à résumer et sur lesquels il faut insister sont d'abord : la médiocrité des ressources, les habitudes calmes et tranquilles, l'amour du chez soi, l'absence ou au moins la rareté des relations sociales et, comme conséquence, l'obligation de rester souvent au logis ; il fallait donc, pour répondre à ces besoins, des habitations gaies, commodes, réunissant les conditions de confortable qui font aimer l'intérieur, assez vastes pour que les habitants puissent s'y mouvoir à l'aise et s'y trouver commodément.

La maison dont notre figure 109 représente le rez-de-chaussée et notre figure 110 le premier étage, est une habitation double, c'est-à-dire destinée à deux ménages voulant vivre côte à côte et réunis, tout en étant indépendants : combinaison d'une application fréquente dans le

Nord où les familles, les amis aiment à se grouper dans le même quartier, dans les mêmes rues.

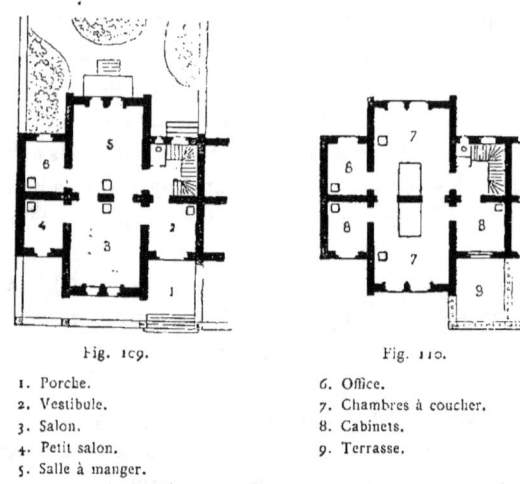

Fig. 109.   Fig. 110.

1. Porche.
2. Vestibule.
3. Salon.
4. Petit salon.
5. Salle à manger.
6. Office.
7. Chambres à coucher.
8. Cabinets.
9. Terrasse.

(Échelle de 0^m,0025 pour mètre.)

Un mur d'enceinte et de clôture, ajouré dans sa partie supérieure, s'élève en bordure de la voie publique dont un espace libre, servant de terrasse aux salons, sépare le bâtiment et tient le passant à distance.

Un porche couvert abrite l'escalier qui rachète la différence de hauteur entre le sol de la rue et celui du rez-de-chaussée. La cuisine et les services qui en dépendent sont situés dans le sous-sol; au rez-de-chaussée, un salon et une salle à manger accompagnés tous deux d'une pièce secondaire. Ces deux pièces, les plus importantes de la maison, sont relativement petites, mais elles peuvent être réunies pour n'en former qu'une seule. Au premier étage, deux grandes chambres avec leur cabinet de toilette, et, au-dessus, la salle d'étude des enfants avec leur logement et deux chambres de domestique.

Cette habitation est, on le voit, fort bien disposée pour la vie intime, les pièces sont hautes sous plafond

Fig. 111.

(4 mètres), les accès faciles et la terrasse, les balcons, les loges permettent des allées et venues qui sont une distraction pour les habitants et ajoutent du charme à l'intérieur.

Les formes adoptées dans l'architecture des façades (fig. 111) ne rappellent pas celles que nous sommes habitués à voir dans nos maisons modernes françaises, elles se rapprochent plutôt de certaines habitations monastiques du moyen âge qu'ont fait connaître les publications archéologiques. Les proportions ne sont pas irréprochables, mais les détails sont étudiés avec soin et accusent les efforts faits par l'architecte pour donner à son œuvre une physionomie particulière et qui lui soit propre.

La construction est raisonnée et entendue, la brique et quelques morceaux de pierre forment toute l'ossature; les briques sont jaunes, rouges ou noires; cette variété de couleurs permet d'obtenir des imbrications dont l'effet égaye l'ensemble général; ces briques ont des dimensions un peu différentes de celles des briques que nous employons, elles ont $0^m,06$ d'épaisseur, $0^m,14$ de largeur et $0^m,25$ de longueur. La pierre est blanche et de belle qualité.

Remarquons, avant d'aller plus loin, que deux choses donnent aux maisons du Nord en général et à celles du Hanovre en particulier une physionomie spéciale : c'est, à l'extérieur, l'absence de persiennes; à l'intérieur, le manque de cheminées.

L'usage de se mettre à la fenêtre n'est pas admis; aussi tous les appuis des fenêtres ne sont-ils pas au nu des murs, mais se trouvent à l'aplomb intérieur du tableau et de ce point suivant un plan incliné rejoignent le mur de face. Sur le tableau auquel est scellée la fenêtre on dépose des fleurs et parfois même dans l'intervalle on emprisonne des oiseaux; du côté de l'intérieur, un second châssis vitré forme une clôture s'ouvrant au moyen d'un petit vasistas un peu plus grand que nos carreaux ordinaires et destiné à renouveler l'air de la pièce.

A l'intérieur, les cheminées sont remplacées par des

poêles dont la chaleur est plus égale, plus vive et plus économique surtout que celle d'un foyer brûlant à air libre, mais qui privent de tous les motifs de décoration dont la cheminée est le point de départ et dont nous savons tirer un si heureux parti. Les glaces n'ont pas de place fixe, elles sont de petites dimensions, et bien des pièces en sont dépourvues : les pendules sont rares *encore maintenant,* et ce que nous appelons garniture de cheminée est installé le plus souvent sur une console accolée au mur.

Les intérieurs de ces habitations n'offrent pas, du reste, dans les pièces de réception un luxe hors de proportion avec la fortune des habitants : les stucs, les simili-marbre, les plafonds en plâtre doré avec un ciel bleu, les Amours en carton-pâte ne sont pas en faveur ; la construction est simplement accusée et les formes qui lui sont données permettent d'obtenir une décoration dont le moindre mérite est d'être raisonnable et sensée.

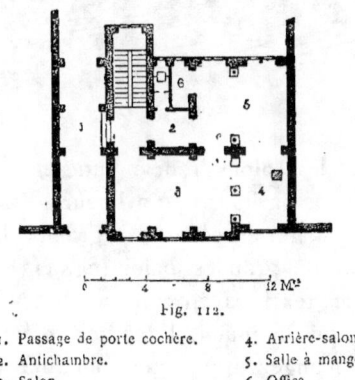

Fig. 112.

1. Passage de porte cochère.
2. Antichambre.
3. Salon.
4. Arrière-salon.
5. Salle à manger.
6. Office.

La figure 112 représente le plan d'un petit hôtel ont la distribution ne nous paraît pas, hâtons-nous de le dire, à l'abri de toute critique [1]. On entre directement d'un vestibule un peu étroit dans un grand salon suivi d'un petit, la porte de la salle à manger est en face de celle qui donne accès sur le passage de la porte cochère, le vestibule est trop restreint et le visiteur se trouve brusquement sur le dos de ses hôtes, mais la décora-

Fig. 112.

tion intérieure des salons rentre entièrement dans les données dont nous parlions tout à l'heure.

La salle à manger est séparée du grand salon et celui-ci du petit par de grandes baies (fig. 113) fermées au moyen d'épaisses tentures en cuir; au droit de ces baies sont des filets qui diminuent la hauteur d'étage et qui, dans la salle à manger, supportent un mur de refend;

---

1. Voir, pour plus de détails, *Habitations modernes en Europe*, par MM. Viollet-Le-Duc et Félix Narjoux, architectes. — Librairie Morel, 13, rue Bonaparte; Paris.

toute cette combinaison est en bois de chêne, quelques
parties sont décorées et rehaussées de dessins d'un ton
très-vif; sur les murs s'étendent des toiles peintes (fig. 114)

Fig. 114.

à grands ramages tons sur tons, avec des personnages,
des animaux, des scènes de chasse au milieu d'enroulements de fleurs et de feuilles, le tout imitant des tapisseries, mais les dessins sont sans modelé et sans ombres
portées. Le plafond est en chêne formé de petites solives
apparentes, à arêtes chanfreinées; dans les longs panneaux intermédiaires ont été peints des fonds unis avec
quelques filets de couleur; les colonnes sont à pans coupés

218   ALLEMAGNE.

et, au-dessus de la bague qui en divise la hauteur, ornées d'un dessin en treillis.

Le grand poêle qui sert au chauffage des salons est en terre cuite émaillée dont les couleurs, malgré leur vivacité, ne peuvent cependant remplacer l'éclat du feu que les yeux doivent souvent chercher en vain pendant les longues soirées d'hiver. Les terres cuites sont d'un emploi très-fréquent en Allemagne et la fabrication de ces matériaux factices y est très-perfectionnée. Nous n'entrons pas dans de plus longs développements à ce sujet; nous aurons encore, en visitant Hambourg, l'occasion d'y revenir à propos des faïences et porcelaines allemandes.

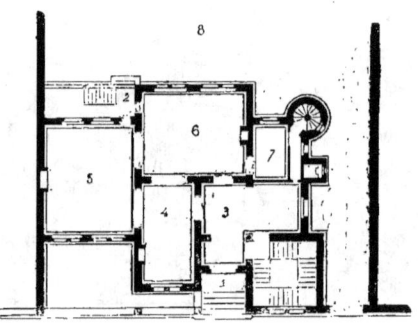

Fig. 115.

1. Porche.
2. Entrée sur le jardin.
3. Vestibule.
4. Salon d'attente.
5. Salon.
6. Salle à manger.
7. Office.
8. Jardin.

(Echelle de 0^m,025 pour mètre.)

Nous donnons (fig. 115) le plan du rez-de-chaussée et (fig. 116) celui du premier étage d'une habitation plus importante que les précédentes, elle n'aurait guère chez nous peut-être que les proportions d'une maison privée, mais elle occupe là-bas un rang beaucoup plus élevé.

Les voitures n'entrent pas sous un passage couvert, ce qui, surtout dans le Nord, est une omission regrettable ; il est vrai qu'une avance du pignon abrite les degrés et protége les visiteurs. Le mur de face est séparé de la voie publique par un fossé dans lequel se trouve placée l'en-

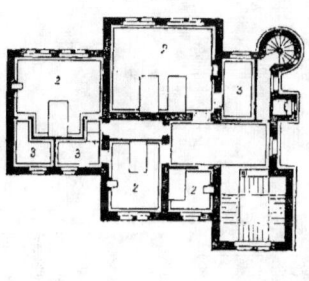

Fig. 116.

1. Antichambre.   2. Chambres à coucher.   3. Cabinets de toilette.

trée de service; domestiques et fournisseurs ne franchissent pas le seuil de la porte principale couverte par un auvent ; le vestibule est séparé en deux parties inégales : la plus grande sert d'antichambre, elle est assez vaste pour être utilisée comme vestiaire et recevoir les banquettes sur lesquelles s'asseyent les domestiques attendant leurs maîtres ; une colonne isolée, qui marque la séparation de ces deux parties et indique la limite de la cage d'escalier, donne lieu (fig. 117) à un motif de décoration très-simple se bornant à accuser et à rendre sensibles les dispositions de la construction.

A gauche, dans le vestibule, la porte du salon est en face de la porte d'entrée, la salle à manger communique directement avec le petit salon par des baies largement ouvertes permettant à ces deux pièces d'être facilement réunies un jour de réception.

Fig. 117.

La cuisine et les services en dépendant sont reliés avec le rez-de-chaussée par un escalier logé dans une tourelle à laquelle on parvient au moyen d'un large dégagement desservant les privés. Il ne faut pas oublier que les domestiques ne sont pas, en Allemagne, séparés d'une manière absolue du logis des maîtres, ils vivent plus que chez nous dans la famille et une maîtresse de maison d'outre-Rhin ne dédaigne pas d'aller de temps à autre passer la revue de sa cuisine ou de son office.

Fig. 118.

Au premier étage, une grande antichambre où peuvent jouer les enfants, puis les chambres à coucher très-vastes et très-hautes, chacune avec son cabinet de toilette muni d'appareils à eau froide, à eau chaude, d'une baignoire et d'une machine à douches, importation anglaise. Il faut remarquer la façon dont les lits sont placés dans les chambres à coucher ; pas d'alcôve, le lit s'appuie contre le mur par un de ses petits côtés, il est en saillie de toute sa longueur et se trouve dégagé sur chacune des faces latérales ; cette disposition, lorsque les dimensions de la pièce permettent de l'adopter, est la plus commode et la plus salubre, on l'apprécie surtout en cas de maladie : c'est d'ailleurs celle des grandes chambres d'honneur dans les palais, et on la retrouve dans les installations du moyen âge. Le manque d'espace est la seule raison qui puisse faire préférer la disposition actuellement en usage.

Les façades (fig. 118) se rapprochent de celles que nous avons déjà vues ; il y a trop de choses, elles ne sont pas assez tranquilles, mais les parties principales de la construction sont bien indiquées ; la cage de l'escalier, les salons et vestibules sont accusés à l'extérieur, des grandes fenêtres doubles éclairent les pièces importantes et, au mépris des lois de la symétrie, de plus petites donnent dans les cabinets et chambres secondaires. Les imbrications jouent un grand rôle dans la décoration de ces façades auxquelles des arcs en retraite et en saillie donnent une silhouette accentuée (fig. 119) ; des terrasses et balcons couverts rendent l'intérieur de cette maison plus agréable et permettent à des habitants sédentaires de fréquentes allées et venues.

Nous pourrions multiplier les exemples de ces habitations, mais nous ne voulons pas en abuser, d'autant plus qu'il nous faut encore visiter au moins un hôtel de voyageurs et une maison de campagne.

Hôtel privé, Hanovre.

HANOVRE.

L'hôtel dont nous donnons (fig. 121) le plan du rez-de-chaussée et (fig. 120) celui d'un étage, est un hôtel de

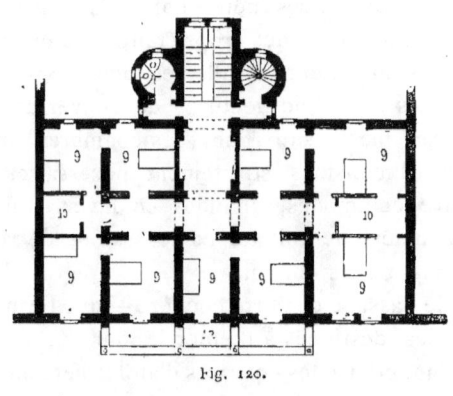

Fig. 120.

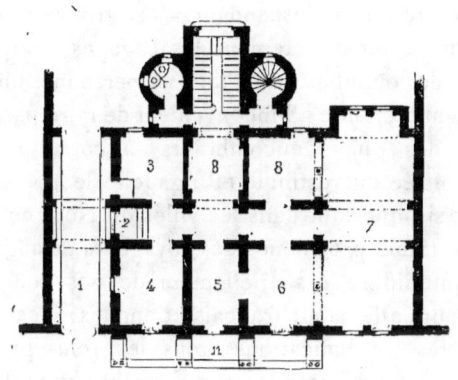

Fig. 121.

1. Passage de porte cochère.
2. Entrée.
3. Portier et monte-charge.
4. Bureau.
5. Salon.
6. Salle des déjeuners.
7. Table d'hôte.
8. Office.
9. Chambres à coucher.
10. Cabinets.
11. Galerie du rez-de-chauss^e.
12. Id.   du premier étage.

second ordre : il n'est pas destiné à recevoir des touristes voyageant pour leur plaisir, habitués au confort d'habitations luxueuses et pour qui la dépense est une question secondaire; ses hôtes habituels sont des voyageurs de commerce ou des propriétaires des environs que leurs affaires appellent en ville les jours de foire et de marchés. Les salles de lecture, de conversation sont, en pareil cas, pièces superflues; les chambres ont besoin d'avoir les dimensions strictement nécessaires : elles doivent être commodes, chaudes en hiver, fraîches en été; les cabinets de toilette et les salons de réception se trouveraient sans emploi.

Sous le passage de porte cochère — que ferment trois portes vitrées, destinées à donner le jour nécessaire tout en protégeant contre les courants d'air les personnes montant en voiture ou en descendant, — se trouve le monte-charge, qui reçoit directement les bagages chargés sur l'impériale des omnibus en évitant au personnel une opération fatigante, jointe à l'inconvénient de faire passer par l'intérieur des objets encombrants; à côté du monte-charge, l'entrée du vestibule et à gauche le portier dont le rôle est si important dans les villes du Nord où il constitue la véritable providence des voyageurs étrangers. Ce portier, qui diffère essentiellement de nos concierges, parle toujours allemand, français et anglais; c'est lui qui donne toutes les indications, tous les renseignements nécessaires, qui fait viser les passe-ports, obtient les permis de séjour quand ils sont nécessaires, procure les cartes pour visiter les musées et monuments, connaît les heures de départ et d'arrivée des trains, diligences et bateaux à vapeur; il fait aussi le commerce des cigares français, vend des photographies, tient un dépôt des objets de fabrication locale, procure les domestiques de place, évite les contestations avec les cochers et ne

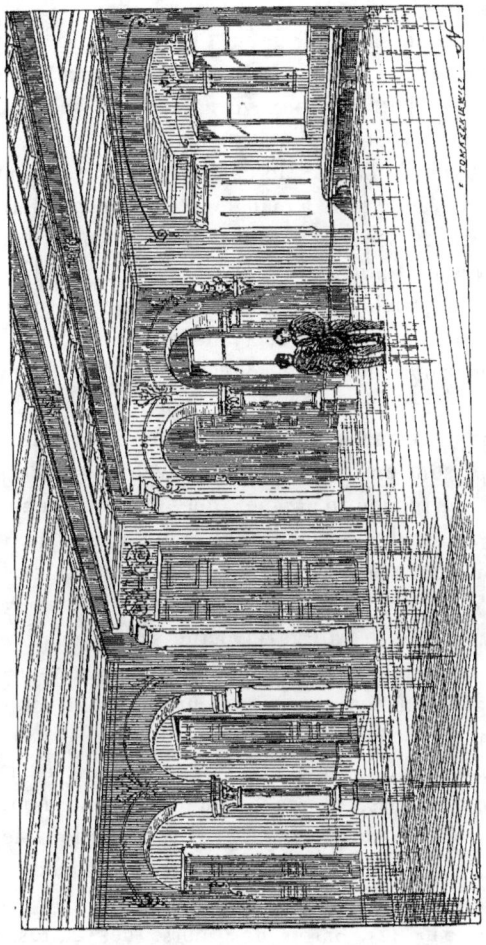

Fig. 122.

néglige aucun moyen pour obtenir, de bon ou mauvais gré, des gratifications de toutes sortes.

En face de la loge de ce fonctionnaire si utile s'ouvre le bureau, divisé en deux parties : la première sert de salle d'attente aux voyageurs, la seconde de caisse; viennent ensuite quatre salles distinctes, mais solidaires l'une de l'autre, le café fumoir où se lisent les journaux, la grande salle à manger, le salon des déjeuners, — car les repas sont trop rapprochés et trop fréquents pour que les personnes prenant un léger repas trouvent place dans la grande salle de la table d'hôte; — enfin, en face de cette petite salle et ayant la même forme et la même dimension, un office pouvant être utilisé pour des repas séparés et dans lequel se préparent les desserts, se coupent les viandes et se desservent les tables. Ces deux pièces sont en communication avec la grande salle (fig. 122) au moyen d'arcades que ferment d'épaisses tentures; au fond de la grande salle, une loge dans laquelle on peut, en cas de besoin, placer une table et qui sert de refuge aux personnes attendant l'heure du repas. Le bureau, le café et la petite salle s'ouvrent sur une terrasse garnie, pendant l'été, de tables autour desquelles s'assoient les consommateurs désirant jouir du mouvement de la rue.

L'escalier est à révolution droite, avec un large palier orné de fleurs, et précédé d'un vestibule dont les murs sont couverts de cartes géographiques et de tableaux indicatifs de toutes sortes; à droite et à gauche, deux tourelles contenant l'une deux privés, l'autre l'escalier de service; sur les parois des murs, des cartes, des inscriptions de phrases usuelles en plusieurs langues, un tableau indicatif de la valeur de la monnaie de divers pays et une liste détaillée de tout ce que la ville offre de curieux et d'intéressant à voir. Absence complète de cheminées ; à leur place, de grands poêles en faïence qui montent du sol au plafond.

Fig. 123.

Le mobilier des chambres est simple, mais très-propre et bien entretenu : une toilette, une armoire, deux chaises et un de ces effroyables lits allemands, instruments de torture qu'on n'oublie jamais lorsqu'on y a été condamné, ne fût-ce qu'une seule nuit.

228   ALLEMAGNE.

Les étages sont hauts de plafond, le rez-de-chaussée a 4^m,60, les autres étages 4^m,00 et 3^m,80; le nombre des chambres est de vingt-cinq et les salles communes seraient trop importantes pour un pareil nombre de voyageurs, si, outre les étrangers, cet établissement ne recevait pas des hôtes passagers venant des environs et prenant seulement leurs repas, ainsi qu'un grand nombre d'habitants de la ville auxquels il sert de restaurant.

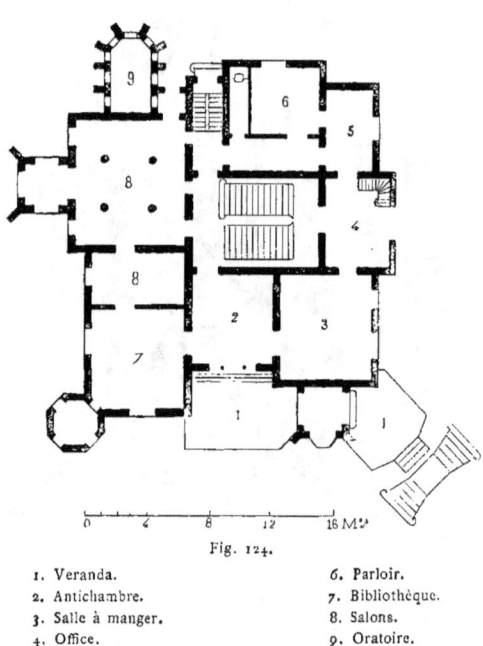

Fig. 124.

1. Veranda.
2. Antichambre.
3. Salle à manger.
4. Office.
5. Fumoir.
6. Parloir.
7. Bibliothèque.
8. Salons.
9. Oratoire.

La façade ressemble à celles dont nous avons déjà parlé et notre croquis (fig. 123) nous dispense d'insister à ce sujet; la construction est, comme toujours, en

Maison de campagne, près Hanovre.
M. OPPLER, architecte.

briques et en pierres, la charpente en bois, à l'exception du grand balcon couvert dont les points d'appui sont en fonte et le comble en fer.

La maison de campagne dont nous donnons le plan (fig. 124) est décorée du nom de château; ce plan manque un peu d'ordre, l'influence des goûts et des préférences du client a, sans aucun doute, dominé la volonté de l'architecte [1] dont nous avons vu bien des œuvres supérieures à celle-ci; mais c'est un exemple complet d'habitation moderne aux champs, en Allemagne, et c'est à ce point de vue qu'elle doit attirer l'attention.

La distribution des pièces affecte une grande liberté; elle répond à des besoins différents des nôtres et qui, pour ce motif, perdent beaucoup de leur intérêt; quant aux façades (fig. 125), elles ont un caractère tudesque trop franchement accusé pour nous plaire, l'amour de la recherche y semble poussé bien loin; on ne s'explique pas le motif qui a donné naissance à ces pignons carrés, de forme exagérée, très-ajourés et qui, à travers leurs arcatures ouvertes, laissent apercevoir la ligne des combles, mais, malgré ces erreurs, on est frappé, quand on n'entre pas dans l'examen des détails, de la silhouette générale, de l'effet obtenu par ces saillies très-accusées exprimant à l'extérieur les indications de la distribution intérieure.

La construction est faite avec un soin consciencieux, l'appareil est vrai et régulièrement tracé, les hauteurs d'assises de la pierre correspondent exactement à un nombre entier de briques, sans que jamais une *tricherie*

---

1. M. Oppler, architecte.

ait tourné la difficulté et laissé apercevoir un *loup* sur les parements,

Ces soins méticuleux dans l'emploi des matériaux, cette régularité et cette science sont des qualités que possèdent en général les constructions allemandes et constituent un de leurs grands mérites; aussi nous appesantissons-nous sur cette importante question, trop souvent négligée chez nous dans nos constructions modernes.

Toutes les maisons d'habitation que nous venons de passer en revue, et qui ne sont que des exemples choisis au milieu du nombre, ont des qualités et des défauts qui leur sont communs et sur lesquels il faut d'abord insister. Elles sont appropriées aux goûts, aux besoins, aux habitudes des gens auxquels elles sont destinées; elles varient suivant la position, la profession et la fortune de leurs propriétaires. Nous n'avons pu donner à ces notes de voyage un développement qui serait devenu exagéré, ni indiquer un trop grand nombre de types à l'appui de nos observations, le temps nous a manqué. Nous n'avons pu dessiner des maisons bâties pour des professions déterminées : pour un médecin, par exemple, avec l'antichambre spéciale, le cabinet de consultation à deux entrées distinctes, le tout séparé et indépendant des pièces de l'habitation de la famille; nous aurions voulu faire connaître certain atelier d'architecte : grande pièce haute de plafond avec une galerie à mi-étage servant de bibliothèque, des cases réservées aux modèles d'exécution, des tables pour le travail de jour, une loge retirée, calme et tranquille pour le travail du soir, à côté, une pièce distincte destinée à la réception des clients et des entrepreneurs, communication facile avec les pièces d'habitation de la famille dont l'entrée se trouve à part, etc., etc. C'était presque tout Hanovre qu'il eût fallu dessiner.

Dans toutes ces constructions, pas de place perdue; les escaliers, bien en vue, se développent facilement avec des marches larges et basses à révolutions droites; des fleurs décorent les paliers; les pièces se trouvent en rapport avec l'importance de la maison, les habitudes de la vie mondaine ou sédentaire des habitants; ainsi le salon souvent fait défaut, c'est une pièce inutile pour des gens modestes, peu fortunés; mais alors la salle à manger est très-vaste, c'est là que se tient la famille, ce qui permet une économie de feu et de lumière. Les façades offrent le même caractère de prévoyance et d'économie; les matériaux ne sont pas soumis à un ravalement coûteux dont l'entretien est une charge : pas d'enduits en plâtre surchargés de moulures d'une durée très-limitée, pas de corniches à saillies exagérées avec des sculptures de mauvais goût et un chéneau ouvragé en simili-pierre par où l'eau pénètre dans l'intérieur des murs, mais, au contraire, des parements unis, des briques jointoyées avec l'appareil de la pierre franchement accusé, une corniche ou plutôt une simple dalle en saillie portée sur des corbeaux; au-dessus, un large chéneau en zinc, véritable chemin ménagé au pourtour du comble, pour faciliter les réparations; nulle infiltration à craindre pour les murs, surveillance facile et, comme conséquence, meilleure installation, économie de dépense première, économie d'entretien.

Cependant, pour rester dans l'ordre d'idées qui a présidé à la construction de ces maisons, il y avait peut-être encore mieux à faire; ainsi, pour des fortunes modestes, les cuisines placées en sous-sol sont fâcheuses; on ne peut avoir à la fois des domestiques à chaque étage; il faut donc leur imposer des ascensions que leur fréquence rend pénibles et qui absorbent une partie du temps;

la maîtresse de maison surveille moins son intérieur si elle rencontre dans sa surveillance une gêne ou un embarras; elle hésite involontairement à descendre ou monter un étage, tandis que facilement elle traverse un couloir. Quiconque connaît un intérieur allemand et les conditions économiques qui le régissent comprendra notre observation et sa valeur. Autre chose : les pièces principales sont vastes et bien aérées, mais elles manquent souvent des annexes nécessaires; les cabinets privés sont insuffisants ou en nombre trop restreint; les exigences modernes veulent, dans un hôtel d'une certaine importance, trouver ces dépendances nécessaires près des chambres à coucher principales, avec une salle de bains et un vestiaire. Les Allemands, il est vrai, savent se contenter plus facilement que nous; ils sont plus simples dans leurs habitudes et ne connaissent pas les raffinements de notre civilisation et les recherches de notre confort, voilà pour l'intérieur.

A l'extérieur, les façades sont trop compliquées, nous l'avons déjà constaté : édifices et maisons montrent des effets cherchés, exagérés; elles sont pour ainsi dire l'expression des allures de l'esprit allemand qui imite, appuie, souligne, ignore les délicatesses et les légèretés de langage; les détails sont lourds, de forme prétentieuse et forcée.

Cela, nous dira-t-on, est une question de goût personnel, sur laquelle il est impossible de se prononcer, d'asseoir un avis reposant sur une base fixe et incontestable, car jamais un Français, par exemple, ne pourra persuader à un Allemand que ce dernier manque de goût, et que son goût, à lui Français, est préférable; les raisons que chacun fait valoir en faveur de son opinion sont identiques, elles peuvent avec succès être opposées l'une à l'autre, et convaincre en pareil cas est tâche impossible.

Une des banalités qui, à ce sujet, se répète le plus volontiers en tous pays, consiste à déclarer « qu'il est nécessaire de faire l'éducation artistique du goût du public », ce qui de la part de l'artiste signifie qu'il faut imposer au public son goût particulier, à lui artiste, goût bien supérieur à celui de tout autre, et de la part du public qu'il faut obliger l'artiste à ne produire que ce qui lui plaît à lui public, meilleur juge que personne au monde, de ses convenances et de ses désirs. Remarquons aussi que les artistes français, anglais, allemands, italiens, etc., etc., veulent tous réformer le goût du public, c'est-à-dire lui imposer le leur propre, et que non-seulement ces goûts diffèrent, mais se détruisent l'un l'autre ; or, — s'il existe un mètre étalon auquel on peut se reporter en cas de désaccord, — on n'a pas encore inventé le goût étalon et, par suite, chacun reste et restera toujours avec son goût personne et la conviction que ce goût est bien supérieur à celui du voisin.

Maintenant que nous avons vu les maisons de Hanovre au point de vue de la construction, il nous faut les voir au point de vue de l'installation, et ce n'est pas à ce dernier point de vue qu'elles offrent le moins d'intérêt.

En France, l'intérieur et l'extérieur de nos habitations présentent deux choses différentes sans rapport entre elles, dissemblance qui s'explique par la raison toute simple que, rarement propriétaire de la maison que nous habitons, nous ne pouvons modifier notre mobilier à chaque installation nouvelle. Du reste, ces différences ne nous choquent malheureusement pas, nous admettons très-bien une maison Renaissance avec un mobilier et une décoration d'une autre époque, des salons mauresques avec des meubles gothiques ou Louis XV. L'amour exagéré des bibelots est encore venu de nos jours favoriser et justifier cet étrange éclectisme. Ces dissonances sont moins facilement acceptées en Angleterre et en Allemagne, et là, en général, le parti pris pour la façade d'une maison est conservé dans son intérieur; en un mot, si les façades des maisons que nous avons vues sont gothiques, les intérieurs le sont aussi, et les meubles eux-mêmes sont empreints des caractères et des souvenirs du moyen âge, souvenirs qui se retrouvent, non pas tant dans les formes modifiées et appropriées aux besoins qu'elles devraient satisfaire que dans l'application des principes qui ont guidé l'étude et l'application de ces formes.

Les populations du Nord, si habiles dans tous les ouvrages de charpenterie, ne le sont pas moins dans les travaux de menuiserie; elles savent parfaitement donner au bois des formes en rapport avec sa nature et le rôle qu'il doit remplir. Le bois est encore commun dans l'Allemagne du Nord; il a fourni aux constructeurs un élément dont ils ont su tirer un heureux parti dans les décorations et l'ameublement des habitations de leur pays. De même que les tailleurs de pierre allemands tiennent compte dans leur appareil de la valeur et de la nature de la pierre, de même les menuisiers tiennent compte de la valeur et de la nature du bois, l'emploient suivant son essence et ses qualités, évitent les déchets inutiles, les grandes courbures bonnes pour rompre les fils du bois, et appliquent toujours au contraire des combinaisons de lignes droites qui laissent au bois toute sa force. Quant au goût déployé dans l'exécution de ce genre de travail, le lecteur en jugera.

C'est ainsi que,— pour remplacer nos plafonds en plâtre qui emprisonnent le bois et abrègent sa durée, sont sujets à des gerçures, à des crevasses inévitables, exigent des réparations coûteuses et un continuel entretien, — ils ont construit des plafonds en bois dont les figures 126 et 127 présentent deux exemples. Ces plafonds semblent, à première vue, rappeler de très-près ceux de l'hôtel de ville d'Augsbourg et de la maison Presle de Nuremberg ; ils n'offrent donc pas l'intérêt d'une création, mais celui d'une très-intelligente adaptation.

Les plafonds des constructions civiles des XIIe et XIIIe siècles ne se composaient que de solives apparentes, reposant à leurs extrémités sur un mur ou, si la portée était trop grande, sur une poutre intermédiaire ; peu ou pas d'encastrement dans les murs, mais des corbeaux scellés dans la maçonnerie et recevant les abouts des solives; les arêtes étaient chanfreinées, les fonds et saillies peints et très-sobrement décorés ; au XIVe et au XVe siècle, ces dispositions primitives se transformèrent et s'enrichirent, les solives furent placées de façon à former des caissons, des compartiments décorés de sculptures et de peintures, puis la décoration finit par être la chose principale, à être distincte du plancher auquel elle fut accrochée, cessant ainsi d'être l'expression vraie de la construction.

Les plafonds que représentent les figures 126 et 127 sont, nous l'avons dit, des souvenirs du XIVe siècle, et ne présentent en réalité que la face interne des planchers dont ils indiquent la structure et décorent la construction; dans le plafond de la figure 126, les lambris s'appuient sur la face extérieure des solives, dans celui de la figure 127 ils sont soutenus par une fourrure clouée au droit de chaque poutre et de chaque traverse ; les sculptures sont taillées en plein bois, et les lambris de fond reposent sur des planches découpées qui leur donnent la saillie néces-

Fig. 126.

saire ; nos coupes indiquent ce mode de construction. Au-dessus de ces grosses poutres se trouvent les lambourdes de dimensions suffisantes pour recevoir le parquet et suppléer, en certains endroits, à l'écartement des

Fig. 127.

solives ; la hauteur des pièces où se trouvent ces plafonds est de 5ᵐ,50, c'est ce qui explique pourquoi les profils ont été tenus aussi fermes et les sculptures aussi énergiques.

Quant au prix de revient de ces plafonds, il est assez élevé, le pied carré a coûté 2 thalers 1/2, soit environ 85 francs le mètre carré.

La cheminée (fig. 128) se trouve dans une grande salle voûtée de forme octogonale ; elle est en grès blanc et en serpentin poli. Par une combinaison de couleurs que n'a pu rendre notre dessin, la réunion des pierres et des marbres de tons différents donne les couleurs des armes du propriétaire, dont l'écu est reproduit sur le manteau.

Fig. 129.

La table (fig. 129) est un meuble de salon destiné à se trouver placé devant un divan ou un canapé; les dimensions des bois paraissent exagérées quand on les compare à celles de nos meubles modernes; mais, en revanche, elles augmentent la solidité et la durée. Les pieds s'écartent à leur extrémité au moyen d'un assemblage biais qui donne plus de résistance et d'assiette à la tablette supérieure. Les liens et traverses reliant

Cheminée, Hanovre.
M. Oppler, architecte.

les extrémités sont remontés assez haut pour éviter d'être atteints par la chaussure, dont le contact les dégrade si rapidement. Cette précaution peut paraître futile, elle est cependant l'indice d'un esprit pratique et réfléchi. Cette table en noyer a coûté 65 thalers, soit environ 245 francs.

Fig. 130.

Une autre table (fig. 130) peut en même temps servir d'armoire dans sa partie inférieure; elle est en chêne et copiée sur une ancienne estampe du xive siècle, de Ramerstof; tant il est vrai que pour les petites comme pour les grandes choses, les Allemands aiment mieux reproduire que chercher à créer.

L'étagère (fig. 131) sert à supporter des albums ou des objets d'art; elle est en chêne, mais les dimensions un peu lourdes de ses montants, ses sculptures accusées la feraient difficilement accepter comme meuble de salon; elle a coûté 32 thalers, soit environ 120 francs.

Fig. 131.

Le lit (fig. 132) est entièrement en sapin rouge (bois de pin résineux), dont le grand mérite est de ne pouvoir être attaqué par la vermine[1]; sauf les angles qui sont sculptés, toute la décoration est peinte et frottée à la cire, afin de faciliter l'entretien de la propreté. Le prix

---

1. On retrouve en Alsace le sapin rouge employé dans les mêmes conditions pour atteindre le même but.

Fig. 132.

de ce bois de lit, sans y comprendre la peinture, est de 30 thalers, soit environ 110 francs.

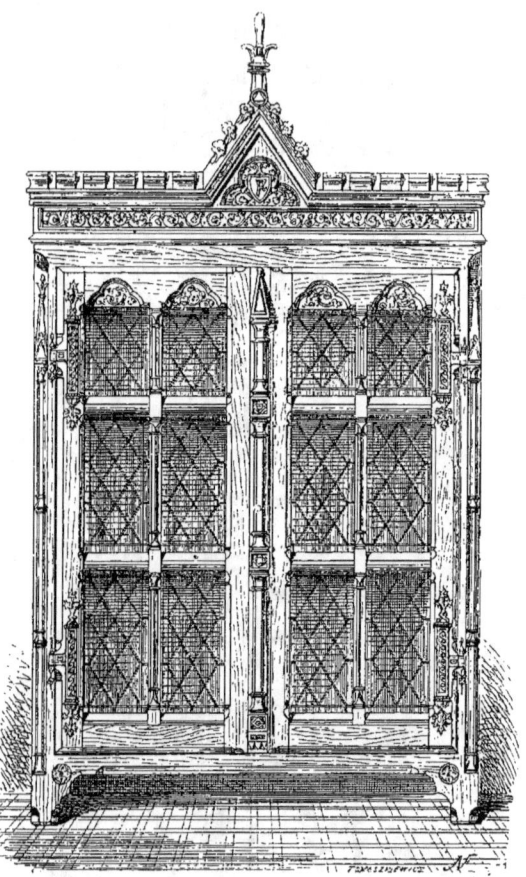

Fig. 133.

L'armoire (fig. 133) se distingue des meubles précédents et surtout de ceux qui vont suivre, par une grande sobriété d'ornements. Les paumelles des portes sont en fer poli, le bois employé est du noyer d'Amérique.

Fig. 134.

Le bureau (fig. 134) est un meuble de femme présentant une composition très-compliquée ; le bois employé est aussi du noyer d'Amérique, et les ferrements, très-riches, sont en fer poli; leurs enroulements répètent

Fig. 135.

la lettre E, initiale du nom du propriétaire. Le personnage placé au sommet du fronton est Albert Dürer. Ce bureau trop riche, trop décoré, manque de simplicité et de la chose indispensable à tout bureau, c'est-à-dire de la place nécessaire au travail : au milieu de ces rayons, de ces tiroirs, de ces portes, on a peine à trouver l'endroit destiné à recevoir une feuille de papier. Ce bureau a coûté 160 thalers, soit environ 600 francs, ce qui est peu cher.

Fig. 136.

La bibliothèque (fig. 135) offre peut-être les mêmes défauts, mais elle les rachète par une disposition qui lui permet, en plaçant obliquement les deux ailes latérales, d'épouser la forme circulaire de la pièce dans laquelle elle se trouve.

Les siéges (fig. 136, 137 et 138) sont en chêne ou en noyer; (le fauteuil, sans la garniture, coûte 50 thalers, soit environ 187 francs). Afin d'éviter les assemblages habituels faits au niveau du siége entre les pieds de derrière et le dossier, le constructeur[1] a, pour obtenir l'inclinaison

Fig. 137.

nécessaire au dossier, fait descendre le montant jusqu'au milieu des pieds de derrière, disposés suivant une obliquité plus grande que celle donnée aux pieds de devant. Cette idée, fort simple et très-ingénieuse, est mise en pratique pour la construction des chaises de service ordinaire, qui sont ainsi plus solides que nos chaises assemblées à la hauteur du siége et plus confortables que celles

1. M. Oppler, architecte.

à dossier droit. Le prix des chaises communes est de 2 thalers 1/2 (environ 10 francs).

La figure 139 est celle d'une applique, destinée à être fixée sur un mur et à supporter une statuette ou un objet d'art qui se détache sur le fond garni de velours;

Fig. 138.

on substitue souvent une glace à ce velours; cette glace sert alors de réflecteur à une lampe placée devant.

Ces meubles sont plutôt des ouvrages de menuiserie que d'ébénisterie, ils sont réellement construits et leur construction est savante et raisonnée; le bois est de belle qualité, bien coupé suivant les lignes nettes et franches, et employé de droit fil; les assemblages sont faits avec le plus grand soin, toujours chevillés, sans pièces rapportées ni clouées, pas de placage ni de collage, au contraire des moulures et des sculptures prises dans la masse; mais la grâce, l'élégance manquent souvent à ces œuvres, elles ont l'apparence lourde, épaisse, massive, et quand elles ne copient pas des exemples anciens, elles pèchent parfois par les proportions.

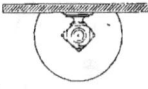

Fig. 139.

Maintenant que nous avons visité les différents édifices publics, vu le dehors et le dedans des maisons de Hanovre, il ne nous reste plus, avant de partir, qu'à ajouter quelques mots sur le moderne gothique allemand.

Les Allemands, nous l'avons déjà dit, n'ont jamais eu d'architecture qui leur fût personnelle; ils s'inspirent de celle des pays voisins et copient celle des siècles passés. L'idée de faire revivre chez eux l'architecture « gothique », dont les types qu'ils possèdent sont bien inférieurs aux magnifiques exemples laissés sur notre sol par le moyen âge, ne leur est venue qu'après l'apparition chez nous des premières études archéologiques sur les œuvres des xiie, xiiie, xive, xve siècles, études qui ont commencé, il y a vingt-cinq ans, à mettre en honneur des édifices jusqu'alors réputés sauvages et barbares. Ils se sont mis en marche derrière nous, profitant de nos essais, de nos études, de nos fautes, traduisant sans vergogne dans leur langue des extraits de nos ouvrages pour appliquer ensuite les résultats de nos recherches; et, de même que l'Allemand qui construisit la cathédrale de Cologne connut et imita les cathédrales d'Amiens, de Beauvais et de Troyes, de même les Allemands modernes trouvant chez un voisin des renseignements, des indications, des formules toutes faites parfaitement propres à être utilisées dans leur pays, se sont, avec une rare adresse et beaucoup de bonheur, approprié tout ce qui, de notre bien, pouvait leur être utile et profitable. Mais tandis que, chez nous, les architectes de l'école gothique bornaient leur action, limitaient leurs travaux à la restauration d'édifices anciens ou à la construction d'édifices religieux, les Allemands, eux, allaient plus loin et, suivant l'ordre d'idées dont la voie leur avait été ouverte, ils élevaient des monuments civils et religieux, publics et privés, dits gothiques, où, tout en respectant le principe fondamental de la logique et du raisonnement qui leur avait servi de base et de point de départ, ils faisaient ployer la forme et multipliaient les combinaisons de façon à obtenir des résultats différents, à satisfaire des programmes variés répondant à tous les besoins de la vie publique et privée.

Leur manque d'imagination dans les œuvres d'art les servait au lieu de leur nuire dans cette tâche ingrate qu'ils ont su rendre féconde. Raisonneurs froids et consciencieux, ils ne se laissaient pas emporter trop loin. Ne dénaturant pas, ne forçant pas leurs goûts et leur essence, ils ont su, jusqu'à présent, éviter les excès et les exagérations dans lesquels d'autres, les Anglais par exemple, sont tombés en suivant la même voie. La synagogue, les gares de marchandises du chemin de fer [1], le gymnase, la plupart des maisons du Hanovre sont là pour venir à l'appui de ce que nous avançons.

Quant à notre influence en ce pays, elle est latente mais incontestable, les faits le prouvent, bien que pas un Allemand n'ait la bonne foi de le reconnaître et de l'avouer; ils copient notre architecture et nos arts, font représenter nos œuvres littéraires et nos compositions musicales, lisent nos publications scientifiques et littéraires, connaissent presque tous notre langue et s'arrachent nos articles de Paris; leurs femmes singent les nôtres et croient leur ressembler; ils ont été les vainqueurs et cependant les vaincus leur inspirent une terreur, une envie, une basse jalousie qu'ils ne peuvent ni dominer ni dissimuler, et « vivre comme un Dieu en France » est un dicton que le peuple répète encore maintenant.

Si ces gens-là nous connaissent bien, en revanche nous les connaissons peu et mal; c'est ainsi qu'au retour d'un de nos voyages en Allemagne, un ami, architecte de mérite, nous disait un jour : « Qu'êtes-vous allé faire dans ce pays, il n'y a rien à y voir, pas un seul monument, à peine quelques stations de chemin de fer... » Nous

---

1. A deux reprises nous avons essayé de dessiner dans les gares de marchandises; mais à chaque fois nous avons été interrompu et expulsé d'une façon si... allemande que nous n'avons pas cru prudent d'essayer une nouvelle tentative.

lui avons alors montré quelques-uns de nos croquis ; il n'en pouvait revenir, s'exclamait de cent façons et, en vrai Français qu'il était, passant d'un excès à l'autre, déclara ces gens-là très-forts « plus forts que nous », — ce qui était une sottise égale à celle qui voudrait faire passer le reflet comme étant plus vif, plus lumineux que le rayon d'où il provient.

Notre esprit national cède avec une facilité regrettable à l'entraînement et à l'impression du moment. Depuis les désastres qui nous ont frappés, deux courants d'idées se sont manifestés parmi nous : les uns, frappés d'un fol orgueil, ne voulant reconnaître ni nos malheurs ni leur cause, se trouvaient plus grands après qu'avant ; les autres, au contraire, cédant à une humilité exagérée, s'abaissaient trop et voyaient des supérieurs en tous points dans nos adversaires ; ce sont deux excès dans lesquels il faut éviter de tomber. Sans entrer dans des considérations qui ne sont pas de notre ressort, reconnaissons que les efforts faits par les Allemands pour nous copier dans les questions artistiques prouvent que nous les avons devancés et qu'ils nous ont suivis. A nous d'agir de façon à conserver notre rang.

HAMBOURG

DE HAARBOURG A HAMBOURG. — L'ELBE. — HAMBOURG.
L'ALSTER. — LE JUNGFERNSTIEG. — LA VIEILLE VILLE.
L'INCENDIE DE 1842. — LA VILLE NEUVE. — LES MONUMENTS.
LES MAISONS ET LEURS HABITANTS.

De Hanovre à Hambourg, le pays est plat et peu attrayant. Au milieu d'une grande plaine de sable, on aperçoit Zela dont les habitants parlent, dit-on, l'allemand le plus pur, ce qui ne nous le fait pas, pour cela, paraître plus doux et plus mélodieux ; puis Lunebourg, avec ses maisons aux pignons aigus et son hôtel de ville plein de curiosités artistiques d'un mérite très-surfait. Heureusement la campagne est égayée par toutes les maisons de garde et les stations qui bordent la ligne du chemin de fer. Ces petites constructions sont, sauf quelques morceaux de pierre, entièrement en briques, avec des auvents, des abris en bois apparent; des plantes grimpantes s'attachent çà et là, montent jusqu'au toit, retombent en épais rideaux semés de fleurs éclatantes; une fontaine coule dans un coin, et, par les portes des salles ouvertes sur la voie, on aperçoit les grands poêles de faïence qui défendent du froid pendant les jours d'hiver, les buffets de la restauration couverts de provisions et de grandes chopes pleines de bière mousseuse. Ces buffets jouent un rôle important dans les gares des chemins allemands, toutes en sont pourvues; ils sont envahis au passage de chaque train et le formidable appétit des gens du pays est pour le voyageur étranger un continuel sujet d'étonnement.

Nous quittons le chemin de fer à Haarbourg, pour nous embarquer sur l'Elbe et le suivre jusqu'à Hambourg. Ce trajet est la partie la plus intéressante du voyage. Le bateau descend d'abord l'Elbe du Sud, puis, par un bras latéral, gagne l'Elbe du Nord; à partir de ce moment, commence à paraître Hambourg, ses clochers, ses maisons en amphithéâtre et le prodigieux mouvement de son port immense.

Voici d'abord Altona, autrefois la seconde ville du Danemark, maintenant absorbée par l'empire d'Allemagne; à droite, la grande île de Wilhelmbourg, que le maréchal Davoust avait, en 1813, fait traverser par une chaussée afin de relier Haarbourg et Hambourg au moyen de bacs et de ponts de bois [1]. Les bateaux se frayent difficilement un chemin au milieu de l'énorme quantité de navires dont le fleuve est sillonné, et parmi lesquels les grands bâtiments de la compagnie hambourgeoise, qui font escale au Havre en allant à New-York, occupent les places d'honneur. Notre pauvre petit steamer est obligé de stopper à chaque instant, de retourner en arrière, virant presque de bord pour dégager son avant trop engagé et se trouvant parfois fort empêché de pouvoir reprendre sa marche. Aucune rivière

---

[1]. Ces ouvrages sont aujourd'hui détruits; en attendant l'achèvement des ponts et du chemin de fer en cours d'exécution, on a installé des bacs à vapeur de dimensions suffisantes pour recevoir à la fois jusqu'à six voitures de toute grandeur.

d'Europe, servant de port à une grande ville, ne peut, sauf la Tamise à Londres et la Clyde à Glascow, donner, peut-être, idée de ce pêle-mêle, de ce mouvement incessant et toujours renouvelé. De grands bateaux chargés d'émigrants commencent leur longue route, escortés d'embarcations pleines d'amis et de parents dont les souhaits accompagnent ceux qui s'en vont; les hommes sont debout, appuyés sur les bastingages et saluent de la main, les femmes pleurent, élevant leurs enfants au-dessus de leur tête pour leur montrer une dernière fois la terre de la patrie que, pour la plupart, ils ne reverront peut-être jamais. Les officiers d'un bâtiment de guerre vont à terre portés dans un canot à six paires de rames ; il vole sur l'eau et coupe sans miséricorde toutes les embarcations qu'il rencontre. Nous passons bord à bord d'une magnifique frégate cuirassée : les matelots sont sur les vergues, faisant entendre un de ces vieux refrains dont la mélodie monotone est la même sur toutes les mers; des pêcheurs appareillent pour gagner le large, la saison s'avance et les fructueuses pêches du Nord vont bientôt commencer; de petits caboteurs chargés à couler bas remontent derrière un remorqueur et cherchent un point favorable à leur débarquement. Nous allons bien lentement, mais le spectacle qui se déroule à nos yeux est si varié, si pittoresque, si plein de vie et de couleur que nous ne songeons pas à nous plaindre; nous ne regardons plus autour de nous, mais en avant et essayons de deviner cette grande ville dont la masse se dessine sur l'azur du ciel. Au-dessus de nos têtes, une promenade tracée sur une colline : c'est la pointe extrême de l'enceinte formée par un long chapelet de canaux. La ville commence à se montrer : viennent d'abord les grands combles des monuments dont la saillie domine les maisons basses, étroites et malpropres qui bordent les quais ; à mesure que nous approchons, les détails apparaissent peu à peu ; les habitations élevées autour du port sont noires et sales ; la population de ces taudis leur ressemble ; l'aspect de Hambourg, vu de la rivière, n'a rien de séduisant, nous voudrions retourner en arrière, revoir les mouvements des vaisseaux, l'animation de leurs équipages et la silhouette de la cité se découpant à l'horizon ; mais nous sommes arrivés. Nous débarquons et un droskies nous emporte à travers un dédale de vilaines rues, de sales canaux, jusqu'aux magnifiques quais de l'Alster où, tout étonné, nous nous demandons si nous sommes bien dans la même ville que celle entrevue un moment auparavant.

La nuit est venue pendant que nous faisions le tour des quais du petit Alster, connus sous les doux noms de « Neue und alte Jungfernstieg ». Ces quais sont bordés de de hautes maisons (fig. 140) à cinq étages, presque toutes occupées par des hôtels ou de grands établissements. Les magasins sont à deux étages : les sous-sols, dans lesquels s'installent les restaurants, tavernes ou marchands de comestibles ; le rez-de-chaussée, très-élevé au-dessus du sol, et qui contient des dépôts de marchandises de toutes sortes, le tout brillamment éclairé. Une foule nombreuse va et vient, c'est l'aspect et le mouvement d'une grande ville. La foule s'amasse devant une affiche enluminée à la façon anglaise et qui représente deux personnages se battant en duel, puis, au-dessous, une femme vêtue d'un linceul et mise dans une bière ; nous suivons le courant et entrons, un moment après, dans la loge des Brother's Jenkins, « citoyens de la libre Amérique ». Au moment où nous prenons place, la scène est précisément occupée par les personnages que représentait l'affiche : ils sont vêtus d'un costume bizarre, l'un est habillé en Hongrois, l'autre a pour vêtement une sorte de pelisse de moujik; ils se battent au sabre avec des airs aussi terribles que les coups qu'ils se portent. Au bout de quelques instants et après plusieurs reprises, le Hongrois détache à son adversaire

Fig. 140.

un rude coup de manchette; la main du moujik, laissant échapper son arme, vient rouler au milieu de la scène devant les spectateurs ahuris; le sang coule du poignet de larges gouttes tachent le parquet, le blessé pâlit, tombe; on s'empresse, on l'emporte pendant que le Hongrois, ramassant la main de son adversaire, l'élève au-dessus de sa tête pour en faire remarquer les doigts crispés, les ongles violets et la plaie sanguinolente : c'est hideux. La scène reste vide pendant quelques instants, puis les deux antagonistes de tout à l'heure rentrent, exhibent leurs quatre mains intactes, saluent les spectateurs et le rideau tombe.

Le rideau se relève, la scène n'est occupée que par une boîte de forme oblongue, d'une destination lugubre et dont la vue, en un tel lieu, cause une pénible impression. Quand les spectateurs ont eu le temps de se repaître de ce spectacle et que leur émotion est suffisamment excitée, s'avance un monsieur en habit noir, en cravate blanche, armé d'un marteau et la main pleine de clous; il ouvre la caisse, qui n'est autre chose qu'un cercueil, la retourne en tous sens, la frappe sur toutes ses faces et invite les assistants à s'assurer de sa parfaite solidité. Pendant cette opération préliminaire, tout à coup surgit un nouveau personnage, c'est une femme, vêtue d'un suaire qui la couvre de la tête aux pieds et dessine audacieusement les contours et les saillies de ses formes; elle se place dans le cercueil et son compagnon en cloue consciencieusement le couvercle, puis il étend par-dessus un drap noir, semé de larmes blanches et se retire.

Nous regardions, très-étonnés, sans comprendre et sans deviner ce qui allait se passer; mais voilà que le drap mortuaire, que le cercueil, commencent à éprouver quelques tressaillements, la *morte vivante* s'agite et demande à sa manière à sortir de son tombeau. Ce sont d'abord quelques coups sourds, puis on entend les talons résonner contre les parois que frappe désespérément la tête, les doigts crispés eraillent la surface lisse du bois ; le plus effrayant silence règne dans la salle, on croit sentir le souffle haletant de celle qui se débat entre ces quatre planches, quelques cris d'effroi, étouffés par des chuts énergiques, se font entendre ; mais les mouvements du cercueil deviennent plus brusques, plus violents ; il roule sur lui-même, soulevé par cette créature qu'on se représente en proie à de mortelles convulsions, tordue par l'angoisse, dévorée par la terreur et l'effroi ; on la voit, les membres repliés, déchirés, heurtant sans mesure, sans repos, les murailles qui l'emprisonnent ; elle ne sait plus, elle ne voit plus, elle ne sent plus, l'air manque à ses poumons, ses forces s'épuisent, elle étouffe ; puis les mouvements sont plus lents, ils deviennent plus rares pour reprendre après avec plus d'énergie et de courage ; enfin tout se calme ; la lugubre boîte éprouve une dernière secousse, et... plus rien ! C'est fini, on rejette le drap sur la bière et on emporte le tout ; c'était temps. Quel cauchemar, bon Dieu ! mais il paraît que les mouvements imprimés à ce cercueil par un être enfermé entre quatre planches, sans espace pour se mouvoir et agiter ses membres, constituent un exercice gymnastique des plus difficiles.

Heureusement que, pour nous remettre le cœur, paraît une jeune fille adorablement jolie, mais tellement décolletée par en haut et par en bas qu'on ne sait vraiment si elle va s'habiller ou si elle vient de se déshabiller : elle est fort bien faite, du reste, et le montre avec candeur : elle s'avance timidement, le regard baissé, la voix émue ; ses beaux yeux n'osent regarder devant elle. Cette tenue offre avec sa toilette un amusant contraste, et, comme dans les scènes précédentes, nous nous demandons, sans pouvoir nous répondre, ce qui va se passer. L'héroïne traverse la scène et chante en français, dit-on, nous le voulons bien... un morceau de la *Belle Hélène*. Quand elle a fini, elle se retourne et se trouve en face d'un personnage vêtu d'un costume de bourreau de fantaisie mi-partie rouge, mi-partie noire, qui la saisit à la nuque; elle se renverse gracieusement en arrière et reçoit un grand coup de poignard entre les seins; la lame disparaît... le bourreau lui fait éprouver un léger mouvement de torsion et la retire; le sang coule, teignant en rouge la robe blanche de la victime qui tombe, les cheveux épars, les yeux fermés, la figure, les bras, la poitrine et les jambes livides et faisant valoir dans sa chute tous les avantages d'une plastique remarquable.

Ce truc est moins bien réussi que les autres; on voit un peu trop facilement que c'est en tordant son poignard dans la blessure que le bourreau colle sur le sein de sa victime la peinture adhérente destinée à faire illusion; mais comment peut-on obtenir en un instant des tons cadavériques aussi réussis?

Ces petites distractions nous avaient suffi, nous ne jugeâmes pas à propos d'attendre la fin du spectacle et reprîmes en hâte le chemin de notre gîte. Fatigué du voyage, ayant mangé à dîner un poulet à la gelée de groseilles, couchant sur un lit allemand et bercé par les souvenirs des scènes que nous venons de retracer, on juge quels cauchemars vinrent embellir nos rêves et combien de fois nous revint à l'esprit, pour le maudire, le sot dicton destiné à faire croire qu'une mauvaise nuit est bientôt passée; nous n'avions pas, du reste, attendu ce jour-là pour être convaincu du contraire, et trouver de courte durée non une mauvaise mais une bonne nuit.

Le lendemain, de bonne heure, nous commençons à parcourir le dédale de rues dont se compose la vieille ville. Les affreuses rues de Francfort, de Gênes, de

Naples et de Londres peuvent donner des idées de ce que sont les anciens quartiers de Hambourg et de l'aspect pittoresque coloré de toutes ces maisons en bois, aux

Fig. 141.

pignons branlants qui s'avancent en désordre les uns au-dessus des autres (fig. 141). Les charpentes se détachent en clair sur le fond brun des briques ou de la terre dont est formé le remplissage des murs; elles sont parfois soulignées d'un trait rouge dessinant à l'entour une sorte d'encadrement. Ces maisons sont hautes, car le terrain a toujours été cher dans les grandes villes, elles comptent souvent quatre et parfois cinq étages; la date de leur construction est excessivement variée, puis elles ont tant de fois été modifiées et restaurées qu'elles n'offrent plus guère maintenant d'autre intérêt que celui d'un objet de bric-à-brac dont le plus grand mérite est l'authentique ancienneté. Ces maisons se retrouvent partout, au bord des ruelles étroites et le long des canaux tortueux, toutes présentent des pignons percés à jour, des fenêtres étroites, des pans de bois menaçant ruine; pas une ne ressemble à sa voisine, elles ont chacune leurs physionomies particulières, leur caractère différent et on ne peut se lasser de les regarder. Ces quartiers sont souvent le théâtre de scènes pénibles, ne dénotant pas chez leurs acteurs un sens moral très-relevé ou des goûts bien raffinés : la brutalité, l'âpreté du gain, la grossièreté des allures en sont le caractère dominant.

La population maritime habite près du port ou des canaux. Un autre quartier contient presque exclusivement les demeures des Juifs, très-nombreux à Hambourg, où ils exercent avec profit les divers genres d'industrie en honneur chez les gens de leur race; mais, à tous les degrés de l'échelle, les types sont restés les mêmes, et, sur les seuils des portes ou à travers les vitres des fenêtres, se montrent de belles filles aux cheveux noirs, aux dents blanches, au nez busqué dont le profil rappelle ceux que la tradition attribue à Rachel ou à Sarah.

On comprend sans peine ce que doit être un incendie s'allumant dans ces masures en bois vermoulu, quels ravages peut faire le feu au milieu de tant d'éléments propres à l'aider dans son œuvre de destruction, et on se rend facilement compte de ce qu'a pu être le terrible incendie de 1842, « le grand feu », comme on dit encore à

Hambourg, où cet événement prend une place si importante qu'il divise l'histoire de la ville en deux phases, l'une antérieure, l'autre postérieure à ce désastre presque aussi effroyable que celui dont Londres fut victime en 1666.

C'était le jeudi 5 mai : le bruit se répandit que le feu venait d'éclater dans une fabrique de cigares de Deichs-Sttrasse. Le fléau prit bien vite de telles proportions que les moyens ordinaires furent insuffisants pour le combattre ; depuis un mois régnait une grande sécheresse, les canaux étaient à sec ; dans la première journée se consumaient vingt-deux maisons ; l'église Saint-Nicolas s'abîma dans les flammes avec un fracas épouvantable, et le lendemain le soleil se leva devant un océan de feu, projetant au loin une pluie de cendres et d'étincelles, et dont la violence s'accroissait de minute en minute. On commença à employer le canon pour *faire la part du feu ;* mais, par suite de la violence de l'incendie, le vent sautait de tous côtés, changeait de direction à tous moments, rendant ainsi excessivement difficile l'approche des lieux atteints. Les cris d'effroi de la foule, les scènes déchirantes qui se renouvelaient à chaque pas empêchaient les secours d'être dirigés avec l'action et l'autorité nécessaires pour les rendre efficaces. Le métal des toitures fondait, inondant les spectateurs d'une pluie brûlante, on avait jeté dans les canaux toutes les matières inflammables, ces matières avaient pris feu et, fleuve ardent, charriaient partout l'incendie et la mort. Dans toutes les rues, des voitures chargées de meubles et d'objets précieux, des mères emportant leurs enfants, des gens devenus fous se jetant la tête la première dans la fournaise ; puis, tout à coup, retentit une effroyable clameur : la tour de l'église Saint-Pierre venait de chanceler sur sa base, ses cloches, mises en mouvement par l'action du feu, avaient tinté pour la dernière fois et l'énorme masse s'engloutissait dans l'immense fournaise. Ce même jour disparaissaient aussi la Banque, l'ancienne Bourse et l'Hôtel de ville.

Des secours vinrent de tous côtés, Altona, Lubeck, Brême envoyèrent des vivres, des hommes, de la troupe. Le 7, tomba une pluie bienfaisante qui rendit le courage aux travailleurs; et, enfin, le dimanche 8, on put se dire maître du feu.

L'incendie avait duré trois jours et trois nuits, avait détruit soixante et une rues, deux mille maisons (le quart de la ville); cent personnes avaient péri, vingt mille étaient réduites à la misère et se trouvaient sans asile; la perte en argent fut évaluée à 100 millions de marcs banco (188 millions de francs environ). Des souscriptions s'ouvrirent immédiatement en Europe et en Amérique pour venir au secours des malheureux que cet événement laissait sans ressources ; elles s'élevèrent à plus de 10 millions, grâce auxquels les victimes de cet épouvantable désastre purent se procurer les choses indispensables. A Hambourg, les habitants s'engagèrent à consacrer une somme de 50 millions, souscrits entre eux, à la reconstruction de leur ville. Aujourd'hui, toute trace de désastre a disparu, les quartiers incendiés sont remplacés par des constructions nouvelles, bâties en pierres, élevées en bordure de voies larges, bien tracées, bien aérées; les canaux infects sont comblés et Hambourg prétend plus que jamais au titre de « la plus belle ville du nord de l'Europe ».

Quand la Bourse est fermée après avoir fait connaître sa cote au monde entier, la journée des affaires finit, celle des plaisirs commence et toute la population industrielle et commerçante de la ville se répand sur le Yungfernstieg, qui offre à ce moment un aspect dont l'Unter den Linden de Berlin et le Prater de Vienne peuvent, jusqu'à un certain point, donner idée; la foule est nombreuse et se presse sous les arbres qui bordent

Fig. 142.

l'Alster; les cafés établis dans de petits pavillons se remplissent rapidement, les garçons se multiplient apportant sur des plateaux d'étain les consommations contenues dans des vases qui ressemblent aux burettes de nos églises; les équipages circulent sur la chaussée, les promeneuses, parmi lesquelles se distingue l'élite du « demi-monde », étalent des toilettes tapageuses, aux couleurs extravagantes et heurtées; entre les roues des voitures et les groupes des passants circulent des bouquetières au costume singulier (fig. 142), jupon rouge très-court, bordé d'une large bande verte, laissant apercevoir beaucoup plus que la naissance de la jambe chaussée de bas rouges et terminée par des pieds que rapetissent des souliers aussi étroits que possible; le corsage et le tablier sont violets, les bras mi-nus; en hiver, de longs gants de peau blanche viennent jusqu'au coude retrouver les manches de la chemise; sur la tête un chapeau de paille, véritable souvenir de la coiffure des bourgeoises de la baie de Tourane. Ces jeunes filles, d'une vertu peu farouche, abordent sans façon le premier venu; par bonheur elles s'expriment en allemand. Quand elles voient que leur éloquence est inutile, elles vous plantent une rose à la boutonnière et réclament ensuite quelques groschens que leur importunité obtient bien vite.

Les désœuvrés, attablés sur la contre-allée, boivent et fument, risquant de loin en loin quelque grosse plaisanterie d'un goût qui n'est pas douteux sur une femme qui passe et qui leur répond de la même manière, sans trouble et sans hésitation; puis la soirée s'avance, l'heure du repas arrive; alors les restaurants s'emplissent, leurs étalages font assaut de recherche et de luxe; les comestibles de choix, les saumons de l'Elbe, les oies de Stettin, les pièces de gibier truffées de pruneaux, les rôtis de bœuf à la compote de poires, les jambons crus et les pâtés fumants s'étagent sur des buffets qu'on aperçoit du dehors; le consommateur peut juger des ressources de l'établissement avant d'y entrer, mais pas de cuisine recherchée, pas de ces sauces savantes, gloire des chefs français, la quantité et la solidité passent avant le fin et le délicat. Une fois installés, tous ces gens mangent gloutonnement, les coudes sur la table, sans se préoccuper des regards que leur jettent les étrangers, très-nombreux à Hambourg, et qui, assis à côté d'eux, s'étonnent de les voir satisfaire aussi franchement, aussi brutalement les besoins matériels. Ils choquent sans le vouloir, sans s'en douter, tous les instincts d'élégance et de délicatesse des races latines; ils sont lourds, épais, impolis ; leurs femmes ignorent les lois et les ressources de la toilette, elles ne savent ni faire un lit ni préparer un dîner et gâtent les meilleures choses en les assemblant contre toutes les règles du goût et de la raison ; la gêne leur est inconnue et va jusqu'à leur faire oublier le respect d'elles-mêmes. — C'est par naïveté et simplicité, nous a-t-on dit souvent. — Oh! la naïveté allemande, où la trouver, mon Dieu! mais ces gens-là sont roués comme des sacripants, nous les avons vus à l'œuvre, hélas! Simples en quoi et pourquoi ? est-ce parce qu'ils s'embrassent niaisement en public, donnent le jour plus qu'aucune nation de l'Europe à des enfants naturels, entassent leurs rares écus et ne cèdent jamais à un sentiment qui ne doit leur attirer avantage ou profit?

Aujourd'hui nous entrons dans une école : sur les murs des cartes géographiques, nous n'avons pas besoin de nous approcher pour reconnaître les pays qu'elles représentent : c'est la France avec ses fleuves, ses chemins de fer, ses montagnes. Des numéros renvoient à une légende sur laquelle sont mentionnés la nature des produits locaux, des indications sur le tracé des voies de communication, les obstacles qu'elles peuvent présenter. En face, une grande carte indique le périmètre de l'empire d'Allemagne avec les duchés, le Hanovre, et la Saxe avec l'Alsace et la Lorraine, avec la Bavière, Bade et le Wurtemberg, etc., etc. En considérant une semblable carte, on reconnaît à première vue combien il est vrai que l'Allemagne n'est pas une nation, mais l'agglomération de nationalités différentes par leur origine, leurs mœurs et leur religion ; le seul point commun est le langage, mais vienne un accident fortuit qui arrête un des rouages de cette immense machine et tout l'ensemble se disloquera, se séparera brutalement ; chaque pays se lèvera contre le maître qui l'a asservi, retrouvera son autonomie et reprendra la place d'où il a été arraché.

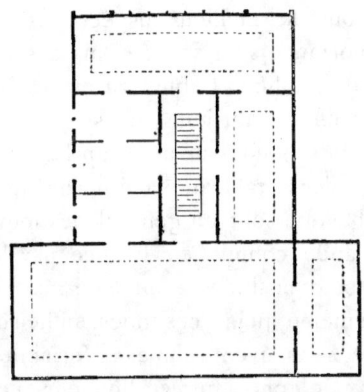

Fig. 143.
(Échelle de 0^m,001 pour mètre.)

En continuant de suivre le quai de l'Alster, nous avons trouvé à notre droite le nouveau Musée, construction entièrement en briques et qui, pour ce motif plus que par sa forme, mérite d'appeler l'attention.

Le plan (fig. 143) se compose d'un corps de bâtiment principal flanqué de deux ailes : un très-bel escalier occupe le centre, il est d'une seule volée avec un large palier de repos à mi-étage, et semble un diminutif de celui de la salle du sénat du Luxembourg. Au rez-de-chaussée, les sculptures et les logements du gardien ; au premier étage, une grande et belle salle en tête de l'escalier, puis une autre, plus petite, et une longue galerie latérale. Ces trois salles sont éclairées par en haut; une quatrième divisée en trois compartiments contient les dessins et gravures; le jour vient de côté. Toutes ces salles ne sont pas encore remplies : les œuvres d'art qu'elles contiennent offrent un intérêt secondaire, mais elles sont parfaitement placées et disposées de façon à être vues sous le meilleur aspect possible; celles de quelque importance sont scellées sur des charnières qui permettent de modifier la lumière et de changer l'éclairage suivant l'heure du jour; les siéges sont nombreux, le visiteur peut s'asseoir sur un divan bas et large et, sans fatigue, regarder le tableau placé devant lui.

Ces tableaux sont en général des œuvres de cette école allemande connue en France par les spécimens envoyés à nos expositions annuelles; mais l'effet produit n'est plus le même quand ces toiles, au lieu d'être perdues dans la foule, se trouvent réunies et forment un ensemble. Les tableaux de genre, fort en honneur chez nos voisins, choquent nos idées à cause du choix des sujets, certains détails sont trop crus, trop réels pour notre goût raffiné. Un motif d'étonnement pour nous sera toujours, du reste, la façon dont l'Allemand manifeste tout haut ses préférences; le bon goût lui est aussi inconnu que la retenue et le savoir-vivre; ainsi, un groupe composé du mari, de la femme et des enfants, dont l'apparence extérieure était celle de gens devant être bien élevés, se tordait de rire à côté de nous et s'exclamait bruyamment devant un tableau représentant un soldat trop familier avec une servante...

Les sujets les plus en faveur chez les peintres allemands sont, avons-nous dit, des scènes d'intérieur, la représentation de détails intimes empruntés à la vie bourgeoise, aux mœurs simples et souvent triviales de la famille. Ces sujets se prêtent peu à être reproduits par la statuaire, aussi les œuvres des sculpteurs nationaux

Fig. 144.

sont-elles rares; cet art se concilie mal avec les tendances du génie allemand, qui ne quitte le terre à terre que pour se perdre dans les données d'un idéalisme vague, souvent difficile à comprendre et que la sculpture, avec sa précision géométrique et rigoureuse, est impuissante à rendre.

Nous avons déjà dit que la façade du Musée (fig. 144)

était entièrement en briques. Ces briques varient de formes suivant l'emplacement qu'elles doivent occuper : ainsi, les fûts des colonnes sont formés de quatre briques triangulaires réunies au centre sur un noyau rempli de mortier, c'est exactement la disposition des colonnes du Forum de Pompéi et de bien d'autres monuments antiques ; les briques des voussoirs épousent la forme de l'arc, c'est-à-dire que leur sommet est plus large que leur partie inférieure, pour permettre aux joints d'avoir toujours la même épaisseur ; les moulures sont formées de briques de forme spéciale, dont le tort est peut-être d'offrir les mêmes profils que la pierre de taille, sans pouvoir présenter des arêtes aussi nettes et aussi fines ; dans l'attique de couronnement se trouvent des panneaux émaillés en terre cuite, décorés de dessins à couleurs vives ; des compartiments formés de briques, dont les tons varient, remplissent les parties pleines de la construction, et contribuent à faire paraître l'ensemble lourd. On sent un travail pénible dans la conception : ces niches peuplées de statues que rien ne justifie, ces combinaisons de balustrades, d'attiques destinées à masquer les combles, indiquent une recherche afin de produire de l'effet, un embarras et des efforts pour réussir avec grand fracas, tandis qu'il eût été plus facile d'obtenir un meilleur résultat par l'emploi de moyens plus simples et l'étude de proportions plus heureuses.

La Gross Alster est séparée de la Binnen Alster par une étroite langue de terre sur laquelle on a cependant pu faire passer une route et un chemin de fer. Ce chemin de fer relie la ligne de Berlin à celle du Sleswig et sert de ligne de ceinture à Hambourg ; il traverse, à niveau, une des voies fréquentées de la ville et, cependant, aucun garde, aucune barrière n'en défend l'accès.

Quand un passant survient, il regarde si la voie est libre, lève une chaîne, la remet en place et continue son chemin; une horloge placée à côté d'une enseigne collée sur un poteau indique, à titre de renseignement, les heures précises de l'arrivée des trains, afin que les lourds véhicules pesamment chargés et lents à se mouvoir ne s'engagent pas sur la voie sans s'être assurés qu'ils ont le temps nécessaire. Chaque individu veille ainsi à sa sécurité personnelle; nous ne faisons pas les choses si simplement chez nous.

Après avoir sans encombre traversé le passage à niveau qui était devant nous et longé la levée qui borde la Gross Alster, nous nous sommes trouvé devant l'hôpital général, dans lequel il faut nous arrêter quelque temps. La question relative à la construction et à l'installation des hôpitaux est trop à l'ordre du jour pour qu'il ne soit pas utile d'entrer, à propos de celui de Hambourg, un des plus grands établissements hospitaliers d'Allemagne, dans quelques développements et quelques explications.

Il ne s'agit pas ici[1] en effet d'un petit hôpital, limité dans ses développements ou dans ses moyens d'action, et réduit à quelques centaines de lits, mais d'un établissement de premier ordre, organisé pour la distribution la plus large et la plus complète des secours publics, et susceptible de recevoir au besoin jusqu'à dix-huit cents malades.

Parmi les hôpitaux de construction moderne, l'hôpital général de Hambourg nous offre, dans la configuration de ses bâtiments, une des formes les plus généra-

---

[1]. Extrait d'une notice publiée par les administrateurs de l'hôpital.

lement reproduites en Allemagne, le quadrilatère ouvert d'un côté. Tel est, du moins, le caractère des constructions principales; car, depuis l'incendie de 1842, qui amena à l'hôpital une affluence considérable de victimes, on songea à l'agrandir, et, en 1848, on ajouta à l'édifice primitif, en prolongement de la façade, deux annexes qui modifient d'une manière sensible l'aspect général de l'établissement.

L'emplacement occupé par l'hôpital général de Hambourg est sur le bord du bassin de l'Alster extérieur; il couvre une surface de 54,000 mètres environ; sa construction, commencée vers la fin de 1820, a été achevée trois ans plus tard; les travaux ont occasionné une dépense de 1,282,000 marks courant, environ 1,900,000 francs.

Il se compose (fig. 145) d'un bâtiment central et de quatre ailes en arrière-corps, le pavillon du centre est élevé de deux étages sur rez-de-chaussée, les bâtiments des ailes n'en ont que deux avec des greniers au-dessus; sous toutes les constructions se trouvent des sous-sols voûtés.

De chaque côté du bâtiment central sont ménagés des passages de portes cochères, sur lesquels donnent les escaliers conduisant aux différentes parties de l'édifice. Les ailes se divisent en deux parties : la première s'étend en façade, la seconde est placée en retour; chaque extrémité est terminée par un pavillon. La cour centrale se divise en deux parties destinées aux malades de chaque sexe : une large chaussée la traverse, partant de la porte principale du bâtiment d'administration et aboutissant au fossé du rempart.

Derrière le bâtiment principal sont situées, d'un côté, la salle d'anatomie et, de l'autre, une remise pour les

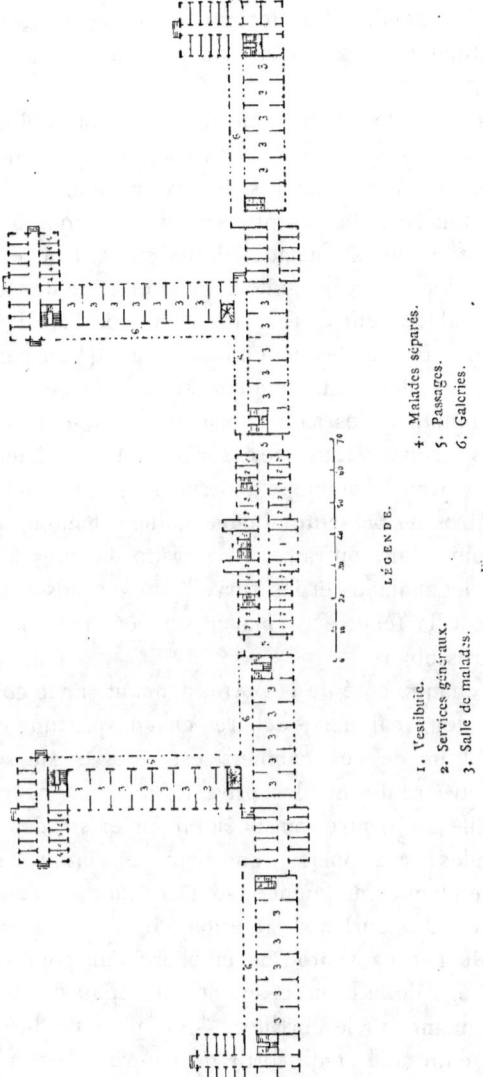

LÉGENDE.

1. Vestibule.
2. Services généraux.
3. Salle de malades.
4. Malades séparés.
5. Passages.
6. Galeries.

Fig. 145.

pompes à incendie. Sur le bord du fossé se trouve un petit bâtiment servant à la blanchisserie des vêtements de laine.

Les salles de malades ont des dimensions différentes, les plus petites se trouvent dans les pavillons ; elles sont affectées aux pensionnaires et aux malades isolés. Les salles ordinaires, placées au premier étage, sont disposées pour recevoir douze malades et un surveillant, elles ont $11^m,60$ de longueur, $6^m,90$ de largeur et $3^m,72$ de hauteur ; chaque malade peut donc respirer un cube d'air d'environ 24 mètres cubes (de beaucoup insuffisant). (Voir page 18.) Toutes ces salles communiquent entre elles, avec le corridor commun et les salles voisines ; elles sont éclairées par trois croisées ouvertes sur la face extérieure de l'édifice, ayant chacune $2^m,30$ sur $1^m,30$; le tableau de ces fenêtres ne présente aucune saillie à hauteur d'appui et se trouve, au contraire, en retraite du mur de face, afin que les malades et les surveillants ne puissent ni regarder par la fenêtre ni placer sur cet appui des vases ou d'autres objets.

De chaque côté de la porte, donnant sur le corridor, existent deux cabinets, éclairés chacun par une croisée cintrée. L'un de ces cabinets est réservé au surveillant, l'autre renferme des privés. Au milieu de chaque petite salle se trouve un poêle, il en existe deux dans les grandes ; ces poêles, construits en briques recouvertes de plaques de faïence, sont chauffés au charbon de terre ou à la tourbe. L'aération des salles a lieu au moyen de petites ventouses établies, d'un côté, dans le mur d'allége de la croisée, et, de l'autre, au-dessus de la porte donnant sur le corridor. — On n'a qu'à dire à l'air d'entrer d'un côté et de sortir de l'autre, c'est très-primitif et parfaitement insuffisant, car l'air exécute souvent un mouvement inverse de celui qu'on attendait de sa bonne volonté et occasionne ainsi de graves inconvénients. — Les plafonds sont en plâtre, les murs badigeonnés à la chaux et les parquets frottés.

Dans les nouvelles salles est pratiqué un système de ventilation moins naïf que celui en usage dans les anciennes : un conduit d'air entoure le tuyau de cheminée du poêle et expulse l'air vicié appelé par le tirage, tandis que l'air frais arrive, dans les parties inférieures de la pièce, au moyen d'orifices ménagés au niveau du parquet.

Les fosses ne sont pas vidangées et s'écoulent directement dans l'Elbe. L'aqueduc général de la ville fournit l'eau purifiée nécessaire. Un collecteur réunit tous les égouts secondaires et se déverse dans l'Elbe. L'établissement est entièrement éclairé au gaz.

Les médecins en chef et adjoints sont logés à l'hôpital. Il existe au centre de la ville un bureau succursal pour l'examen et la réception des malades. Les matelots étrangers sont admis d'urgence sans examen.

Le portier de notre hôtel, qui est catholique, a été chargé de recueillir parmi ces coreligionnaires étrangers des souscriptions destinées à aider à la construction d'une église dont il nous montre les dessins. Nous donnons notre offrande à cet homme utile et lui empruntons ses dessins que le lecteur nous saura certainement gré de mettre sous ses yeux.

Le plan (fig. 146) se compose d'un porche donnant accès dans la nef, entourée d'un bas côté et terminée par une abside carrée, les travées de la nef occupent la longueur de deux travées des bas côtés. Toutes les voûtes hautes et basses se trouvent ainsi bandées sur plan carré, elles sont à arêtes mais sans nervures (fig. 147), et doivent plus tard être recouvertes de peintures ; les piles sont carrées, un chanfrein abat l'angle et s'arrête en haut

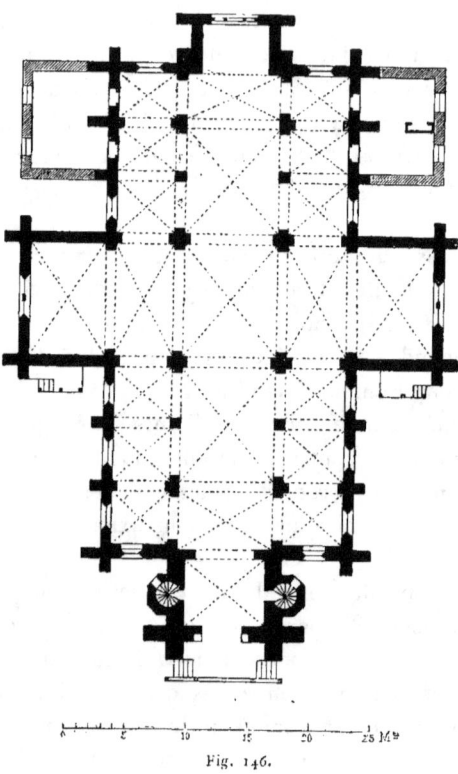

Fig. 146.

sur une console placée en encorbellement pour recevoir la retombée de l'arc. Une colonnette, renforçant les piles du transsept et placée sur chaque face, supporte les arcs dosserets. De grandes fenêtres isolées éclairent les travées étroites ; dans les travées larges, au lieu d'une fenêtre simple, c'est une fenêtre triple qui a été percée. Ces fenêtres descendent jusque sur le bandeau de couron-

Fig. 147.

nement des arcs des bas côtés, mais leur partie supérieure seule s'ouvre sur le dehors, la partie inférieure éclaire une galerie, sorte de triforium pris dans la hauteur du comble des bas côtés; des arcs logés sous les bas combles, dont ils supportent la charpente, contre-buttent la poussée des voûtes de la nef.

Le clocher surmonte l'entrée, il forme le grand

motif de la façade principale (fig. 148) et se divise en trois

Fig. 148.

étages, traités différemment suivant la destination qui

leur est assignée : d'abord le porche, puis le fenestrage de la tribune des orgues, et enfin les hautes fenêtres du beffroi, au-dessus desquelles prend naissance la flèche en charpente; des fenêtres triples, rappelant celles de la nef, éclairent le transsept, et une rosace percée dans le mur de l'abside carrée termine l'édifice.

Les matériaux à employer sont la brique et la pierre blanche pour la maçonnerie, la tuile pour la couverture et le bois pour la charpente ; le fer n'est pas encore en Allemagne d'un emploi aussi fréquent que chez nous, et ses applications sont assez rares.

Maintenant que nous avons décrit l'ensemble général de cette église, monument important dans une ville qui compte peu d'édifices, nous allons en quelques mots analyser sa forme et l'esprit de sa construction.

L'auteur du projet de l'église catholique de Hambourg, ayant à couvrir un vaste espace, a pris le parti de le voûter ; il était en effet peu pratique de couvrir une grande surface par un plafond, le métal lui-même se prête peu à la décoration en pareil cas, à moins de le dissimuler sous un enduit en plâtre, combinaison fâcheuse à tous les points de vue. Les voûtes une fois admises, l'architecte en a déduit les dispositions d'ensemble et de détails de son édifice. Ces voûtes, nous l'avons dit, sont bandées sur plan carré et appareillées en briques sans nervures apparentes; en renforçant les arêtiers par une double brique, on pourra ne donner aux grands triangles que $0^m,11$ d'épaisseur. La naissance des voûtes de la nef est descendue assez bas et celle des bas côtés élevée au contraire assez haut, ce qui permet de loger dans les combles des bas côtés des arcs-boutants prenant naissance sur les contre-forts extérieurs et destinés à contre-butter les voûtes de la nef. Cette disposition impose aux travées une proportion un peu lourde et un peu trapue, mais offre l'avantage de laisser réaliser une véritable économie, en permettant de diminuer la hauteur de la nef sans pour cela la rendre obscure, puisqu'elle peut être éclairée par des jours ouverts directement au-dessus des combles des bas côtés. Un inconvénient à redouter en pareil cas est de voir la poussée d'un des petits arcs, divisant les travées des bas côtés, venir renverser la pile isolée placée dans l'axe des grandes travées; mais, pour remédier à cette difficulté, il est facile de donner au sommier de cet arc un appareil reportant la poussée non plus dans le corps de la pile, mais dans la masse du triangle formé par la rencontre de deux arcs, masse qui charge la partie pleine, réservée au-dessus de la rencontre de l'appui de la fenêtre, et lui donne la force de résistance nécessaire.

Ce système de voûtes paraît donc très-franc et très-raisonné, quant aux points d'appui qui les supportent; leurs formes ne sont pas non plus le résultat du caprice, mais sont imposées par le rôle qu'ils doivent remplir; l'examen du plan montre que leurs dimensions sont bien calculées pour supporter la charge qui s'élève au-dessus, et ces dimensions s'augmentent au sommet des piles, par le moyen d'encorbellements destinés à donner plus d'assiette à la surface des sommiers sur lesquels prennent naissance les arcs dosserets.

Bien d'autres dispositions de cet édifice mériteraient l'examen, mais il faudrait, pour les faire ressortir, entrer dans des détails exigeant un grand nombre de croquis et de dessins; or nous ne voulons ni ne pouvons faire les monographies des monuments dont nous parlons; notre rôle plus modeste doit se borner à les indiquer et à les signaler.

Ajoutons qu'il est impossible de ne pas reconnaître entre l'église de Hambourg et certaines églises françaises modernes un rapport de famille, un lien de parenté qui s'accuse en plusieurs points, et, cependant, cet édifice n'est pas une copie; il reproduit des souvenirs, des réminiscences; c'est une adaptation si l'on veut, mais ce n'est pas une servile reproduction; et, si l'étude des dispositions de ce monument montre les traces incontestables de l'influence d'une autre époque ou d'un autre pays, c'est dans le principe dont il est inspiré, c'est dans l'application rigoureuse d'une idée suivie et raisonnée qu'on les trouve, mais non pas dans la stérile reproduction de profils ou de détails dont l'exécution seule, du reste, permettrait d'apprécier l'importance et la véritable valeur.

Depuis que Hambourg a commencé à se relever de ses ruines, elle a remplacé l'une après l'autre les églises détruites en 1842; l'une d'elles, la plus importante, est l'église Saint-Nicolas construite, disent les guides, dans *le plus pur style gothique,* par M. William Scott, architecte anglais, dont le nom jouit d'une juste célébrité dans le Royaume-Uni.

M. Scott est l'architecte de l'Albert Memorial de Hyde-Park : c'est lui qui eut cette idée au moins bizarre d'élever un monument gothique à la mémoire d'un prince son contemporain. Ce monument est, de plus, tellement surchargé de détails, tellement couvert d'ornements de toutes sortes, de sculptures refouillées, incrustées, peintes ou dorées, qu'il ressemble à une châsse bonne à mettre sous verre et pas du tout à une construction devant, pour perpétuer la mémoire de celui qu'elle rappelle, braver les siècles et l'intempérie des saisons. Cette remarque sur une autre conception de M. Scott nous est venue à l'esprit en voyant son église Saint-Nicolas. C'est une œuvre d'archéologue consciencieusement élaborée, laborieusement produite; rien ne choque, il est vrai, mais on y cherche en vain une idée créatrice, un produit de l'imagination ; c'est l'exacte copie d'une de ces églises saxonnes du xiv⁰ siècle dont les types se rencontrent si fréquemment en Angleterre. L'appareil ne se fait sentir que dans les lignes verticales, les meneaux et les colonnettes sont des fuseaux, les pignons sont suraigus et décorés d'entrelacs grêles et évidés, les têtes des contre-forts s'accusent par des pinacles pointus, les arcatures sont sans saillie et la sculpture sans relief, enfin des arcs-boutants déplorablement maigres escaladent les combles des bas côtés pour contre-butter les voûtes de la nef. Tout cela est bien construit, bien combiné ; mais, comme il arrive presque toujours en pareil cas, ce monument est la charge plutôt que la copie de celui qui a été pris pour modèle. Puis, quand on copie, le moins qu'on doive faire est au moins de bien choisir son modèle : c'est ainsi que bien des gens croient faire du *gothique,* parce que, impuissants à créer et à concevoir, ils reproduisent des formes et des profils sans comprendre qu'ils laissent de côté l'esprit et les principes appliqués par les puissants constructeurs du moyen âge.

L'école gothique anglaise ne suit pas toujours la voie la plus simple. Nous aurons peut-être un jour l'occasion d'étudier les productions gothiques de l'Angleterre, et nous verrons alors que, — si elles ont une grande valeur et prouvent de la part de leurs auteurs un savoir incontestable, joint à une grande habileté développée par l'expérience et la pratique pour arriver à la complète satisfaction du programme imposé, — elles laissent souvent un peu trop de côté les règles de la logique et du raisonnement et s'attachent à la vaine recherche de formes exagérées et de silhouettes pittoresques.

Les autres monuments de Hambourg méritent peu d'attirer l'attention d'un architecte. La Bourse, par exemple, fait grand bruit dans le monde, mais ce n'est pas son mérite architectural qui lui vaut cette notoriété et qui l'en rend digne. En face, est l'hôtel de la Banque, élevé à la place de l'ancien hôtel de ville — dont nous ne tenons à parler que pour rappeler qu'il servit, en 1810, de préfecture au département des Bouches-de-l'Elbe, qui avait alors Hambourg pour chef-lieu; c'est là aussi que résida le maréchal Davoust pendant le mémorable siége de 1814. La synagogue, édifice moresque, est regardée comme une des plus vastes de l'Europe. Dans la *Schulgebaude,* sorte d'école professionnelle, se trouvent réunis une bibliothèque contenant 25,000 volumes, un musée d'histoire naturelle et d'antiquités locales. Les bâtiments dans lesquels se trouvent ces divers services sont séparés les uns des autres par des cours entourées de portiques, sortes de cloîtres, établissant des communications faciles et servant d'abri aux jeux des élèves. Malheureusement les dispositions intérieures des salles ne répondent pas à la bonne impression que font concevoir les façades extérieures.

La construction des maisons d'habitation, on le comprend sans peine, s'est singulièrement développée dans une ville qu'il a fallu reconstruire en partie et dont la prospérité croissante augmente chaque jour.

Les maisons des quartiers du centre, là où le terrain est le plus cher, où l'espace manque, sont des maisons à loyer, élevées de plusieurs étages. Celles de ces maisons construites aussitôt après l'incendie de 1842 n'ont pas de caractère tranché, elles se rapprochent, sauf quelques détails, de tout ce qui se voit en général en pareil cas dans les grandes villes, à Londres, Paris, Vienne. Le croquis que nous avons donné de l'ensemble d'un des quais de l'Alster (fig. 104) peut donner une idée du parti le plus généralement adopté, mais celles de ces maisons au contraire qui ont été élevées plus récemment, et surtout celles qui se construisent en ce moment, ont subi d'une part l'influence de l'école gothique allemande, de l'autre celle du voisinage de l'Angleterre, avec laquelle Hambourg entretient des relations commerciales très-importantes pour les deux pays [1].

Les briques forment l'élément constitutif de ces constructions : elles sont employées avec recherche et suivant toutes les combinaisons auxquelles elles peuvent se prêter, elles sont de tons différents, offrent en certains cas des moulures et des profils spéciaux, reçoivent la forme particulière nécessaire à l'emplacement auxquelles elles sont destinées, puis des plaques émaillées détruisent par endroits la monotonie pouvant résulter de l'appareil uniforme de tous ces petits cubes et accusent certaines parties de l'édifice, comme le dessous des bandeaux qu'elles soulignent, l'appui des fenêtres qu'elles accusent, ou le sommet des pignons qu'elles décorent.

Les figures 149 et 150 représentent les plans et la figure 151 donne l'élévation d'une de ces maisons à loyer

---

1. Hambourg est le principal port du nord de l'Europe où viennent aboutir, au départ ou à l'arrivée, toutes les marchandises qui, d'Angleterre et d'Amérique, sont expédiées en Allemagne, en Russie, etc.

destinées au commerce et à l'industrie. Le sous-sol se compose de salles voûtées, occupées par des tavernes et des

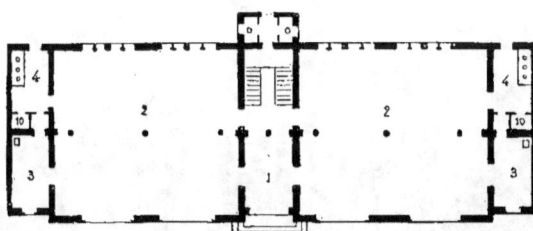

Fig. 149. — Plan du rez-de-chaussée.

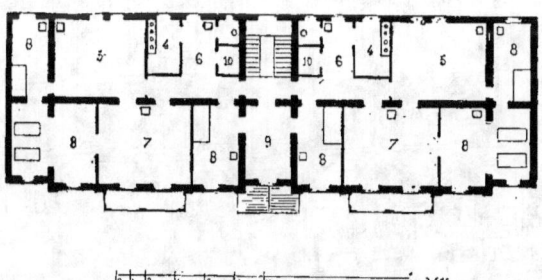

Fig. 150. — Plan du premier étage.

1. Vestibule.
2. Magasins.
3. Salles.
4. Cuisines du rez-de-chaussée.
5. Salles à manger.
6. Cuisines des appartements.
7. Salons.
8. Chambres à coucher.
9. Cabinets.
10. Privés.

restaurants, très-chaudes en hiver, et fréquentées surtout le soir, ce qui diminue l'inconvénient qu'elles offrent d'être un peu sombres. Le rez-de-chaussée, divisé dans le sens de la largeur par une série d'arcs montant de fond, contient les magasins de vente; ces magasins ne peuvent dresser les riches étalages auxquels nous accordons chez nous tant d'importance, car l'appui de leurs fenêtres arrive au-dessus de la tête du passant; leur entrée n'a pas lieu directement sur la voie publique, le climat trop

Fig. 151.

rude du Nord s'oppose à cette disposition qui, à chaque allée et venue d'un client, laisserait une énorme masse d'air froid pénétrer à l'intérieur; il faut préalablement monter un perron, abrité sous un auvent, et traverser un vestibule sur lequel donnent à droite et à gauche les portes d'accès, en face se trouve l'escalier qui conduit aux étages. L'entre-sol répète en général la distribution du rez-de-chaussée, et, aux autres étages, se trouvent les logements, dans lesquels il faut signaler l'importance donnée à la salle à manger aux dépens du salon, et la disposition de la chambre à coucher à deux lits logés dans une alcôve, formant ainsi en réalité une seconde pièce éclairée par une fenêtre et pouvant être séparée par une tenture de la chambre proprement dite, devenue alors la salle des réunions de la famille [1].

Devant les fenêtres du salon s'ouvre un balcon couvert, que nous aurions voulu voir fermé, car il semble que, si la toiture préserve les personnes placées sur un balcon des atteintes de la pluie, elle ne les protége pas efficacement contre le vent et le froid. Pas une pièce n'est pourvue de cheminée, toutes sont chauffées par ces hauts poêles en faïence dont nous avons déjà parlé et qui donnent une chaleur égale, douce et économique, à laquelle cependant nous préférerons toujours l'aspect d'un beau feu pétillant dans l'âtre. Ces intérieurs sont confortables et se rapprochent des nôtres avec cette différence, cependant, que les pièces importantes, comme dimensions, sont consacrées à la vie intime et quotidienne, tandis que les pièces officielles, pour ainsi dire, sont au contraire traitées d'une façon plus modeste : c'est le contraire de ce qui se produit chez nous.

Le propriétaire de la maison que nous venons de visiter est un marchand de porcelaines artistiques; il nous fait passer en revue les remarquables spécimens qu'il possède et nous donne d'intéressants détails sur l'art céramique, depuis longtemps une des branches les plus importantes de l'industrie allemande.

---

[1]. Voir, pour plus de détails, *Habitations modernes en Europe*, par MM. Viollet-le-Duc et Félix Narjoux, archit. — Paris, Vᵛᵉ A. Morel et Cⁱᵉ, édit.

Les produits qui nous ont le plus frappés sont ceux de la manufacture de Meisen (Saxe), fondée en 1710, cinquante ans avant notre manufacture de Sèvres. Meisen fabrique surtout ces objets d'étagères, genre rococo, que tout le monde connaît ; les modèles nouveaux sont lourds et surtout prétentieux, mais les reproductions en biscuit et en pâte émaillée des anciens modèles offrent un véritable intérêt. Les sujets les plus en faveur sont, bien entendu, les bergers et les bergères, les allégories et les personnages fantastiques que créa, vers 1731, le sculpteur Kandler ; viennent ensuite des copies très-réussies des anciens services, des candélabres et cadres de glace en feuillages refouillés, saillants, déchiquetés de cent façons. Il faut, dans ces objets, voir plutôt des curiosités artistiques que des œuvres d'art proprement dites, car le retrait de la cuisson modifie trop sensiblement les contours primitifs pour ne pas dénaturer la forme donnée par l'artiste à son modèle, mais leur collection n'en forme pas moins un ensemble fort curieux à examiner et assez rare à rencontrer.

La manufacture royale de Berlin, fondée en 1760 [1], fabrique des articles d'un emploi plus général et qui se distinguent par les dorures au grand feu, la vivacité et l'égalité des tons unis. Les pièces sont plus lourdes, les formes sont moins élégantes, moins gracieuses que celles du même genre fabriquées à Limoges, auxquelles elles sont en outre inférieures comme pâte et comme perfection de travail.

---

1. Afin d'assurer la prospérité de sa manufacture, le grand Frédéric eut recours à un véritable expédient allemand. Les Juifs ne pouvaient alors se marier sans son autorisation ; il ne la leur accordait qu'en leur imposant l'obligation d'acheter à sa manufacture la porcelaine nécessaire au nouveau ménage.

Les Allemands n'ont pas le même engouement que nous pour les faïences anciennes et nouvelles ; cependant ils copient nos productions modernes, mais leur succès en ce genre est médiocre. Leurs œuvres les plus remarquables sont inspirées par leurs anciens modèles de poêles, vases, pots à anses [1], retrouvés dans les vieux châteaux de la Bohême et du Rhin, types bizarres souvent pleins de détails exagérés, défauts que rachètent heureusement la forme générale et surtout la puissance de coloration.

Quand on s'éloigne du centre de la ville on trouve, dans les quartiers les plus calmes et les plus retirés, les maisons privées et les hôtels de la riche bourgeoisie ; ces constructions ne sont pas toutes irréprochables, tant s'en faut. Les façades sont ou banales ou surchargées d'ornements qui viennent sans raison s'accrocher les uns aux autres ; mais il y a des exceptions : c'est ainsi que parfois se rencontrent des maisons semblables à celles que représentent nos croquis (fig. 152 et 153) et devant lesquelles on s'arrête avec plaisir. Le mur de face est, comme dans les maisons hollandaises, séparé de la voie publique par un fossé, sur ce fossé s'ouvrent les fenêtres du sous-sol occupé par la cuisine et les pièces de service ; au rez-de-chaussée, surélevé de plusieurs marches, sont placés, à droite, la salle à manger et le salon ; à gauche, une salle d'attente et un cabinet de consultations, — car cette demeure est celle d'un médecin, — en arrière, un petit jardin d'hiver ; la salle à manger et le salon ne sont séparés que par une cloison mobile permettant de réunir les deux pièces en une seule les jours de fête, les jours d'audition de quelques motifs de musique de chambre, le

---

1. Voir, au Louvre, le vase dit de Nuremberg qui porte la date de 1578.

290 ALLEMAGNE.

grand plaisir de la bourgeoisie allemande. Au premier étage, les chambres à coucher : la principale, précédée d'une loge en fer et vitres, est complétement fermée; les habitants peuvent, de l'intérieur, jouir de la vue du dehors, sans avoir à redouter le vent et la pluie; dans les combles les pièces secondaires et les chambres de domestiques.

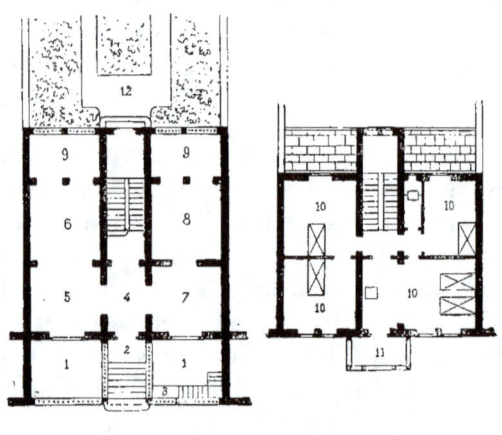

Fig. 152.   Fig. 153.

1. Fossé d'isolement.
2. Entrée principale.
3. Entrée de service.
4. Antichambre.
5. Salle à manger.
6. Salon.
7. Salon d'attente.
8. Cabinet de travail.
9. Jardin d'hiver.
10. Chambres à coucher.

Les façades (fig. 154) sont en brique, les pieds-droits des fenêtres du rez-de-chaussée seuls sont construits en pierre; quelques ornements en terre cuite décorent les linteaux des ouvertures du premier étage; sous la corniche du couronnement, un rang de plaques de faïence émaillée se continue sur la face et dans le fronton de la loge. A l'intérieur, les traces évidentes du confort et des habitudes britanniques, une installation qui rappelle celle des maisons du West-End ou des villes de certains comtés de l'Angleterre.

Fig. 154.

Le long des quais du Gross-Alster, en dehors de l'enceinte de la ville, se trouve un grand nombre de riches habitations qu'on ne peut ranger ni parmi les hôtels, ni parmi les maisons de campagne, et qui participent à la fois du caractère de ces deux genres d'habitations: ce sont les villas des riches négociants de Hambourg qui, pendant la belle saison, viennent là se reposer le soir des fatigues de leur journée de travail. Nous sommes entré déjà dans trop de détails sur toutes ces demeures pour qu'il soit utile d'y revenir encore une fois. La villa moderne, il ne faut pas l'oublier, ne rappelle en rien celle des Romains; elle est de création récente, elle offre un type nouveau qui doit son développement à l'engouement dont nous nous sommes épris pour les eaux, les bains de mer, et qu'a développé la facilité des communications grâce auxquelles nous pouvons, en quelques heures, nous transporter du lieu de notre résidence au bord d'un lac, au milieu des montagnes ou sous un climat privilégié.

ALTONA

UN ENTERREMENT. — LES KINDER-GARTEN.
ALTONA. — BLANKENESSE.

Un matin, pendant que nous attendions le départ de l'omnibus d'Altona, retentit tout à coup, dans une rue latérale, un grand bruit de cris, de pleurs et de lamentations ; puis, au même moment, nous voyons arriver sur nous un étrange cortége que nous aurions infailliblement pris pour une mascarade de carnaval, si, au-dessus de la foule, ne se fût élevé un cercueil couvert d'un long drap mortuaire dont les plis cachaient les porteurs et balayaient le sol. C'était un enterrement, mais l'enterrement le plus bizarre qui se puisse imaginer. Au lieu de parents et d'amis en pleurs, l'assistance se composait d'individus affublés de pourpoints et de hauts-de-chausses, l'épée au côté, la perruque poudrée, portant sous le bras un chapeau à plumes et sur l'épaule un petit manteau de cérémonie. Ces personnages étaient des pleureurs à gages, se lamentant en raison de la générosité des familles qu'ils remplacent quand il faut porter un de leurs membres en terre. Leur costume et leur douleur sont en rapport avec les largesses des héritiers : un vêtement de soie ou de velours va avec des profonds gémissements et des cris inarticulés, tandis qu'un simple habit de drap n'entraîne que quelques pleurs discrets.

Quand le cortége eut défilé, l'omnibus se mit en route. C'était un omnibus américain haut et large, aux siéges confortables et allant très-vite. Nos compagnons de route se composaient surtout de cuisinières allant au marché ou en revenant, revêtues pour la circonstance, suivant la tradition du pays, de leurs plus beaux atours et cachant sous un pan de leur châle le panier de cuivre, dans lequel elles rapportent les provisions du ménage.

Au bout de quelques minutes, nous étions en face de l'ancienne porte d'Altona, dont le frontispice porte la bienveillante inscription « *Nobis bene, Nemini male* », et bientôt après nous entrions dans la ville, qui, jusqu'à ces derniers temps, fut la seconde cité du Danemark.

L'objet de notre course à Altona était une visite à faire dans un Kinder-Garden (jardin d'enfants), qu'on nous avait bien recommandé d'aller visiter.

Les *Kinder-Garden* remplacent à peu près nos salles d'asile; ils reçoivent les enfants de deux à six ans, âge auquel l'instruction devient obligatoire. Le rapprochement qui existe entre une plante et un jeune enfant, les soins nécessaires à tous les deux, sont la base du principe qui a présidé à la fondation de ces établissements et l'origine de ce nom *jardin d'enfants*, c'est-à-dire lieu où se cultivent leur cœur et leur intelligence.

Le local est vaste, sain et bien aéré; il comprend un préau servant de vestibule et de salle de récréation, une salle de réunion et une cour plantée d'arbres. Cent vingt garçons et filles sont réunis, les uns à droite, les autres à gauche, sous la surveillance d'une directrice aidée par un certain nombre de jeunes filles de douze à quinze ans, environ une par dix enfants. Le jardin est ouvert à neuf heures. Les enfants arrivent après avoir pris à la maison paternelle leur premier déjeuner ; ils sont passés en revue, lavés et nettoyés, puis s'asseyent devant des tables sur lesquelles ils trouvent préparés des jeux de toutes sortes, petits cubes de bois pour élever de naïves constructions, soldats de plomb à mettre en bataille, divisions géométriques tracées sur le papier et qu'il faut remplir au moyen de crayons de couleur, etc., etc. L'émulation les excite à faire mieux que leurs voisins, leurs doigts, leurs yeux acquièrent ainsi, sans qu'ils s'en doutent, une certaine habileté relative ; après une heure de cette occupation, ils passent dans le préau où ils jouent *au soldat,* — il faut que de bonne heure l'Allemand s'habitue au rôle qu'il remplira toute sa vie, — font divers exercices gymnastiques, tendent les bras, lèvent les jambes, puis se rendent dans le jardin dont ils bouleversent le sol avec leurs pelles et où ils chargent des tas de sable qu'ils transportent dans leurs brouettes.

On ne leur apprend ni à lire ni à écrire ; on prépare seulement leur esprit à profiter des leçons qui leur seront données plus tard. Ce système, fondé sur une idée juste, sur un principe vrai, donne des résultats dont les avantages ont été bien des fois constatés dans les statistiques allemandes. Les maîtres d'école reconnaissent à première vue, disent-ils, ceux de leurs élèves qui ont passé par les jardins d'enfants ; leurs aptitudes diverses, leur intelligence, l'adresse de leurs membres, sont plus développées que celles des autres enfants et se prêtent plus facilement à suivre la direction qui leur est donnée.

Certains de ces établissements sont gratuits et destinés aux enfants du peuple ; d'autres, au contraire, perçoivent une rétribution plus ou moins élevée, mais tous sont régis d'après les mêmes règles et les mêmes principes.

Altona est le but d'une agréable promenade : la rue principale, la Palmaille, plantée de tilleuls sur tout son parcours, offre une assez grande animation; les autres rues sont tranquilles et beaucoup plus calmes que celles de Hambourg. Les maisons s'élèvent au milieu de jardins, de frais bosquets; les cafés, hôtels et tavernes abondent, car Altona est, aux jours de fête, le rendez-vous du peuple hambourgeois qui y trouve réunis tous les éléments de joie et de plaisir mis à sa portée, appropriés à ses goûts et à sa nature.

Les dimanches, dans la belle saison, Altona offre une animation extraordinaire. Les bals champêtres, les cafés-concerts, les guinguettes regorgent; le public se compose d'ouvriers, de matelots et de soldats. Les servantes de Hambourg, les bras nus jusqu'à l'épaule, un carré de dentelle sur la tête, s'y rencontrent avec les villageoises des environs, revêtues de leurs costumes pittoresques, et y prennent leurs ébats avec un laisser-aller dont les allures de nos bals publics de Paris les plus avancés ne peuvent donner une idée même approximative. — C'est naïveté, — nous répond-on toujours. Passe pour naïveté s'il le faut, mais notre corruption, puisque corruption il y a, est cent fois plus retenue et moins choquante.

La bourgeoisie, elle, va à Blankenesse, un peu plus loin qu'Altona, chercher les plaisirs et le repos du dimanche.

Blankenesse est une jolie petite ville ou un village sur la rive droite de l'Elbe, dans une prairie appuyée au pied d'une éminence, endroit frais et fleuri, choisi de préférence par les platoniques amoureux allemands pour leurs promenades sentimentales. On les rencontre deux à deux, la main dans la main, groupe grotesque marchant le long des chemins : l'amoureux, rêveur aux cheveux blond fadasse, bouclés sur le cou, regarde langoureusement sa compagne affublée d'une toilette ridicule et prétentieuse, et les yeux ornés de lunettes; ils parlent peu, ne pensent pas davantage et échangent d'interminables baisers tout en rêvassant philosophie et poésie éthérées.

HELGOLAND

LA TRAVERSÉE. — HELGOLAND. — DESCRIPTIONS

Une excursion préférable aux précédentes et qui jette en plein dans l'imprévu et l'inconnu, c'est le voyage de Hambourg à Helgoland. On s'embarque à Hambourg, on descend l'Elbe jusqu'à Cuxhaven et on traverse le bras de mer qui sépare Helgoland de la terre ferme.

Ah! le beau voyage et les riants spectacles! comme cela repose des œuvres des hommes! Depuis Dordrecht, nous ne voyons que maisons et édifices, il nous a fallu sans cesse raisonner, discuter, comparer... Nous sommes heureux de pouvoir enfin tranquillement nous étendre sur le pont du bateau, regarder le ciel bleu, écouter le bruit de l'eau qui clapote au-dessous de nous, voir passer en tous sens d'innombrables bâtiments allant ou venant de partout; nous nous répétons avec bonheur que nous n'avons, ce jour-là, ni à relever un édifice, ni à dessiner une maison ou à étudier « l'emploi logique et raisonné des matériaux ».

Quand on a dépassé Blankenesse, le fleuve commence bientôt à s'élargir outre mesure. Les deux rives sont différentes : la rive gauche est plate et monotone ; la rive droite est plus mouvementée et montre une succession de mamelons dont chaque sommet est couronné par une maison de campagne. Des bouées, placées au milieu du fleuve, indiquent le chenal tracé à travers les bas-fonds et les bancs de sable ; le temps est clair et l'eau si limpide que ses diverses colorations permettent de distinguer les passages dangereux ; par endroits, le chenal se rétrécit de plus en plus ; à deux brasses, le fond manque, et, dans le remous du navire, on voit l'hélice effleurer de ses ailes l'épais banc de sable qui trouble l'eau et envoie de gros bouillons crever à sa surface.

A Cuxhaven, on débarque des voyageurs et on en prend d'autres. Tous les Allemands du bord profitent de la circonstance pour s'emparer des meilleures places, et nous les étonnons fort en cédant notre siége à une femme restée debout.

La barre de l'Elbe est franchie, la teinte verdâtre de la mer fait paraître jaune l'eau du fleuve qui roule par masses énormes ; nous *prolongeons* l'île de Newerk qu'on gagne à pied à marée basse, et nous *avons connaissance* du navire porte-fanal dont les feux, allumés chaque nuit, signalent les écueils semés sur la côte. Le navire est maintenu par une chaîne en fer fixée à une ancre du poids de trente quintaux. La longueur de la chaîne permet au bâtiment de céder peu à peu à la force de la mer ; les vagues le soulèvent brusquement, mais, au moment où il va être entraîné, la chaîne le retient en lui imprimant des mouvements de tangage d'une violence inouïe. Le roulis est, de son côté, insupportable quand le vent souffle en sens opposé au courant de la rivière ; il prend alors le navire par le travers, le couche sur le flanc sans lui laisser un instant de repos ; les fatigues sont telles pour l'équipage, que les plus robustes marins ne peuvent longtemps occuper ce poste, pour lequel il faut autant de courage que de dévouement. La mer baisse, et les bâtiments s'amarrent à l'embouchure de l'Elbe, attendant l'heure propice pour entrer en rivière; nous passons au travers et continuons notre voyage sans encombre. C'est une tranquille promenade, la mer du Nord nous est propice. Un moment nous perdons les côtes de vue, juste assez longtemps pour ressentir cette impression particulière toujours éprouvée en pleine mer : se voir le centre d'un cercle immense que recouvre une sorte de calotte soudée à l'horizon avec la mer sans limite. Comme l'homme se sent puissant en face de cette immensité qu'il domine, au milieu de cette solitude à travers laquelle il trace sûrement son chemin!

Le soleil commençait à se rapprocher de la mer, et, avant de disparaître, teignait en tons de feu les nuages du couchant; il dessinait à l'horizon des zones distinctes intenses, depuis le rouge éclatant jusqu'à l'opale le plus tendre; il les fondait si harmonieusement ensemble, qu'il était impossible de dire où commençait l'un, où finissait l'autre; quand soudain, devant nous, émerge des eaux, se détachant sur un fond splendide, un point d'abord à peine perceptible, puis bientôt énorme rocher, et enfin masse compacte, noire, aux déchirures violentes, aux arêtes abruptes, montrant çà et là des taches roses et blanches formées par des maisons : c'était Helgoland.

Un instant après, nous débarquions au pied d'un mât portant à son sommet le fier drapeau que raye de ses puissantes griffes le léopard britannique.

Car Helgoland est une possession anglaise. En 1807, à l'époque du blocus continental, les Anglais y installaient un dépôt de marchandises de contrebande; puis, jugeant que ce qui avait été bon à prendre devait être bon à garder, ils restèrent les maîtres de cette petite île, placée à égale distance des bouches du Weser et de celles de l'Elbe, et qui, si elle ne commande pas l'entrée de ces deux fleuves, gênerait cependant d'une façon efficace, avec la puissante artillerie moderne, une flotte ennemie voulant entrer ou sortir des ports de Brême et de Hambourg. Le gouvernement anglais n'est pas, du reste, un mauvais maître; ses sujets d'Helgoland ne payent aucun impôt et sont exempts de tout service militaire; ils vivent du produit de leur pêche et surtout des recettes, réali-

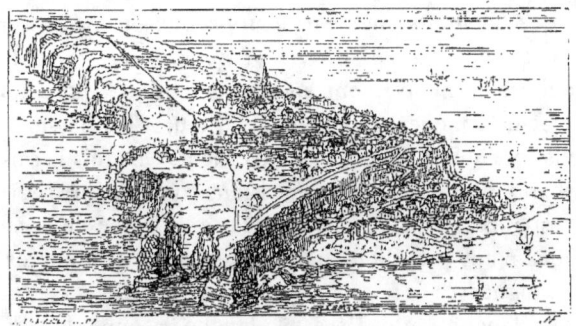

Fig. 155.

sées chaque année aux dépens des nombreux touristes et baigneurs qui, pendant la belle saison, viennent se promener chez eux ou y prendre des bains de lames, les plus énergiques, dit-on, qui soient connus en Europe.

Helgoland est un rocher triangulaire (fig. 155), perdu au milieu des eaux, dont le sépare une falaise de 60 mètres de haut, taillée à pic; à une époque indéterminée, une partie de cette falaise s'abaissa pour former une étroite plage de sable appelée Unterland (pays bas), tandis que la partie supérieure s'appelle Oberland (pays haut). C'est dans l'Unterland que sont les établissements de bains et les lieux de réunion ; des maisons de l'Oberland on jouit d'une plus belle vue, mais il faut, chaque fois qu'on veut aller à la mer, descendre 184 marches d'un escalier assez roide, et, qui pis est, les remonter pour rentrer chez soi.

Le grand charme de cette petite île est d'offrir une vie calme et solitaire, de posséder un air pur et excitant: on peut s'y livrer à des promenades sur la falaise que leur longueur ne rend jamais fatigantes, et faire tout autour d'amusantes excursions en mer.

Les habitants ont des mœurs à eux et ont conservé leur costume original. Ils vivent heureux et tranquilles, en dehors du mouvement social et politique qui trouble nos sociétés modernes, étrangers à toutes les passions et à tous les intérêts qui nous gouvernent. Une fois la saison des bains finie, les communications avec la terre ferme sont si rares et si difficiles, à cause de l'état de la mer, qu'elles n'ont plus lieu qu'à des époques irrégulières et fort éloignées.

La langue nationale est la langue frisonne, la langue officielle l'allemand ; pendant la saison des bains, on entend beaucoup parler anglais et suédois. Les hôtes habituels d'Helgoland sont, en effet, des Allemands, des Anglais et surtout des Danois ou Suédois, qui viennent y prendre des bains de mer *du Midi*.

Nous n'étions pas venus à Helgoland pour y voir des constructions et nous occuper d'architecture, au contraire : et, cependant, il nous faut parler de notre logis, maison de baigneurs qui, par suite des conditions imposées à son orientation, résout d'une façon originale un des programmes le plus compliqués dont un architecte puisse avoir à s'occuper.

On comprend quelle violence doivent avoir les vents
déchaînés de tous les points de l'horizon sur ce rocher
perdu au milieu de l'Océan et que rien ne protége ni
n'abrite. Les vents d'ouest surtout ont une fureur extrême ;
le vent du nord est glacial, et le vent d'est, s'il est moins
redoutable, souffle en revanche plus fréquemment, même
dans la belle saison ; l'exposition au midi seule est
agréable et doit être recherchée, car la brise de mer
tempère toujours les chaleurs de l'été.

Le propriétaire de la maison de baigneurs, dont nous
parlons, a demandé à son architecte de lui construire un
bâtiment contenant environ vingt-cinq à trente chambres
de voyageurs, avec les services généraux nécessaires,
salle à manger, salon, cuisines, dépendances, etc., etc.
L'installation devait être confortable mais simple, et sans
aucune de ces complications décoratives, coûteuses d'entretien partout, surtout dans un pays où tout manque.
Pour condition rigoureuse, toutes les chambres à coucher
devaient être orientées au midi et ne prendre jour et air
que dans cette direction ; le bâtiment lui-même ne pouvait être élevé que d'un rez-de-chaussée et d'un étage.

La première idée qui vient à l'esprit, en présence
d'un tel programme, est d'élever un bâtiment simple
d'épaisseur et présentant sur une seule ligne la série des
pièces demandées ; mais, d'abord, le service et l'usage
d'un tel bâtiment eussent été difficiles et eussent rendu
indispensable un grand nombre de serviteurs ; puis il eût
fallu un terrain d'une longueur de façade d'au moins
80 mètres ; or le terrain à utiliser n'avait guère que la
moitié de cette dimension.

L'architecte, un Anglais, nous a-t-on dit, a réalisé
le problème d'une façon assez difficile à faire comprendre au moyen d'une description, mais que rend sen-

sible le croquis du plan (fig. 156). Nous n'hésitons pas à déclarer cette combinaison ingénieuse, sans en recom-

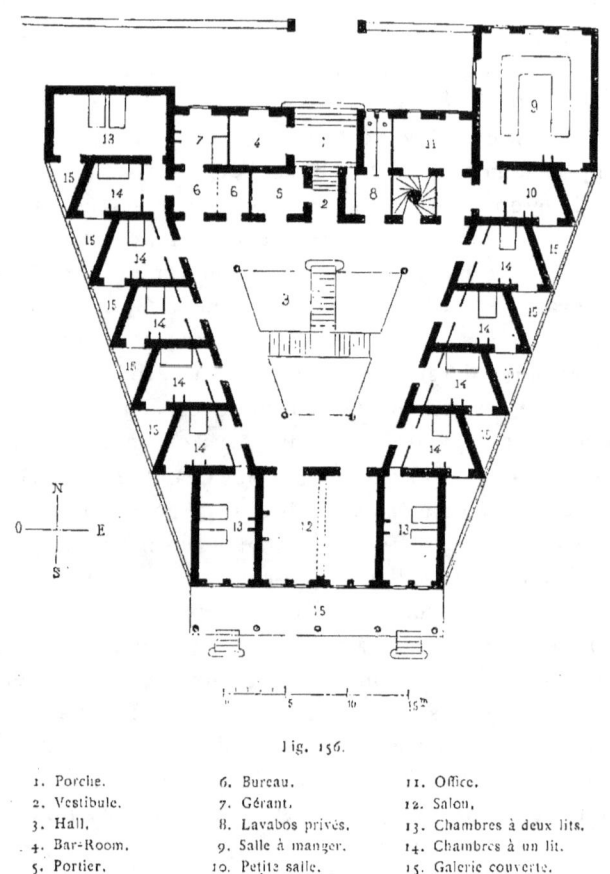

Fig. 156.

1. Porche.
2. Vestibule.
3. Hall.
4. Bar-Room.
5. Portier.
6. Bureau.
7. Gérant.
8. Lavabos privés.
9. Salle à manger.
10. Petite salle.
11. Office.
12. Salon.
13. Chambres à deux lits.
14. Chambres à un lit.
15. Galerie couverte.

mander toutefois l'application à un élève de l'École des Beaux-Arts, s'il désire obtenir une mention dans un con-

Fig. 157.

Fig. 158.

Hôtel de baigneurs. Helgoland.

cours; mais plus tard, dans l'exercice de sa profession, il pourra en faire son profit.

Il n'existe pas d'entrée couverte pour les voitures; elles ne sont pas en usage dans l'île et pour cause. Sous le porche se trouve le guichet du bar-room, dans lequel se débitent les liqueurs et spiritueux que les consommateurs absorbent debout; vient ensuite la loge du portier; en face, les lavabos et les privés, puis l'entrée du grand vestibule, sorte de halle vitrée (fig. 157) au centre de laquelle se développe le grand escalier. Une saillie des rochers de la côte abrite le bâtiment du fond, exposé au nord; il ne contient que des pièces de service et les salles à manger. Les chambres à coucher occupent les deux ailes latérales; l'inclinaison donnée au mur dirige toutes leurs ouvertures du côté du midi et leur donne vue sur la mer; en avant de ces chambres existe une galerie triangulaire isolée, leur servant de dépendance pendant la belle saison; le vent peut ainsi souffler de trois points de l'horizon sans être ressenti par les habitants de ces pièces, très-bien abritées au nord, à l'est et à l'ouest.

Dans le sous-sol, se trouvent les cuisines et leurs accessoires; au premier étage, même distribution qu'au rez-de-chaussée ou à peu près; seulement, les salons et salles à manger sont remplacés par des chambres à coucher et, au-dessus des pièces de service, ont trouvé place les lingeries, salles de bain, salle de domestiques, etc. La galerie couverte, — qui forme au rez-de-chaussée une annexe au salon et s'ouvre sur un jardin par lequel on peut se rendre à la plage, — devient un balcon pour les chambres du premier étage; durant l'été, elle est couverte d'une tente. La construction est en brique et en fer. L'architecte ne paraît pas avoir cherché à donner à ses façades (fig. 158) un charme quelconque; il a réservé toutes ses études, tous ses soins à bien distribuer l'intérieur. Les dispositions du hall et de l'escalier qu'il contient ont une certaine grandeur : les chambres paraissent un peu petites, mais la place de chaque meuble y est réservée et indiquée; la simplicité du parti adopté rend faciles et commodes les communications des diverses parties entre elles; les murs ont une épaisseur qui défie les rigueurs du climat, et, si l'on peut discuter le programme, on ne peut discuter la solution qui lui a été donnée.

Il faut remarquer aussi que cette habitation, bien que destinée en principe aux baigneurs, hôtes habituels pendant la belle saison, est également occupée, chaque hiver, par un nombre de plus en plus considérable de touristes, d'Anglais surtout, amateurs des grandes pêches de l'Océan qui viennent s'installer sur ce rocher pour y satisfaire leur goût; gens riches, blasés, oisifs, prêts à supporter toutes les privations, à braver les dangers d'une tempête dans l'espoir d'y rencontrer une sensation inconnue, mais voulant, au retour, trouver dans leur intérieur les ressources d'une civilisation raffinée et les moyens de satisfaire leurs habitudes de luxe, de bien-être et de dépense. Ces hôtes peuvent s'isoler dans leurs chambres, se réunir en commun dans les salons; le hall sert de lieu de promenade pendant les jours de neige et de pluie, et, en dehors des puissantes émotions dans lesquelles la vie de ceux qui y prennent part est souvent en jeu, chacun se livre à des occupations en rapport avec sa nature et le degré de culture de son esprit.

Helgoland n'offre ni les plaisirs ni les distractions de nos plages normandes; ce site triste, sévère, ne parle pas à toutes les imaginations; il faut, pour bien en comprendre le charme et la séduction, d'abord aimer la mer, ensuite ne pas redouter la monotonie d'une existence exempte de changements et d'imprévus. Le matin, les pêcheurs émérites, les misses intrépides s'embarquent dès l'aube et gagnent le large; les baigneurs se rendent à l'une des deux plages, puis se mettent à l'ombre d'un... rocher et regardent la lame déferler au pied de la falaise. En certains endroits, cette falaise est rouge et communique sa teinte à l'eau environnante; on dirait une mer de sang. Un peu plus tard, on monte au signal, on compte les voiles en vue, on suit de l'œil le vol des mouettes, dont l'aile effleure la cime des flots ou se perd dans les grands nuages de l'horizon; quelque violent coup de vent parfois s'élève tout à coup, balaye le ciel ou amène un orage, et il faut bien vite chercher un abri. Trois fois par semaine, le bateau de Hambourg ou de Brême apporte des nouvelles du continent: alors le naturel reprend le dessus, chacun se précipite à la recherche d'un journal, dévore les nouvelles qu'il contient, celles de France et de Paris surtout et, fait étrange qui nous frappe d'étonnement, parmi tous ces gens dont pas un n'est Français, beaucoup de lecteurs du *Figaro*.

Le soir, on retourne au bord de la mer; la phosphorescence de l'eau est telle que, si le vent soulève un peu la lame et la fait briser sur les rochers, chaque goutte d'eau semble une aigrette lumineuse qui se reflète à l'infini sur la surface des flots; on reste longtemps à contempler ce curieux spectacle, puis chacun regagne son logis et recommence le lendemain la journée de la veille.

Cependant cette existence si calme, si monotone, exerce un grand prestige sur certaines organisations, sur les esprits fatigués ou brisés dans les luttes de la vie. On montre encore là-bas une petite maison autrefois, dit-on, habitée par un des vaincus des grandes batailles de la société moderne ; c'est sur ce rocher qu'il échoua un jour, abreuvé de dégoûts, mort à toute espérance, il le croyait du moins ; il y vécut quelque temps, calme, tranquille en apparence, songeant au passé, perdu dans cette grande solitude où il trouvait le repos, en face de cette mer orageuse, au milieu de cette nature ingrate et stérile ; puis vint un jour où se fit en Europe un si grand bruit qu'on l'entendit jusque là-bas : l'étincelle se ralluma sous la cendre, le vieil homme reparut et, s'élançant de nouveau dans la terrible mêlée, il fit encore retentir le monde du bruit de son nom, pour s'abîmer ensuite à tout jamais dans une effroyable catastrophe.

Un jour, il nous fallut dire adieu à la petite île ; un bateau, qui se rendait sur la côte du Sleswig et faisait escale à Helgoland pour y demander un pilote, nous prit à bord et nous transporta à Hussum, port de la mer du Nord, point de départ de l'excursion que nous voulions faire sur le théâtre de la guerre des duchés.

LA GUERRE DES DUCHÉS

PRÉLIMINAIRES. — L'ARMÉE AUSTRO-PRUSSIENNE.
L'ARMÉE DANOISE. — LA LIGNE DE DANEVIRKE. — PRISE
DE MISSUNDE. — TRAVAUX DE DÉFENSE DE DUPPEL.
PRISE DE DUPPEL. — L'ILE D'ALSEN.
CONDITIONS DE LA PAIX. — LES PRUSSIENS EN CAMPAGNE.

La Prusse avait de longue date jeté les yeux sur les deux duchés de Holstein et de Sleswig; elle les trouvait nécessaires à la création et au développement de sa puissance maritime. Dans le courant de l'année 1863, croyant les circonstances favorables pour mettre ses projets à exécution et sous prétexte que le Danemark entretenait des troupes dans le Holstein, elle prétendit que le gouvernement danois songeait à s'annexer ce duché. Afin d'ôter tout motif sérieux à un conflit, le Danemark retira ses troupes. La Prusse alors se fit le champion du duc d'Augustembourg, prétendant à la souveraineté du duché, puis, ce premier jalon posé, elle activa les préparatifs nécessaires pour se trouver en mesure de pouvoir accabler son voisin quand le moment serait venu.

Ce genre de début était alors nouveau et promettait ce qu'il a tenu depuis. Une des causes de la force de la Prusse est son dédain profond pour les mesquines considérations de bonne foi et de loyauté : prétendre que le faible Danemark songeait à attaquer les droits de la puissante Confédération était une amère dérision, personne ne s'y laissa prendre et ne conserva d'illusions sur le résultat de la lutte. L'Europe alors ne se doutait pas des rêves ambitieux de M. de Bismark qui, révélés en 1864, devaient sept ans plus tard arriver à la création de l'empire d'Allemagne.

Quand on regarde dans l'histoire, on s'étonne toujours naïvement que certains faits aient pu s'accomplir sans être prévus. Comment, — ne cesse-t-on de répéter depuis 1871, dans les revues, les journaux quotidiens et les conversations, — comment l'Europe n'a-t-elle pas prévu, en 1864, le résultat de son indifférence, et comment n'est-elle pas venue au secours du Danemark? que de maux évités par cette intervention! Sadowa n'eût pas existé. La campagne de 1870 n'eût pas eu lieu, et la Prusse ne serait pas la terrible puissance que nous voyons aujourd'hui.

Mais en 1864 la France, ce grand protecteur du droit et du juste, cédant à une déplorable politique, resta neutre; l'Autriche, pour maintenir son influence et sa popularité en Allemagne, s'allia courageusement au plus fort; l'Angleterre gardait encore rancune au Danemark du traitement infligé à l'infortunée Marie-Caroline; la Russie voulait voir venir les événements avant de s'engager, et la Suède n'était pas fâchée de l'humiliation qu'elle pressentait devoir être imposée à son voisin si souvent son vainqueur. Le Danemark se trouva donc seul pour entrer en campagne; il n'hésita cependant pas un instant, et cet énergique petit pays se prépara à la lutte sans forfanterie mais aussi sans découragement. Les Danois se rappelaient avoir déjà, en 1848, battu les Prussiens et, bien que M. de Bismark se vantât de leur faire bientôt sentir *la puissance des armes prussiennes,* ils ne désespéraient pas du résultat de la campagne qui allait s'ouvrir; ils comptaient encore, hélas! sur le secours de la France et espéraient qu'au dernier moment la Suède se souviendrait de leur origine commune ; les diplomates s'agitaient, allaient, venaient, assurant les ambassadeurs danois de leurs sympathies officieuses et, avant de se prononcer officiellement, attendaient de quel côté se montrerait le succès. Nous connaissons par expérience cette situation et la valeur des promesses de cette nature.

Le mouvement de concentration des troupes austro-prussiennes fut achevé à la fin de janvier 1864 ; elles se trouvaient réunies dans le Holstein, sous le commandement du feld-maréchal prussien Wrangel. Le motif donné à cette prise d'armes était d'assurer la réalisation des vœux du Holstein demandant à être gouverné par le duc d'Augustembourg. L'armée alliée avait été divisée en deux corps : les Prussiens au nombre de 42,000 hommes avec 110 canons formaient l'aile droite, commandée par le prince royal Frédéric-Charles; les Autrichiens, au nombre de 32,500 hommes avec 48 canons, formaient l'aile gauche, commandée par le feld-maréchal de Goblenz; c'était donc en chiffres ronds, déduction faite des malades et des non-valeurs, 158 canons et 60,000 hommes préparés de longue main, parfaitement équipés et aguerris[1].

L'armée danoise était loin de présenter d'aussi bonnes conditions; les hommes qui la composaient étaient en général des corps mobilisés, car l'effectif en temps de paix est très-peu considérable (8,000 hommes). Les cadres manquaient et l'artillerie était insuffisante ;

---

1. *Annuaire des Deux Mondes*, Paris, 1864; *Dagbladet*, Copenhague, 1864.

35,000 soldats furent à grand'peine réunis dans le Sleswig, sous le commandement du général de Meza.

Le Danemark se méfiait de son éternel ennemi, l'Allemagne[1]; il se souvenait de la guerre de 1848, et, en prévision d'une attaque, avait depuis longtemps commencé une ligne de défense, *le Danevirke,* établie à l'endroit où le fjord de la Schley s'avance dans les terres, en face de Hussum, et réduit considérablement la largeur de la presqu'île ; les points extrêmes de cette ligne étaient Missunde, sur la Baltique, et Friedrickstad sur la mer du Nord; l'espace intermédiaire se trouvait coupé par des terrains marécageux, des clôtures et des cours d'eau, entre autres le fleuve l'Eider. Cette ligne aurait donc pu présenter un obstacle sérieux à la marche des armées alliées. Par malheur, les ouvrages nécessaires pour compléter sa défense n'avaient pas été entretenus en bon état; ils furent tant bien que mal réparés et achevés à la hâte d'une manière insuffisante, mais les pièces d'artillerie manquaient pour garnir les fortifications.

C'était derrière le Danevirke que l'armée danoise attendait l'attaque qu'elle voulait repousser.

Les Prussiens franchirent l'Eider; le 5 février, ils étaient devant Missunde, et ouvraient immédiatement le feu; les Danois répondirent faiblement. L'artillerie prussienne détruisit Missunde sans endommager les retranchements; il régnait un épais brouillard; les Prussiens se portèrent en avant, mais n'étant plus alors protégés par leurs batteries, il leur arriva ce qui leur arrive presque toujours en pareil cas, ils lâchèrent pied et se retirèrent devant les Danois. Leur exploit de ce jour se borna

---

1. Suivant un vieux proverbe danois, il ne manquerait rien au Danemark pour être heureux s'il n'y avait pas d'Allemagne.

donc à la destruction du village de Missunde, et, cependant, c'est à la suite de cette équipée que le prince Frédérick-Charles, avec cette burlesque morgue allemande dont rien n'approche, parodiant la célèbre proclamation de Napoléon Ier, osa dire à ses soldats : « Quand vous serez
« de retour dans vos foyers, il vous suffira de dire : Moi
« aussi j'étais à Missunde! pour que chacun s'écrie : Celui-là
« est un brave. » Quant aux Autrichiens, ils avaient marché de leur côté et se trouvaient à l'autre extrémité du Danevirke, près de Friedrickstadt.

La situation des Danois ne s'améliorait pourtant pas. En lutte même avec les éléments, ils avaient à supporter les rigueurs d'un hiver tel que le fjord de la Schley, sur lequel on comptait pour opposer une barrière infranchissable à l'ennemi, dut, pour ne pas geler, être incessamment traversé par un bateau à vapeur s'efforçant de briser les glaces et de maintenir un passage libre au milieu des eaux.

Les choses en étaient là, quand, — se sentant mal abrité derrière les lignes du Danevirke, craignant une nouvelle attaque de ses retranchements qu'il savait insuffisants à le protéger, — le général de Meza se décida à se retirer pour ne pas compromettre, sans chance de succès, le sort d'une armée sur laquelle reposait tout l'espoir de la patrie.

Sa retraite se fit en bon ordre, mais l'émotion fut immense en Danemark; on demanda le remplacement du général en chef, on cria à la trahison, comme toujours, hélas! quand une nation ne voit pas le succès répondre à ses efforts et à ses désirs. La méfiance commença à se glisser dans les rangs de l'armée; et ce fut sous une mauvaise impression que les régiments se reformèrent en face de l'île d'Alsen, derrière les fortifications de

Duppel, dans le Sleswig, ou de Fredericia, dans le Jutland.

On avait compté sur la ligne du Danevirke pour retenir les Austro-Prussiens pendant le temps nécessaire à l'achèvement des travaux de défense de Duppel; aussi, rien n'était-il terminé, et la brusque retraite de l'armée vint jeter le trouble et le désordre dans la direction des mesures à prendre. Cependant la bonne volonté, le courage, le zèle de tous, officiers et soldats, était si grand que bientôt l'ensemble des ouvrages nécessaires se trouva, sinon achevé, au moins en état d'être utilisé; le froid était trop rigoureux pour permettre l'exécution de travaux en maçonnerie, on y suppléa par des constructions en bois liées avec des chevilles ou des fils de fer et recouvertes de terre; mais cette terre elle-même se trouvait tellement durcie par le froid qu'il était long et pénible d'en faire usage.

Voici les types de deux constructions de ce genre reproduites au Musée de Copenhague. Le premier (fig. 159) est un abri destiné à servir de chemin couvert entre deux traverses; le système employé se compose d'une ferme dont le sommet se trouve engagé dans l'épaisseur du blindage en terre, ce qui permet d'en diminuer la hauteur; les points d'appui sont doubles, s'écartent à leurs extrémités et reposent sur une semelle noyée dans le sol; des moises, assemblées par embrèvement, et des liens en fer les étrésillonnent à mi-hauteur; leur sommet reçoit un entrait sur lequel s'appuient les pièces du blindage. Le plancher et les murailles sont recouverts de terre; les fermes sont espacées de $0^m,50$, $0^m,70$ et 1 mètre, suivant la charge qu'elles ont à supporter.

L'abri dont nous parlons, élevé au commencement

de la guerre, alors que les Danois n'étaient pas encore fixés sur la puissance des canons rayés, n'avait été recouvert que d'une épaisseur insuffisante pour pouvoir pré-

Fig. 159.

venir pendant quelque temps les chances de rupture ou de prompt accident; mais, dans l'exemple suivant (fig. 160), l'expérience avait profité aux Danois. Les fermes sont doubles, deux poteaux verticaux, assemblés sur une semelle traînante, reçoivent deux traverses inclinées à $0^m,45$, raidies par un entrait et que viennent consolider deux nouvelles traverses placées obliquement de façon à se réunir à leur sommet. Ces doubles fermes, placées à $0^m,60$ de distance les unes des autres, sont solidement reliées par des boulons et des attaches en fil de fer, sur les faces et le sommet s'appliquent les pièces de blindage formant les parois et la toiture; une énorme masse

Fig. 160.

de terre pouvant atteindre 4 et 5 mètres recouvre le tout. Des abris de cette nature, l'expérience l'a démontré, ont une force d'élasticité qui leur permet de résister aux chocs des redoutables projectiles de l'artillerie moderne.

Malgré la rigueur de la saison, les Danois travaillaient sans trêve ni relâche. Les ouvrages de Duppel, qu'il s'agissait de compléter, comprenaient dix redoutes : huit fermées et deux ouvertes, disposées suivant un arc de cercle et reliées entre elles par des tranchées et des travaux dont nos croquis viennent de donner idée; en avant des saillants des bastions 7, 8 et 9, sur lesquels on supposait que se porterait l'effort de l'ennemi, étaient disposés des obstacles propres à l'arrêter. Mais nous avons vu, lors du siége de Paris, que le mode d'attaque des Prussiens, par l'emploi des batteries d'artillerie à longue portée, rend à peu près inutiles les précautions de ce genre. A l'intérieur de la première ligne de défense s'en trouvait une seconde moins forte, composée de bastions couvrant un chemin creux aux abords défendus par des talus couronnés de pieux taillés en pointe, de treillis en fil de fer, etc. Le but de cette seconde ligne était de protéger la retraite de l'armée en cas de déroute; cette précaution indique une justesse d'appréciation très-rare, car, malheureusement, en livrant bataille on songe toujours trop à la victoire et l'on ne prévoit jamais assez la possibilité d'une défaite.

L'artillerie qui garnissait tous ces ouvrages ne pouvait lutter avec les canons rayés de l'armée prussienne, dont les Danois ignoraient la puissance de portée et la force d'impulsion; ils ne surent donc, en les établissant, donner à leurs retranchements les dimensions nécessaires pour leur permettre de résister à l'effet foudroyant des nouveaux projectiles; il nous faut être indulgent pour eux à cet égard, nous qui, après la guerre des duchés, après la campagne d'Autriche, n'en savions pas beaucoup plus en 1870.

Comme complément des défenses installées en terre,

les Danois eurent recours à l'emploi d'un monitor cuirassé naviguant sur les côtes, engin nouveau qui, pour la première fois, prenait part à une guerre régulière en Europe.

Les troupes danoises, abritées derrière les défenses de Duppel ou retranchées dans l'île d'Alsen, reformaient leurs régiments, régularisaient leurs cadres, mais leurs équipements, leurs approvisionnements avaient considérablement souffert durant la première partie de la guerre et dans les retraites qui l'avaient suivie ; les soldats étaient exténués par les travaux auxquels ils étaient obligés de se livrer afin de compléter les moyens de défense, creuser des chemins couverts, augmenter l'épaisseur des talus, des abris et traverses, casemater les pièces et opérer des sorties afin de gêner les Prussiens qui, eux, *ne marchent pas sur le canon* et ne cherchent pas à prendre un obstacle, mais le détruisent avec leur artillerie avant d'en approcher. Ces fatigues occasionnaient beaucoup de maladies ; le temps était devenu pluvieux ; en revenant de la tranchée, les vêtements pleins d'eau, il fallait courir aux avant-postes, le froid survenait brusquement et, malgré l'énergie et la forte constitution des hommes, beaucoup succombaient.

L'uniforme danois se compose d'un pantalon de drap bleu caché dans de grosses et fortes bottes, d'un veston et par-dessus une longue capote brune ; le sac se déroule de façon à former une sorte de peau qui, étendue sur le sol, fournit un lit sec et salubre. Outre ce sac, chaque soldat porte une besace en toile blanche contenant les provisions de bouche : du bœuf frais et du porc salé, jamais de légumes, mais du pain de seigle, de l'eau-de-vie et du café. Les fusils étaient d'ancienne fabrication et un peu lourds, bien inférieurs, par conséquent, aux fusils à tir rapide des Prussiens.

On voit dans quelle infériorité se trouvait l'armée danoise par rapport à l'armée austro-prussienne, et cependant les Prussiens ne se décidaient pas à l'attaque; les Autrichiens restaient en observation devant Fredericia ayant ainsi envahi le Jutland, ce qui donnait à la campagne une allure nouvelle et la transformait en guerre de conquête.

Les Autrichiens du reste avaient à lutter contre une grave complication survenue parmi les régiments de nationalités différentes dont se composait leur armée; les contingents hongrois s'étaient révoltés, honteux d'aider leur vainqueur à asservir une nation luttant pour conserver son autonomie; on craignit que ce soulèvement ne gagnât les Italiens, puis les Polonais du duché de Posen : une répression terrible étouffa la révolte dans son germe; on parla de l'exécution de trois cents officiers et soldats hongrois, mais l'espoir que cet événement avait fait naître en Danemark s'évanouit bientôt.

Le siége de Duppel était fait en règle; les Prussiens se fortifiaient dans leurs positions afin de se préparer une retraite en cas d'échec. Ils se rappelaient qu'en 1848 ils avaient été battus et repoussés devant cette même ville par le même général de Meza et ne voulaient tenter un coup décisif qu'avec la certitude du succès : à cet effet, ils occupaient toutes les hauteurs des environs, y installaient leurs batteries dissimulées derrière des bouquets d'arbre, des replis de terrain ne devant disparaître qu'au dernier moment; c'est un procédé qui leur est resté familier; la bravoure des Danois contrastait avec cette prudence. Un fait peut en donner idée. La puissance des fusils à tir rapide les étonnait; il fallait se rendre compte de la précision du tir, afin de pouvoir se défendre et se protéger : à cet effet, un officier se portait seul à 500 ou 600 mètres en avant dans un espace découvert, servant ainsi de cible aux balles ennemies ; il essuyait la décharge et notait la déviation de la balle à cette distance (environ 1 mètre).

Le 27 mars commença le bombardement de Duppel ; les Danois abandonnèrent la ville après l'avoir incendiée et se retirèrent dans les fortifications qui, jusqu'à ce moment, avaient très-peu souffert.

Le 29 mars, les Prussiens tentèrent un assaut, mais ils furent repoussés avec perte ; les soldats, dès qu'ils se trouvaient à portée des projectiles ennemis, se couchaient à plat ventre refusant d'avancer malgré les exhortations de leurs officiers[1]. A partir de cet échec, les Prussiens ne sortirent plus de leurs lignes, laissant l'artillerie faire son office ; dans de semblables luttes, la valeur du soldat ne compte plus pour rien. Il était impossible d'approcher des batteries prussiennes : leur force et leur puissance empêchaient toute tentative de ce genre d'avoir un heureux résultat, et les surprises sur un espace aussi circonscrit étaient impraticables. Les Danois, dont les projectiles n'atteignaient pas les batteries ennemies, ne se servaient guère de leurs pièces que pour repousser un assaut. Quant aux canons prussiens, ils ne cessaient de se faire entendre ; on avait espéré qu'ils épargneraient Sunderborg, ville ouverte. C'était une étrange illusion : la ville fut détruite. Le 2 avril, le bombardement reprenait une nouvelle vigueur ; le 14, les retranchements danois avaient déjà reçu 50,000 projectiles ; les ouvrages de défense étaient détruits ; la garnison, exténuée par les fatigues, les privations de toutes sortes, diminuée par des pertes qui s'élevaient chaque jour de 100 à 150 hommes,

---

1. *Le Danemark*, Oscar Comettant.

était à bout et devait renoncer à continuer la lutte. L'instant « psychologique » paraissait arrivé ; aucun des secours espérés, attendus, ne venait, et cependant, craignant un échec, les Prussiens n'osaient tenter l'assaut ; cet ennemi à bout de ressources, affaibli par des mois de privations et de souffrances physiques et morales, leur paraissait encore trop redoutable. Ils attendirent jusqu'au 17, et, pensant qu'à cette époque les Danois ne pourraient même plus tenir leurs fusils, ils recommencèrent le bombardement avec une extrême violence ; en trente-six heures ils envoyèrent 30,000 projectiles dans les retranchements ennemis, puis se décidèrent à former les colonnes d'assaut ; mais alors, chose à peine croyable, les Danois, dont la force et le courage auraient dû se trouver abattus, se levèrent avec une nouvelle énergie, au lieu de se rendre, et sans espoir, sûrs de la défaite, luttèrent tous comme des héros. Sur 10,000 hommes engagés, 2,000 succombèrent, 2,000 furent faits prisonniers, le reste traversa le petit Sund et se retira dans l'île d'Alsen, après avoir coupé les ponts qui réunissaient l'île à la terre ferme[1], ponts dont la tête fut, jusqu'au dernier moment, défendue par une troupe de braves se sacrifiant au salut de tous.

Ce fut le dernier effort des Danois ; ils essayèrent de se fortifier dans l'île d'Alsen, mais ils avaient perdu toute espérance et toute ardeur ; les soldats n'ayant plus confiance dans le succès voyaient partout des traîtres et des espions, et la lutte ne se continua plus que pour soutenir jusqu'au bout l'honneur du drapeau national.

---

1. Cette manœuvre se fit très-adroitement, au moyen de canonnières reliées par des chaînes aux ponts mobiles. A un signal donné, ces canonnières se mirent en mouvement, entraînant les ponts à leur suite.

Les Prussiens ne profitèrent pas de leur avantage, ils n'osèrent attaquer l'île d'Alsen, que la flotte danoise pouvait encore efficacement protéger et peut-être leur reprendre, s'ils s'en étaient emparés; ils préférèrent étendre leurs conquêtes et une partie de l'armée alliée s'unit aux Autrichiens pour s'emparer de Fredericia, qui ne put résister et tomba le 28 avril en leur pouvoir. Trois jours plus tard, la flotte autrichienne se faisait battre par la flotte danoise dans les eaux d'Helgoland, où elle avait été contrainte de se réfugier à l'abri des canons anglais; mais ce succès ne pouvait avoir d'influence sur l'issue de cette désastreuse campagne dont le résultat était désespéré : aussi, le 12 mai fut conclue une suspension d'armes.

La situation du Danemark était déplorable : le quart de son armée se trouvait détruit, son artillerie ne comptait plus que 20 pièces rayées; d'autre part, les Austro-Prussiens occupaient le Sleswig, le Holstein, une partie du Jutland; leur armée de 60,000 hommes vivait sur le pays conquis; c'est là une loi de la guerre et nous savons avec quelle conscience les Prussiens savent l'appliquer.

Une conférence se réunit à Londres pour amener la solution du conflit, mais aucun résultat ne put être obtenu avant la fin de l'armistice; les hostilités reprirent donc le 26 mai, et, le 28, les Prussiens s'emparèrent de l'île d'Alsen. Cette conquête ne fut pas difficile, les Danois ne pouvaient plus se défendre : hommes, rations et munitions faisaient défaut; ils abandonnèrent l'île et se retirèrent en Fionie, où les Prussiens ne les poursuivirent pas. Il ne resta bientôt plus de Danois sur la terre ferme. Les Allemands achevèrent l'occupation du Jutland et se préparaient à traverser le petit Belt pour envahir la Fionie, quand, le 20 juillet, fut signé un armistice, converti le 1er août en suspension d'armes définitive, puis intervint un traité de paix imposé au Danemark.

Les duchés devaient être annexés à la Confédération suivant certaines conditions : le payement de la partie de la dette danoise afférente aux duchés restait à leur charge, la Prusse avait le droit de creuser un canal entre la mer Baltique et la mer du Nord, condition d'un immense intérêt pour elle, puisque ce canal devait donner à sa flotte une communication libre avec l'Océan sans lui imposer la traversée du Sund par les eaux danoises ou suédoises; quant au duc d'Augustembourg, dont les prétentions à la souveraineté des duchés avaient servi de prétexte à M. de Bismark pour commencer les hostilités, son nom ne fut pas même prononcé dans le débat.

Un an plus tard, la mésintelligence éclatait entre les copropriétaires des duchés : l'Autriche et la Prusse se déclaraient la guerre et en venaient aux mains.

Les conséquences de l'annexion furent déplorables pour le Sleswig; très-attaché au Danemark, il s'en voyait violemment arraché pour être réuni à l'Allemagne qu'il exécrait. Les procédés du vainqueur n'étaient en outre pas de nature à lui attacher l'affection des vaincus : les exactions, les impôts énormes perçus avec violence furent le prélude de vexations de toutes sortes; les sentiments simples, naïfs de cette courageuse population étaient constamment froissés par les instincts grossiers, les habitudes brutales de leurs nouveaux maîtres; cependant, malgré la misère qui pesait sur le pays tout entier, pas un habitant ne voulut profiter des secours envoyés de Berlin; des sociétés se formèrent pour faciliter l'émigration en masse des paysans qui voudraient abandonner les campagnes, des meetings eurent lieu dans les villes, implorant le secours de la France. Par malheur, la France resta muette, laissant au fourreau cette épée qui, tant de fois, avait protégé le faible et l'opprimé, qui de nos jours avait défendu la Turquie et fait l'Italie. Puis le silence se fit sur cette grande catastrophe, la Prusse avait, sans que l'Europe s'en doutât, franchi le premier échelon de sa fortune.

La force avait primé le droit.

Complétons maintenant cet exposé par quelques détails sur la façon dont les Prussiens se sont comportés pendant la guerre.

Ils ont presque entièrement détruit la ville de Sunderborg, ville ouverte, et qui ne se trouvait pas sous le feu des batteries dirigées contre Duppel; ils ont dans l'île d'Alsen incendié des fermes isolées, détruit Kjer, Ronhavis et tous les villages de la côte, pour la seule satisfaction de faire du mal, reculant ainsi de plusieurs siècles, comme on le leur a si hautement reproché, l'état de notre civilisation et de nos mœurs.

A chaque suspension d'armes, les deux partis échangeaient leurs morts : les uniformes de ceux remis par les Prussiens n'avaient plus de boutons, leurs galons étaient arrachés, les officiers ne portaient plus aucun de leurs insignes, tout bijou, argent ou objet de quelque valeur avaient disparu, les poches étaient retournées.

A la fin de la campagne, sur leurs retranchements en ruine, les Danois restaient debout, attendant un ennemi invisible caché derrière ses canons; les Prussiens en effet, et c'est une règle qu'ils mettent toujours en pratique, ne se montrent jamais au grand jour, ne laissent jamais deviner leur présence; ils se cachent dans un trou, derrière un arbre, on les pressent, on les devine, on ne les voit pas; dans le camp, jamais de feu dont la fumée peut les signaler, ils cheminent, travaillent lentement sans repos ni trêve, puis un jour un rideau de verdure est abattu, un épaulement disparaît pendant la nuit démasquant une nouvelle batterie : toutes ces précautions sont de bonne guerre, elles témoignent d'une grande prudence et de la parfaite connaissance du caractère du soldat allemand qui ne résisterait pas à l'impétuosité, à la charge furieuse d'un régiment français, mais qui sans murmurer reste pendant de longues heures tapi au fond d'une fosse. Les instincts de bravoure, de chevalerie, les sentiments nobles, délicats et élevés font sourire les Allemands. Ils n'auraient pas dit à Fontenoy : — Messieurs les Anglais, tirez les premiers.

Pendant tout le temps de cette longue et pénible campagne, l'énergie, la volonté des Danois ne se démentirent pas un instant, le souffle patriotique dont ils étaient animés était si puissant qu'il leur fit enfanter des prodiges; ils cherchaient en vain à combattre cet ennemi qu'ils ne pouvaient rencontrer et qui, à distance, les foudroyait de sa terrible artillerie. Les revers ne les abattaient pas, ils marchaient contre l'ennemi, la tête haute, au milieu d'une grêle de projectiles, tandis que l'explosion d'un obus faisait jeter les Prussiens à plat ventre, le prince Frédéric-Charles en tête (27 avril 1864, île d'Alsen) [1].

Les Allemands étaient armés de fusils à tir rapide et de canons rayés, ils étaient quatre contre un, en maintes circonstances ils ont été battus, ont subi des pertes sensibles quand ils ne se trouvaient plus protégés par leurs

---

1. *Le Danemark*, Oscar Comettant.

batteries. Mais leurs rodomontades, leur vanité sans bornes, exagéraient les moindres avantages, changeant imperturbablement les défaites en éclatantes victoires. Un jour, trois officiers et seize soldats danois se rendent dans une petite île voisine d'Alsen et y enclouent deux canons d'une batterie qui, depuis la veille, incommodait de ses feux l'armée danoise ; ce trait d'audace émerveilla tellement les Allemands, que le lendemain ils le prenaient à leur compte [1].

Les Danois supportèrent avec la plus noble fierté les malheurs qui les frappaient. Les soldats eurent, autant que leurs officiers, le sentiment de leur devoir et de leur dignité : étonnés de voir les Prussiens toujours bien renseignés sur leurs préparatifs et leurs dispositions, ils se croyaient entourés d'espions et de traîtres, — telle est, par malheur, l'impression de tout soldat en déroute ; — leur discipline toutefois ne se relâcha pas un instant, et, après la retraite dans l'île d'Alsen, au milieu du désarroi général, un témoin oculaire [1] déclare n'avoir pas rencontré un seul homme ivre.

Nous n'avons pas voulu, en retraçant dans ces quelques lignes l'histoire de la guerre des duchés par laquelle la Prusse commença la série de ses conquêtes, nous donner la puérile satisfaction d'émouvoir le lecteur ; nous ne voulons pas davantage établir des rapprochements que, sans doute, chacun fera bien de lui-même, mais il nous a paru utile, en parcourant les pays qui avaient servi de théâtre à cette mémorable lutte, de rappeler au souvenir

---

1. *Le Danemark*, Oscar Comettant.

des faits contemporains, que ceux de la même nature dont nous avons naguère été victimes font cependant paraître déjà loin de nous.

De la question politique, nous n'avons à nous occuper : néanmoins il n'est pas hors de propos de faire ressortir la similitude des situations faites par la Prusse à ses adversaires, en 1864-1866-1870. Les mêmes moyens précèdent la déclaration de guerre, c'est toujours la Prusse qu'on attaque, elle qui se défend [1] ; puis, la guerre déclarée, il se trouve que ces gens pris à l'improviste sont admirablement préparés, que leurs troupes sont concentrées, leurs soldats exercés, leurs arsenaux pleins, leurs armes perfectionnées, tandis que leurs adversaires n'ont ni un homme ni une pièce de canon à mettre en ligne et, perdant un temps précieux en dispositions préliminaires, se font battre avant d'avoir pu trouver une alliance ou un appui.

Tout cela est de bonne guerre, la chose est incontestable. Peut-être vaut-il mieux voir les autres employer de tels procédés que de les employer soi-même ; en tout cas, le meilleur moyen d'en diminuer la portée est de les constater et les faire connaître.

Comment à une époque telle que la nôtre, — quand les chemins de fer, les bateaux, les télégraphes mettent un peuple à même de savoir si bien et si vite ce qui se passe chez les autres, — ignorons-nous si complétement ce que font les Allemands, tandis qu'eux sont si bien fixés sur tout ce que nous faisons nous-mêmes ? La chose est facile à comprendre : nous n'allons jamais chez eux, nous

---

[1]. La Prusse et l'Autriche comptaient, en 1874, soixante-dix millions d'habitants, le Danemark un million six cent mille.

ne lisons pas leurs ouvrages et les traduisons très-peu ; eux sont constamment chez nous, lisent et traduisent tout ce que nous écrivons. Leur exemple est facile à suivre, et il nous sera d'autant plus profitable que nous serons plus convaincus des avantages à retirer de la connaissance approfondie des qualités et des défauts de nos adversaires, afin de pouvoir nous assimiler les uns et éviter les autres.

DANEMARK

LE DANEMARK

> « Depuis que nous avons commencé à sortir de nos frontières et à regarder autour de nous, nous n'avons encore appris à connaître que l'Angleterre et l'Allemagne[1]; quand on fera un pas de plus, quand on viendra jusqu'en Danemark, on sera surpris de voir ce qu'il y a de trésors amassés dans une ville à laquelle nous n'attribuons pas une grande influence et d'hommes savants dispersés dans un pays qu'un de nos journaux appelait encore dernièrement un pays presque barbare. »
>
> « X. MARMIER. »

LE JUTLAND. — LE PETIT-BELT. — UN FERRY-BOAT.
UNE FERME. — LA FIONIE. — LE GRAND-BELT.
L'ÎLE DE SÉELAND.

Quand la nouvelle frontière qui sépare l'empire d'Allemagne du royaume de Danemark est franchie, le pays change un peu d'aspect; il est toujours aussi plat, mais semble moins triste, moins monotone. Les tourbières sont coupées de grands bois; dans les prairies paissent des animaux parqués, attachés à des pieux séparés, comme en Hollande, par une distance régulière; çà et là apparaissent, comme un point coloré au milieu de l'ensemble

---

1. M. Marmier s'avance un peu loin peut-être en admettant que nous connaissons l'Allemagne et l'Angleterre.

gris et vert, une cabane rouge, une ferme bleue et le pittoresque costume d'une paysanne qui, les yeux grands ouverts, le regard placide, regarde au loin le panache de fumée du train qui file.

Fig. 161.

Le costume de ces paysannes est du reste le détail sur lequel l'attention est le plus vivement attirée (fig. 161). La coiffure a la forme d'un bonnet persan fixé par des rubans noués sous le menton, sur les épaules une courte pèlerine de drap décorée à son extrémité de broderies de couleur ou d'ornements en métal, variés de formes et cousus sur l'étoffe ; les manches sont étroites et courtes ; le bras reste nu jusqu'au coude pendant l'été ; l'hiver, il est renfermé dans de longs et épais gants de peau; des bracelets en métal ou en velours noir arrêtent le poignet; la jupe est en étoffe épaisse, brune ou rouge foncé, et le tablier en soie ou en laine rose, bleue, verte. Les tons sont un peu tranchés, mais la pâle lumière du nord les harmonise et les atténue, au lieu de les exagérer comme le ferait l'éclatant soleil du Midi.

Sur la droite du chemin apparaît l'extrémité d'un port aux eaux vertes et transparentes : c'est Fredericia, où nous devons nous embarquer pour traverser le Petit-Belt.

Cette traversée s'opère au moyen d'un ferry-boat (bateau porte-train), mode de transport dont les exemples assez fréquents en Amérique sont encore rares en Europe[1].

Le Petit-Belt n'a pas 2 kilomètres de largeur; cependant cette traversée si courte est, quand règnent certains vents, difficile et parfois même dangereuse, à cause des courants, des bas-fonds et des récifs qui obstruent le détroit; aussi les grands bâtiments évitent-ils toujours ce passage que franchissent presque uniquement les caboteurs et les bateaux de pêche.

Le débarquement et l'embarquement des bagages pour un aussi court trajet causaient une grande perte de temps, nécessitaient des manœuvres longues et fatigantes; c'est donc une amélioration considérable que celle réalisée par la compagnie des chemins de fer danois et qui consiste à amener directement les wagons sur le bateau qui les porte à la rive opposée où ils sont replacés sur les

---

[1]. Il n'existe de bateau porte-train, en Europe, croyons-nous, que sur le lac de Constance et le Petit-Belt. Il a été, en ces derniers temps, question d'en installer un de Calais à Douvres. (Système Dupuy de Lôme.)

rails : double résultat obtenu par une disposition et une manœuvre des plus simples.

La voie, suivant dans son parcours une direction presque perpendiculaire à la mer, s'oblique en approchant de la plage de façon à lui devenir parallèle, puis directement ou à rebroussement, selon le sens dans lequel arrive le train, gagne l'estacade terminée par un pont mobile à l'extrémité duquel est amarré le bateau.

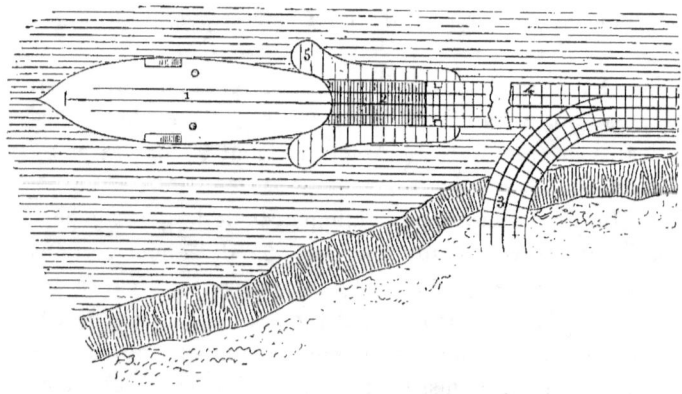

Fig. 162.

1. Bateau porte-train.
2. Pont mobile.
3. Voie de dégagement.
4. Voie d'arrivée.
5. Estacade.

Comme la Méditerranée, la Baltique n'est pas sujette aux mouvements de flux et de reflux : le niveau du pont mobile de l'estacade et celui du pont du navire sont donc ainsi presque toujours sensiblement les mêmes. On pourrait, du reste, remédier aux difficultés que présenterait le changement amené par la haute et la basse mer, en enfermant le navire dans une écluse dont le niveau serait facilement ramené, d'abord, à celui du pont mobile, ensuite à celui de la mer. Les deux voies de fer, celle du navire et celle de l'estacade, étant une fois placées en exact prolongement, les wagons à charger sont refoulés par une locomotive qui ne monte pas sur le navire, mais reste en dehors. Les wagons ainsi chargés, généralement au nombre de trois ou quatre, sont successivement poussés l'un après l'autre, afin de laisser la possibilité de modifier le

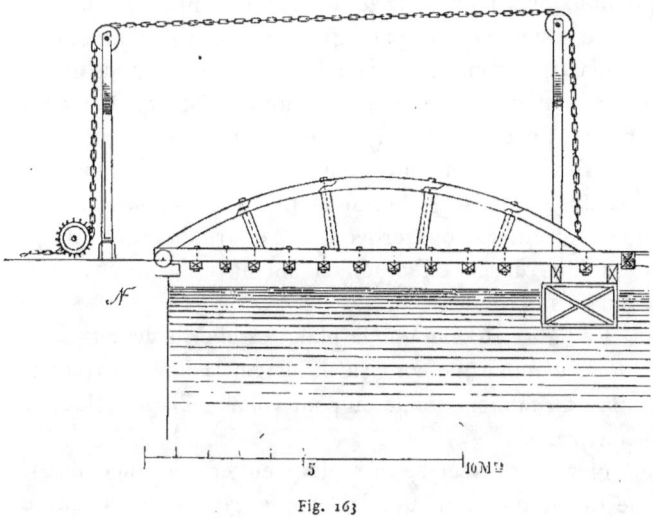

Fig. 163

niveau du pont mobile suivant que le bateau s'enfonce davantage sous une charge nouvelle; une fois à bord, on cale solidement les wagons qui restent à découvert sur le pont; les systèmes en usage en Amérique les font au contraire pénétrer dans l'intérieur du bâtiment.

Ces wagons ne sont le plus souvent que des wagons de marchandises ou des fourgons de bagages, les wagons à voyageurs ne sont transportés que lorsque l'état de la mer le permet; mais, dans tous les cas, les voyageurs peuvent, dès qu'ils sont à bord, aller et venir à leur gré et ont toutes les facilités possibles pour se promener sur le pont et dans l'intérieur du bateau pendant le temps de la traversée; les rails occupent l'axe du bâtiment, la machine ne peut donc être installée à sa place habituelle, et il faut pour sa construction avoir recours à un système de cylindres horizontaux d'une disposition trop spéciale pour que nous puissions en parler en connaissance de cause.

Le système de ces passages d'eau, sans déchargement et sans changement de voitures, offre de grands avantages; mais il devient souvent impraticable par les gros temps, les manœuvres au départ et à l'arrivée étant alors très-difficiles ; d'un autre côté, bien que l'opinion contraire ait été émise par un homme d'une compétence difficile à discuter, nous croyons très-périlleux un voyage de quelque durée effectué sur un navire trop chargé à sa partie supérieure.

La figure 162 indique le plan des abords de la gare et du quai d'embarquement sur la plage; la figure 163, l'ensemble du tablier mobile ou pont volant reliant l'estacade au navire.

Notre traversée se fit rapidement et sans encombres. Une fois le navire mouillé sur l'autre rive, une manœuvre semblable, mais inverse à celle de l'embarquement, amena les wagons à quai, puis les fit monter sur les rails qui devaient les conduire à destination.

Au moment de prendre place dans le train, nous voyons quelqu'un s'avancer vers nous, l'air souriant, la main ouverte; nous reconnaissons un ancien compagnon de voyage; nous nous étions connus autrefois en allant de Rome à Viterbe, enfermés dans une malle-poste pontificale, à caisse jaune, qu'escortaient deux de ces magnifiques carabiniers, à l'air terrible et martial, dont la présence rassurait le voyageur sur les conséquences d'une fâcheuse rencontre, mais qui, grâce à leurs hauts panaches, servaient à prévenir les brigands (quand il y en avait encore) de la valeur et de la qualité des gens qui passaient près d'eux.

Nous renouons connaissance pendant que le train se met en marche. Notre dernière rencontre datait de quelques années auparavant; nous nous étions quittés à Paris après une longue soirée passée, lui à raconter, nous à entendre les péripéties de la lutte du Danemark contre la Prusse en 1864. Nous nous retrouvions en Fionie en 1872; nous avions, hélas! à notre tour, à raconter les désastres de 1870.

Notre ami était Norwégien, c'est-à-dire du pays d'Europe qui professe la plus vive admiration et la plus énergique sympathie pour la France.

« D'où venez-vous? lui fîmes-nous tout d'abord.

— Du Midi.

— Vous revenez d'Italie?

— Eh! non, du Jutland.

— Vous appelez cela le Midi?

— Dame! quand on habite Christiana.

— C'est vrai!

— Et vous, où allez-vous? dans le Nord?

— Oui, à Copenhague.

— Vous appelez cela le Nord!

— Dame! quand on vient de Paris.

— C'est vrai, le tout est de s'entendre. »

Et nous voilà de rire, puis un moment après

« Eh bien, au lieu d'arriver ce soir à Copenhague, vous y arriverez un peu plus tard; vous n'avez pas besoin de vous arrêter à Odensée, où la cathédrale même offre peu d'intérêt pour un architecte. Je vous emmène avec moi dans une ferme que je possède près de Nyborg. Cette ferme est exploitée par un ami, un compatriote, qui vient de la construire et de l'installer de façon à étonner un Français. Vous aurez là un curieux aperçu de nos mœurs scandinaves, un intéressant exemple de ces constructions en bois que vous autres, Européens, comme on dit à Christiana, vous êtes trop disposés à croire des huttes de sauvages construites avec des troncs d'arbres.

Il n'y avait qu'une seule réponse possible, c'était de remercier et d'accepter.

Peu après, le train s'arrêtait, nous étions à Nyborg, aux bords du Grand-Belt. Au lieu de monter sur le bateau qui traverse le détroit, nous prenions place dans un de ces grands chars du pays, attelés de trois chevaux de front, qui nous entraînaient au grand trot sur un chemin côtoyant la côte.

C'était la première fois que nous apparaissait un vrai paysage du Nord. La mer aux teintes verdâtres caresse doucement le sable du rivage, de grandes plaines uniformes s'étendent en avant, fermées par des bouquets de hêtres et de bouleaux, des champs interrompent la pâle verdure des prairies ou les noires tranchées des tourbières; de temps en temps, un parc avec ses pelouses soignées et fleuries, une riche habitation cachée derrière des bosquets, puis des fermes, des exploitations agricoles entourées de champs d'un blé maigre et court, une ceinture d'arbres fruitiers et de nombreux troupeaux rentrant à l'étable; le long de la côte, un gai village de pêcheurs, maisonnettes basses au toit écrasé, peintes de vives couleurs en briques et en bois, aux carreaux de vitre luisants, et, sur le faîtage du toit, une découpure dont l'extrémité rappelle grossièrement la proue d'un navire; les portes entr'ouvertes laissent apercevoir des intérieurs propres et nets, sur la grève sèchent des filets, le bateau est tiré à terre, les enfants et les femmes nous regardent curieusement passer, les hommes soulèvent pour nous saluer leurs gros bonnets de laine; ils sont robustes, vigoureux, ont le regard tranquille et bienveillant. Ces braves gens, à l'existence calme et débonnaire, qui vivent honnêtement de leur métier de pêcheurs et pratiquent toutes les vertus de la famille, descendent, cependant, de ces hardis pirates dont les terribles exploits étaient la terreur des mers; qui, au IXe siècle, remontaient la Seine jusqu'à Paris et, au XIIe, s'emparaient de la couronne d'Angleterre; ils ne paraissent pas se douter que leurs ancêtres aient été d'audacieux forbans, eux dont la probité et la loyauté font croire au retour de l'âge d'or.

Nous avons laissé la côte; la route s'enfonce dans l'intérieur des terres, nous traversons une forêt, la solitude se fait autour de nous. Une vieille femme passe, courbée sous une énorme botte d'herbes, pleine de fleurs que, tout en marchant derrière elle, broute une petite vache maigre. Sur le pas de la porte d'une chaumière, trois enfants mangent de bon appétit un grossier pain noir; le pas des chevaux, les excitations rauques et dures que leur adresse le conducteur se font seules entendre sous les grands arbres : nous-mêmes gardons le silence. Tout est calme et tranquille; la nature et les hommes sont empreints d'une douce mélancolie et expriment une indicible expression de tristesse; la lumière est douce et comme tamisée à travers une gaze; les effets d'ombre s'accusent à peine; rien ne heurte le regard, rien non plus ne l'attire vivement ni ne le retient; le silence est grand, profond : pas de cris, pas de chants, à peine au loin le piaillement de quelques oiseaux qui se couchent dans la feuillée, le mugissement d'un bœuf ou le bruit d'une charrette dont les roues grincent sur les essieux. Puis l'horizon s'élargit tout à coup, notre attelage accélère son allure, le fouet du conducteur claque bruyamment et, au moment où le soleil va disparaître à l'horizon, se montre un groupe d'habitations régulièrement disposées ; les toits sont rouges, les derniers rayons de soleil brillent sur les murs en sapin verni, une cloche se fait entendre pour annoncer notre arrivée ; la voiture franchit la grande porte, tourne dans la cour et s'arrête devant une maison sous la véranda de laquelle nous attendent nos hôtes qui nous souhaitent la bienvenue.

Nous montons quelques marches abritées par un petit porche en bois, et, guidés par le maître du logis, traversons la véranda qui sert de vestibule, puis pénétrons dans la « salle » à la fois salon d'honneur, de réception et salle à manger. Le sol est couvert de branches de verdure émaillées de fleurs rouges, bleues, jaunes, qui forment un riche tapis aux brillantes couleurs ; les buffets dressés aux extrémités sont entourés de guirlandes de fleurs, sur les parois des murs des couronnes de feuillage ; l'œil est surpris de ce décor qui doit tout à la nature. Un doux parfum de résine et de plantes sauvages monte à la tête. Les présentations faites, on nous conduit à nos chambres : nous occupons celle de l'étranger, vaste pièce du premier étage avec large lit, placé debout, meubles de sapin, fenêtres sur chaque face s'ouvrant, d'un côté, sur une galerie qui répète la véranda du rez-de-chaussée, de l'autre, sur une galerie couverte. Mais le temps nous manque pour tout examiner, il nous faut descendre bien vite, c'est l'heure du repas et nous nous asseyons à la table de famille.

Le repas, — il nous faut en parler, — débute par une

soupe douce, mélange composé de boulettes de viande nageant dans un bouillon où se trouvent pêle-mêle des pruneaux, des zestes de citron, des morceaux de réglisse, des raisins de Corinthe, de l'orge, du poivre et du sel. Heureusement que, pour assurer la digestion de ce mets effroyable, on nous verse d'excellente bière, servie dans de petits carafons placés devant chaque convive, et de l'eau-de-vie de seigle qui ôte au palais le souvenir de tout ce qu'il a pu précédemment absorber; viennent ensuite des *beefsteaks* d'esturgeon, des *rogbrod,* tartines de pain noir enduites de beurre et de moutarde enveloppant des tranches de jambon ou de bœuf fumé, et des *rodgrod,* sorte de puddings, mets des plus résistants, mais en somme fort acceptables.

Après le repas, longue causerie avec notre hôte et notre ami : des souvenirs, des récits, puis la soirée s'avance. Nous rentrons dans nos appartements; la nuit est claire, fraîche, la brise apporte les vagues senteurs des forêts de pins, le doux parfum des fleurs et le murmure lointain de la mer sur le sable de la plage; par les fenêtres entr'ouvertes arrivent jusqu'à nous les accents un peu durs d'une voix de femme qui, dans la cour, fait entendre, au milieu d'un groupe de serviteurs, le refrain d'un vieux chant runique.

Le lendemain, on nous fait procéder à une visite en détail de la ferme et de ses dépendances. Notre hôte est né en Norwége; des circonstances particulières l'ont amené à quitter son pays; il est venu se fixer dans un coin de la Fionie avec sa femme et ses enfants, deux jolies petites filles blondes aux yeux gris, qui ne nous quittent pas du regard, cherchant à comprendre le sens de nos phrases et de nos gestes. Cette famille a transporté avec elle les coutumes et les habitudes du pays natal, et son habitation offre en bien des parties la reproduction des souvenirs qu'elle aime à retrouver et cherche à faire revivre.

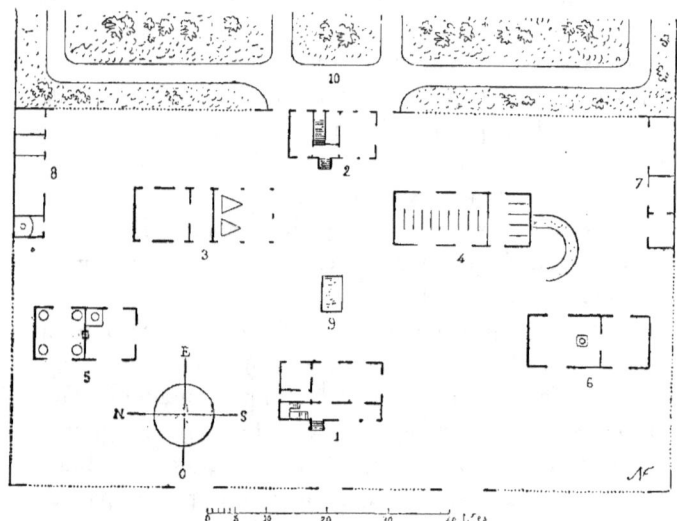

Fig. 164.

1. Bâtiment des maîtres.
2. Bâtiment des serviteurs.
3. Granges, remises.
4. Étable, écurie.
5. Buanderie, four.
6. Ateliers.
7. Laiterie, hangars.
8. Poulailler, porcs, privés.
9. Abreuvoir.
10. Jardin potager.

Nous commençons par sortir de l'enclos qui renferme les cours et bâtiments, dont l'ensemble s'appelle en norwégien *gaard*, et nous regardons devant nous. La masse dessine (fig. 164) un grand losange couvert de constructions variées de hauteur et de dimension, toutes dirigées dans le même sens, c'est-à-dire présentant au nord un étroit pignon (fig. 165); chacune d'elles, affectée à un service spécial, se trouve séparée de la voisine par une cour, sorte de large chemin de ronde et d'isolement; la seule matière mise en œuvre est le bois, à l'exception des couvertures qui sont en tuile. En face de l'entrée, un

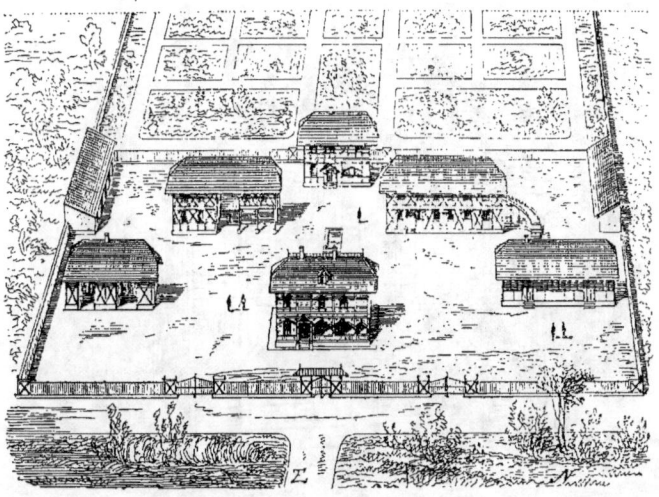

Fig. 165.

premier bâtiment (fig. 166) plus élevé, plus décoré que les autres, c'est l'habitation du fermier; au rez-de-chaussée, un porche qui, comme nous l'avons dit, abrite l'escalier extérieur, et une large véranda servant de vestibule, sur laquelle s'ouvrent toutes les pièces. Cette véranda est, pendant l'hiver, close au moyen de châssis vitrés et sert de parloir pour la réception des personnes qui ne doivent pas pénétrer dans l'intérieur; elle donne accès à la *salle,* vaste pièce consacrée à la vie commune, aux réunions de la famille et dans laquelle se prennent les repas; à côté se trouvent la cuisine, les privés et la cage

Fig. 166.

de l'escalier desservant le premier étage, où sont disposées une galerie répétant la véranda inférieure, deux grandes pièces et une plus petite. Sur la face opposée à la véranda, du côté regardant la ferme, est établi un balcon en encorbellement. Ce balcon couvert est fermé par des châssis vitrés qui, avec la galerie inférieure, forment la partie de la maison consacrée au jeu des enfants, aux promenades des habitants quand, retenus chez eux par la neige, le froid et des nuits de dix-huit et vingt heures, ils ne peuvent sortir de leurs habitations. Ce balcon sert en outre d'observatoire au fermier, lui permet de voir dans toutes leurs parties les divers bâtiments de son exploitation et facilite sa surveillance.

Les constructions sont, nous l'avons dit, entièrement en sapin et se composent de pans de bois, très-différents des systèmes d'assemblages dissimulés sous un enduit que nous élevons chez nous : ils sont construits au moyen de petits poteaux de $0^m,18$ sur $0^m,20$ d'équarrissage, réunis par des madriers horizontaux assemblés à rainures et languettes, et encastrés dans des potelets; ce parement est recouvert extérieurement par des bardeaux en sapin. Les madriers de l'intérieur ont $0^m,05$ à $0^m,07$ d'épaisseur, les lambris de revêtement $0^m,03$, les bardeaux $0^m,05$ de large, $0^m,12$ de long et $0^m,012$ d'épaisseur. L'extrémité de ces bardeaux affleure la saillie des poteaux verticaux; la charpente se compose de chevrons portant fermes, c'est-à-dire que chaque chevron forme arbalétrier. Cet ensemble présente, en définitive, une véritable boîte en sapin[1].

L'intérieur (fig. 167) de cette habitation et son installation générale sont des plus simples et ne décèlent aucune recherche de luxe, aucun désir de paraître, mais au contraire l'amour du chez-soi et de la vie intime.

Les parements sont garnis d'une étoffe de feutre très-épaisse, maintenue à la cloison au moyen d'un lattis en losange sur lequel des applications de petits triangles de bois

---

[1]. Ce procédé de mise en œuvre des bois de sapin n'est pas le seul employé en Danemark et en Suède. (Voir à ce sujet : *Encyclopédie d'architecture*, 1872. — Compte rendu de l'Exposition des pays du nord de l'Europe, Félix Narjoux. — Librairie Morel, 13, rue Bonaparte.)

forment des combinaisons bizarres autant qu'ingénieuses. Dans la pièce principale, la partie laissée apparente de l'étoffe est décorée d'une fleur ou d'un dessin géométrique ; ce point coloré égaye et anime ces surfaces que

Fig. 167.

leur répétition rendrait, sans cette précaution, froide et uniforme. La corniche est ornée d'une découpure en sapin dont les fonds ont reçu un ton accusé sur lequel l'ornement se détache en clair; le plafond est formé de solives apparentes réunies par des traverses, présentant ainsi des caissons dans lesquels s'appliquent des rosaces en bois découpé et verni, qui s'enlèvent sur le ton bleu ou rouge du fond.

Les meubles sont également en sapin. Les siéges, il faut l'avouer, manquent de confortable, mais les lits sont vastes, enfermés dans d'épaisses tentures, et placés debout; dans la salle, on nous fait remarquer deux grands buffets entourés de couronnes de fleurs qu'on remplace pendant l'hiver par des guirlandes en papier découpé de diverses couleurs; les fenêtres sont doubles, les vitres brillantes, aucun rideau ne gêne l'introduction de la lumière; les persiennes ne sont pas en usage. De grands poêles de faïence dorée et peinte répandent partout une chaleur douce et égale, mais privent les assistants de la vue de la flamme joyeuse qui saute et petille dans l'âtre des cheminées de nos campagnes.

La salle a une destination multiple : elle sert aux usages de la vie ordinaire, aussi bien qu'aux fêtes de famille et aux repas qui suivent les chasses et les pêches. Les mœurs du Nord, moins policées que les nôtres, ont conservé certaines traditions de rudesse disparue chez nous, et il n'est pas rare, encore aujourd'hui, de voir dégénérer en orgie ces fêtes qui, autrefois, finissaient presque toujours par des combats.

Des constructions de ce genre sont bien appropriées aux exigences du climat de ce pays qui réclame, avant tout, qu'une habitation soit sèche et chaude en hiver, mais elles ont l'inconvénient d'offrir un facile aliment au feu; afin de se défendre autant que possible contre ce danger, chaque bâtiment a une destination différente et est séparé de son voisin par un large espace servant de cour et de passage (fig. 165). Un souvenir des anciennes traditions du Nord ne permet pas aux serviteurs de dormir sous le même toit que le maître; ils habitent un logis séparé, placé en face de celui destiné au chef et à sa famille. Ce bâtiment comprend : au rez-de-chaussée la salle commune, une cuisine et une pièce servant de bureau; à l'étage, des chambres à coucher.

A droite du bâtiment des serviteurs est celui des écuries dans lequel sont disposées, au rez-de-chaussée, l'écurie des chevaux et l'étable des bêtes à cornes; le premier étage, auquel on arrive par un plan incliné, est réservé aux chèvres et aux moutons; en face et de l'autre côté de la cour, s'élève la grange, contenant l'aire à battre et, au-dessus, les greniers à fourrages; en avant, très-isolés à cause de la crainte du feu, les buanderies et le four, et, lui faisant face, les ateliers pour la réparation, l'entretien et la construction de tous les outils, appareils et meubles nécessaires aux usages domestiques. Le Danemark, pays essentiellement agricole, manque de centres manufacturiers, et chacun se trouve ainsi, dans bien des cas, obligé à fabriquer les objets dont il a besoin; certains paysans sont même assez adroits en ce genre pour confectionner des horloges de bois très-suffisantes à leur service. Comme complément de cet ensemble de bâtiments, dont notre figure peut donner idée, s'élèvent de chaque côté de la cour des hangars et abris secondaires, puis au fond se trouve un grand jardin potager.

Tous ces bâtiments sont couverts en tuiles, et leur faîtage est décoré d'une de ces découpures dont la forme rappelle vaguement la proue d'un vaisseau; dernier souvenir de l'existence première de ces populations maritimes qui n'avaient alors d'autres demeures que le pont du navire sur lequel s'écoulaient leurs jours.

Les produits agricoles comprennent le froment, dont la récolte est souvent compromise par des chaleurs hâtives ou des froids tardifs, le blé noir et les fourrages. Les travaux des champs se répartissent dans un espace de temps plus court que dans les pays méridionaux; il faut en peu de mois semer et récolter; la culture plus active sous ces climats donne aussi des résultats moins favorables, le printemps et l'automne existent à peine, et l'on quitte les longues et froides nuits d'hiver pour arriver presque subitement aux chaleurs de l'été. Le retour du soleil, l'époque où de nouveau il vient féconder la terre, sont des jours de joie que les campagnes saluent et célèbrent par des fêtes et des réjouissances publiques auxquelles chacun, vieux ou jeune, riche ou pauvre, prend sa part.

Le 1er mai, quand la froide bise du Nord a cessé de souffler, quand la neige se fond sous les premiers rayons du soleil et que les épaisses brumes qui enveloppent la terre pendant des mois entiers ont enfin disparu, les paysans se revêtent de leurs plus beaux atours, les garçons entourent leurs chapeaux de rubans de couleur, les filles garnissent de fleurs printanières le corsage de leurs robes claires, puis tous en longues files, musique en tête, se dirigent, à pied ou montés dans des chars, vers le lieu désigné par chaque groupe de villages pour célébrer le *retour du printemps*. La journée se passe en jeux de toutes sortes, en danses surtout, et se termine par un immense festin auquel chacun contribue et que préparent ceux auxquels l'âge interdit les distractions trop bruyantes; enfin, au moment de se séparer, tous les assistants choisissent parmi eux un roi et une reine qu'on couronne de fleurs, qui, pendant toute l'année, portent le titre de roi et de reine du printemps, jouissent de certains priviléges dont le résultat final est le plus souvent une heureuse union.

Mais l'époque de ces fêtes est loin ; ce n'est pas le printemps, c'est l'hiver qui s'avance ; nous ne sommes cependant qu'au mois de septembre et déjà les nuits sont fraîches, une brume légère couvre chaque matin les champs et la mer ; aussi faut-il nous hâter et ne pas nous attarder en route. Nous reprenons donc le chemin déjà parcouru et, munis de chaudes lettres de recommandation pour des amis de Copenhague, nous allons nous embarquer sur le Grand-Belt, retrouver notre itinéraire si heureusement interrompu ; notre ami nous accompagne et, chemin faisant, nous parle du Danemark et de sa population.

Malgré les désastres qui ont accablé ce pays, on sent qu'il jouit encore d'un certain bien-être. L'agriculture y est prospère ; le Danois est plus propre aux travaux agricoles qu'aux travaux industriels. Honnête, laborieux, intelligent, très-attaché au sol, il est prudent et risque rarement dans des entreprises l'argent qu'il a eu tant de mal à gagner ; aussi l'industrie du pays n'est-elle pas en progrès. Les grandes fortunes y sont aussi rares que l'extrême misère, et l'instruction publique s'y développe chaque jour de plus en plus. Trapu, robuste, les pommettes de la face saillantes, le menton carré, indices de force et de résolution, le Danois n'a pas cette allure vive, souple et gracieuse qui constitue le plus grand charme des races latines ; il y supplée par l'énergie et la persévérance : hardi marin, il fait connaître le drapeau national dans les mers les plus lointaines, jusqu'à l'extrémité de la Chine ou du Japon.

L'influence de la France est nulle dans le pays, et cependant son nom y excite la plus vive sympathie. Nous en avons acquis bien des fois la preuve par la suite.

Autrefois Hambourg faisait la loi dans toute la Scanie et le Danemark; mais, depuis les annexions de l'Allemagne, les races scandinaves et germaines se séparent chaque jour de plus en plus et l'influence anglaise tend à les remplacer.

Un grand projet dont la réalisation assurerait au Danemark tout le transit des marchandises transportées de Suède en *Europe,* et réciproquement, est en ce moment l'objet des plus sérieuses études : il s'agit de relier Copenhague à Vordingborg par une voie ferrée, puis d'atteindre, au moyen d'une série de ponts fixes, les îles Falster et Laaland, d'où un paquebot traversant le détroit de Fehmern atteindrait l'île de ce nom rattachée directement au continent par une nouvelle série de ponts fixes. L'exécution de ces travaux changerait certainement la face du pays et modifierait ses tendances, en substituant à l'influence anglaise celle des nations méridionales de l'Europe avec lesquelles il se trouverait en facile et rapide contact.

Le Grand-Belt ne nous est pas propice; la traversée, toujours difficile à cause des bas-fonds, devient pénible quand le vent s'engouffre dans cet étroit corridor, aussi est-ce avec bonheur que nous saluons la ligne verte des prairies de l'île de Séeland.

En approchant des côtes, on retrouve partout l'image de cette vie aventureuse du marin qui assure le développement de ces fortes races du Nord : sur la mer, de nombreuses barques luttant contre les vagues, pas de gros navires, leur tirant d'eau les oblige à passer par le Sund, mais une foule de petits bâtiments caboteurs venant du Cattégat et reliant entre eux les ports de la Baltique; sur la plage, des villages nombreux et rapprochés;

nous distinguons les maisons des pêcheurs avec les filets qui sèchent au grand air, les bateaux mis à l'abri du coup de vent de la nuit, puis de riches enclos d'arbres fruitiers, des parcs, les résidences de plaisir, les villas d'été de la noblesse ou des riches commerçants de la ville.

Une fois monté en wagon, le trajet se fait vite ; la campagne offre toujours le même aspect mélancolique et comme souffreteux; rien d'éclatant ni de luxuriant dans les paysages, terrain plat, végétation fraîche et humide, horizon fermé par des forêts de chênes et de hêtres, nature froide et sévère, qui peut-être inspire la tristesse mais non pas l'ennui.

Bientôt, à gauche, se dessine la profonde échancrure d'un fjord, à l'extrémité duquel se trouve Roeskilde, autrefois résidence royale, siége épiscopal du Danemark jusqu'au moment de l'introduction de la religion luthérienne. Roeskilde qui compta vingt-six églises avec leurs cloîtres, le palais des rois et ceux des princes, qui connut la splendeur et la magnificence d'une cour dont le sceptre s'étendait alors sur les trois États scandinaves; Roeskilde enfin, à qui de toute cette splendeur et de toute cette magnificence, il ne reste que... la cathédrale de Canut le Grand, devenue le silencieux champ de repos des rois du Danemark.

Cette cathédrale, le plus bel édifice en ce genre que possède le Danemark, a été fondée au milieu du XIIe siècle; son plan (fig. 168) est long et étroit. Il comprend une série de travées d'inégales largeurs, terminée par une abside circulaire, et, suivant une disposition d'un emploi fréquent, la poussée des voûtes de la nef est contre-buttée par des arcs logés sous les combles des bas côtés. Comme tous les édifices de cette époque élevés dans l'extrême Nord, la cathédrale de Roeskilde est déshonorée par des additions plus ou moins importantes qui ont dénaturé sa forme primitive et modifié non-seulement ses

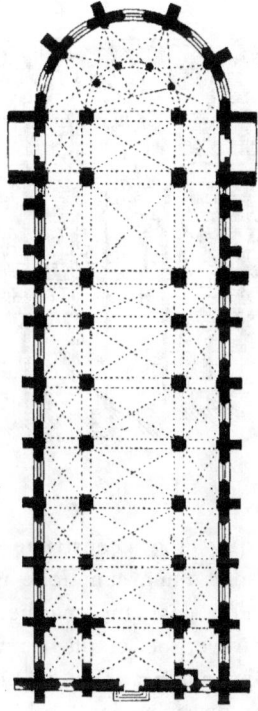

Fig. 168.

détails, mais même ses proportions. Le chœur, grand, large, haut, le transsept et ses bas côtés surmontés de galeries qui les écrasent, laissent deviner ce que devait être ce monument à l'époque de sa splendeur, hélas! bien loin; et, pour comble, tous les parements intérieurs ont, en ces derniers temps, été recouverts de peintures éclatantes, représentant des fleurs, des rameaux d'arbres, de verdure, qui ont complétement détruit le caractère de grandeur et de noblesse de l'édifice.

Fig. 169.

Les façades (fig. 169), construites en granit appareillé avec soin, sont d'une simplicité un peu primitive, mais dont l'effet n'est pas sans charme, et rappelle nos monuments de l'Auvergne et du Limousin, élevés au moyen âge avec des matériaux du même genre.

Les tombeaux des rois sont nombreux. On les a avec exagération comparés à ceux de Saint-Denis. L'un d'entre eux cependant attire l'attention : c'est celui de Christian IV, surmonté d'une statue par Thorwaldsen.

La campagne environnante est remplie de tombeaux, de monuments funèbres, de pierres runiques, et abonde en souvenirs de l'histoire mythologique, de la poésie et du paganisme du Nord dont ce pays fut le berceau.

A Lethraborg, se retrouvent les autels où s'offraient les sacrifices humains; à Leire, la légende de Hrolf et de ses douze géants; c'est à Hleidra qu'existait le bois sacré de la déesse Hertha, avec le lac dans les flots duquel elle précipitait les indiscrets dont les regards l'avaient surprise au bain; c'est ce sol que foulait son char attelé de vaches, c'est à l'ombre de ces hêtres que s'accomplissaient les horribles sacrifices d'êtres humains accouplés avant d'être mis à mort; mais si les monuments qui retracent ces souvenirs ont un intérêt archéologique, leur intérêt artistique est nul, et nous avouons en toute humilité, du reste, que les plus belles inscriptions runiques sont pour nous lettre close.

Néanmoins, comme il n'est pas possible d'être venu en Danemark sans parler de Runes et d'Odin, nous allons en dire quelques mots.

Odin passe pour l'inventeur des Runes; comme elles sont taillées et coupées dans la pierre, on a prétendu que leur nom venait d'un mot gothique ayant ce même sens, ou d'un autre mot gothique *Rona* qui signifie *secret,* explication en rapport avec leur sens mystérieux; mais comme les Allemands ont la prétention d'avoir tout découvert et d'être l'origine de toutes choses, ils ont voulu que le mot Rune vînt d'un mot de leur langue *Raunen,* qui signifie murmure, allusion un peu..... allemande au rôle des Runes, qui, grâce aux explications des savants, murmurent à peu près tout ce qu'on veut.

L'alphabet runique se compose de seize caractères regardés comme étant d'origine phénicienne, et dont chacun a un nom et un sens propres; ces caractères se groupent, se mêlent, s'entrelacent, se lisent de gauche à droite, de droite à gauche, et donnent ainsi lieu à des traductions qui varient suivant les pays et les individus.

Les Runes n'étaient pas seulement des signes graphiques, elles constituaient un pouvoir mystérieux, un charme à la puissance duquel les initiés avaient recours en certaines circonstances; on leur attribuait le pouvoir d'inspirer la tendresse, de ressusciter les morts, de guérir les malades, d'apaiser les orages et d'éteindre les incendies, etc., etc.

Les chants runiques sont empreints d'une poésie bizarre et mystérieuse, qui frappe l'imagination et l'emporte bien loin dans le royaume des rêves et de l'invraisemblable. Il est difficile d'oublier ces accents quand on les a entendus, ne fût-ce qu'une fois, tant est profonde l'impression que causent ces paroles mystiques, au sens inconnu, modulées sur un rhythme d'une énergie et d'une harmonie étranges.

COPENHAGUE

I

ASPECT GÉNÉRAL.

La gare est un bâtiment en bois, couvert par une charpente à la Philibert Delorme, et qui ne ressemble guère au magnifiques halles en fer et en verre des chemins français; mais, comme compensation, la police et la douane nous donnent vite notre liberté, et nous voilà dehors sur une large avenue plantée d'arbres, en face d'un grand parc et du Norrbro (pont du Nord), par lequel nous pénétrons dans la ville.

Il fait un gai soleil, l'air est tiède, le ciel pur; aujourd'hui nous nous promenons et allons devant nous, regardant à droite et à gauche les gens et les choses, et tâchant de voir le mieux et le plus possible.

L'enceinte de la ville est franchie, nous prenons une rue, traversons une place, prenons une autre rue, et nous voici devant un énorme amas de palais : c'est le Christianborg (palais de Christian — palais Royal), qui ressemble à une forteresse ou à une prison d'État; tout près, un canal couvert d'embarcations chargées de légumes, de fruits et de poissons, puis un dédale de petites rues et un grand espace libre, le Kongens Nytorv, place irrégulière bordée par endroits de constructions hautes, étroites, aux pignons fantastiques (fig. 170); au fond, un palais; à côté, l'Opéra; à l'extrémité, un canal, et, au milieu, une statue cachée dans un massif de roses; à l'angle d'une rue,

Fig. 170.

une enseigne en français : *Restaurant des Dames françaises*. Grand mouvement de populaire sur cette place : voitures, chevaux, omnibus s'y croisent en tous sens; un détachement de soldats passe tambour battant; les hommes sont forts, leur démarche est un peu lourde; leur équipement et leur uniforme se rapprochent du nôtre, ils sont armés de fusils à tir rapide. Nous nous mettons à dessiner : la foule s'amasse, un officier se détache du poste voisin et vient à nous; nous ne comprenons pas ce qu'il nous dit, bien entendu, mais, plein de déférence pour la discipline, pensant qu'il vient nous interdire de continuer notre travail, nous refermons notre Album et nous nous levons pour reprendre notre route; mais ce n'est pas de cela dont il s'agit, paraît-il : nous avons été pris pour un Allemand. On nous demande ce que nous faisons; nous montrons notre Album, où se trouvent des notes en français et notre adresse à Paris. L'officier lit : Paris, Français; les assistants répètent : Français, Paris (en danois quelque chose comme *Frensk, Parisk*). L'attitude des gens qui nous entourent change d'expression, les figures deviennent sympathiques; deux soldats du poste sont détachés pour faire le vide autour de nous et nous permettre de continuer notre croquis. Nous ne savons comment remercier, et, sans nous comprendre réciproquement, nous échangeons avec chacun les mots les plus aimables et les compliments les plus gracieux.

Dans Ostergade (rue de l'Ouest), nombreux magasins, maisons hautes de plusieurs étages, bâties en pierre ou en briques; quelques-unes, de forme bizarre, ont un caractère original et tranché, le plus grand nombre est d'aspect banal et commun; trottoirs dallés en granit rose de Norwége, ceux qu'on vient de laver prennent une agréable couleur, et les grains de mica du granit scintillent au soleil; au bord du trottoir, large et profond fossé, recouvert de forts madriers de sapin, servant à limiter la chaussée et paraissant remplacer les égouts. Les passants vont sans hâte et sans presse, ne se coudoient pas et prennent consciencieusement leur droite. Nous voici dans Gothergade, le Regent Street ou la rue de la Paix de Copenhague : beaux bâtiments, grands, élevés, bien construits; riches magasins superposés, c'est-à-dire placés dans le sous-sol et au rez-de-chaussée. Dans le sous-sol, auquel on descend de l'extérieur par un escalier pris aux dépens du fossé d'isolement, s'installent les tavernes, brasseries, restaurants, marchands de comestibles. Quand on met le pied sur le seuil de la porte, la marche vacille, le visiteur croit qu'il perd l'équilibre et une clochette tinte au fond de la boutique : c'est un signal destiné à annoncer l'arrivée du chaland. Dans les boutiques de rez-de-chaussée, qu'on pourrait bien appeler premier étage, sont les articles de luxe confectionnés à Paris, Londres et Vienne, — orfévrerie, bijouterie, papeterie, — ou bien les fournisseurs plus modestes et non moins utiles, tels que tailleurs, bottiers, marchands de cigares. Pas d'étalage; le niveau de la fenêtre arrive au-dessus de la tête du passant; pas de devantures de boutique, de grandes glaces protégent seules les marchandises, non contre les malintentionnés et les voleurs (ils sont inconnus à Copenhague), mais contre la pluie et le vent. Les marchands les plus méfiants laissent la nuit le gaz allumé; il est impossible de cette façon de se livrer à aucune déprédation sans être aperçu de la voie publique.

Beaucoup de monde à la porte d'un grand jardin; c'est le Rosenborg-have. Nous entrons; on fait de la musique en plein air et on se promène : quantité de jeunes et jolies femmes, teint éclatant, yeux bleus et gris, cheveux blonds; elles sont en robe blanche ou de couleur très-claire, avec une ceinture voyante. Leur taille est libre, leurs cheveux flottent en longues boucles sur leurs épaules et sont seulement retenus à la nuque par un ruban semblable à celui de la ceinture; une sorte de petit toquet à plume est crânement posé sur le sommet de la tête, elles ont le cou dégagé, et sous la transparente étoffe du corsage on devine une riche carnation. Les mains étroitement gantées portent une immense ombrelle et, par un mouvement plein de grâce et de coquetterie, les promeneuses s'enveloppent dans une longue écharpe quand, par instants, l'aigre brise du Nord soulève les boucles de leurs cheveux ou fait frissonner leurs épaules. La belle saison est en vérité si courte qu'il faut s'illusionner le plus possible sur sa durée, et faire honneur des fraîches toilettes d'été au moindre rayon de soleil. Ces femmes sont gaies, rieuses, sourient volontiers pour montrer leurs belles dents, échangent des saluts et des *shake hands* énergiques avec les amis qu'elles rencontrent, ce qui arrive souvent, car tout ce monde paraît se connaître, et a plutôt les allures des promeneurs d'une ville de province que celles des habitants d'une capitale. Les hommes exagèrent les modes de Paris, manquent de ce que nous appelons la distinction, et ont la démarche un peu lourde et pesante.

Par Dronningenstvergade nous arrivons en plein faubourg Saint-Germain : rues larges, tranquilles, calmes, bordées de palais et de riches hôtels séparés de la voie publique par des cours et des grilles en fer forgé; peu ou pas de promeneurs : la noblesse est dans ses terres, ses demeures sont désertes. Ce quartier a grand air. Ces habitations d'une architecture solide n'offrent pas cependant le caractère qu'on pourrait en attendre et rappellent notre *rococo* Louis XV; il faut voir l'ensemble et négliger les détails. A l'extrémité de ce quartier une place octogonale, quatre grands côtés et quatre petits; sur les quatre petits côtés, quatre palais semblables avec des ailes en retour qui s'étendent sur les grands côtés et les rues percées dans les axes. Deux de ces palais sont réunis par des arcades traversant une des rues et formant la résidence royale : la place semble la cour d'honneur des palais. Au milieu se dresse une statue équestre; le tout a l'aspect un peu froid, mais non sans une apparence de grandeur.

Des maçons travaillent dans une rue latérale; ils élèvent un mur en briques, placent méthodiquement leurs matériaux sans se hâter, s'assurent consciencieusement de la régularité des joints, présentent les briques avant de les poser, les assujettissent doucement, emploient mille précautions pour ne pas les briser, les trempent dans l'eau et enduisent leurs mains de goudron afin de ne pas se blesser sur la surface rugueuse des parements; leur tâche est bien remplie, mais ils ne vont pas vite et il faut certes un nombre considérable d'ouvriers pour qu'une maison puisse être construite pendant l'espace si court de la bonne saison; d'autres ouvriers élèvent un mur de face, bâti en moellons, les pierres sont toutes d'égales dimensions; c'est un granit au parement seulement débruti. Les joints très-saillants sont en ciment et passés au calibre qui régularise leur forme. L'aspect du travail est soigné; la pierre grise se trouve encadrée par des joints qui avec le temps deviennent noirs et donnent aux maisons une apparence un peu triste; la main-d'œuvre doit être d'un prix peu élevé, car sans cela cette sorte d'ouvrage serait très-coûteux. Il s'agit, un peu plus loin, de former un arc en pierres de taille; les voussoirs préparés en chantier sont trop longs pour leur épaisseur; ils sont posés sans précautions suffisantes, et leur forme n'est pas calculée pour le rôle qu'ils doivent remplir, en sorte que les joints n'ont pas une largeur régulière; serrés à la base, ils sont lâches au sommet; le savoir de l'appareilleur fait défaut.

Nous ne rencontrons pas un seul mendiant, et nous commençons à comprendre la réputation dont jouit Copenhague d'être la ville la mieux bâtie d'Europe : nous n'avons pas encore vu en effet, et nous ne verrons pas davantage, par la suite, de ces demeures délabrées, de ces taudis malsains dont les plus grandes villes offrent de si tristes exemples. Les faubourgs mêmes ne présentent aucun vestige de ces masures dans lesquelles s'abritent les existences misérables et abjectes de la lie de la population d'une grande ville.

De l'Amaliengade on aperçoit la mer. Voici le port, et ses navires, grands et beaux steamers qui desservent les stations de l'extrême Nord; vive animation mais peu de bruit; langage dur, rapide, saccadé; les matelots russes, grands, forts, au nez épaté, se reconnaissent à leur apparence brutale, à leurs gestes violents. Une taverne installée dans un sous-sol reçoit de nombreuses visites d'ouvriers et de matelots. Nous regardons par la porte laissée ouverte : sur le comptoir sont régulièrement alignés de grands verres pleins de lait, qu'accompagne un autre verre plus petit rempli de kirsch; les Danois boivent, vident chaque verre l'un après l'autre, payent et se retirent sans bruit et sans tumulte; d'un autre côté, se distribuent aux Russes le gin et le kummel : ceux-ci sont bruyants, tapageurs et grossiers; beaucoup d'entre eux se tiennent difficilement sur leurs jambes. Cette sobriété et ces excès offrent un contraste d'autant plus frappant qu'il est circonscrit dans un espace plus restreint.

Nous voici au bord de la mer, sur une longue promenade, la Lange-line, comparée quelquefois à la Chiaïa de Naples. A Naples, on aperçoit, dans l'enceinte du beau golfe, les îles baignées par les flots bleus de la Méditerranée, le riant décor du Pausilippe, les bosquets d'orangers et de lauriers-roses, la silhouette du Vésuve et toute la campagne inondée de cette éclatante lumière qui fait se heurter et s'unir avec bonheur tant de choses opposées et disparates; à Copenhague, on aperçoit le grand mouvement des navires traversant le Sund et se détachant sur les eaux verdâtres de la mer, et la ligne des côtes de Suède éclairée par un blanc soleil du Nord. La Chiaïa et la Lange-line ne sont donc pas précisément la même chose, mais elles peuvent toutes deux avoir leurs mérites et leurs beautés. Ainsi, pendant l'hiver, à Copenhague, quand une glace épaisse a durci le détroit, quand la neige recouvre de son linceul la terre et la mer, l'aspect de cette immense plaine blanche qui s'étend jusqu'au pôle et qu'enveloppe un brouillard glacé, doit sans contredit offrir un spectacle dont la grandeur et la sévère majesté peuvent lutter avec la splendeur des contrées du Midi dans lesquelles, comme à Naples, la nature s'est montrée le plus prodigue de ses dons et de ses faveurs.

A cette extrémité de la ville se dresse la citadelle, château fort plus sombre que dangereux, plus terrible qu'utile, construit d'après le système de Vauban, protégé par deux enceintes dont l'artillerie moderne viendrait vite à bout; puis, tout près, s'élève un quartier formé de longues rues, bordées de petites maisons basses, toutes semblables de formes et de dimensions, parfaitement uniformes en tous points : c'est le quartier des matelots et de toutes les industries maritimes.

Nous traversons le port en bateau, atteignons l'île d'Amok, où se trouvent les grands chantiers de construction de navires; dans une rue latérale sont intallées des boutiques à l'apparence modeste, dans lesquelles des Juifs vendent à vil prix des laques, des curiosités et des porcelaines de Chine ou du Japon; au bout de cette rue nous apercevons la tour bizarre de l'église de la Trinité et, revenant sur nos pas, nous découvrons la flèche de la Bourse, dont la forme ne peut se comprendre ni s'expliquer; enfin, par le Lange-Bro, nous revoyons la Wester-allée et les nouveaux quartiers de Frederiksberg, bordés de riants hôtels, de petites maisons, et des lieux de réunion destinés aux plaisirs populaires pendant les jours de fête de l'été.

Voilà ce qu'une première promenade nous fait voir de Copenhague.

Il nous faut maintenant examiner en détail ce que, dans ce rapide coup d'œil, nous n'avons qu'entrevu en masse.

COPENHAGUE

II

KONGENS-NITORV. — AMALIENBORG. — RONDE-KIRK.
FRUE-KIRK. — CHRISTIANBORG. — ROSENBORG. — BOURSE.
PALAIS DE L'INDUSTRIE. — HÔPITAL. — ÉCOLES.
FREDERIKSBERG : LES ANCIENNES ET LES NOUVELLES
FORTIFICATIONS.

La Kongens Nytorv, place Royale (ou du marché Neuf), sert de transition entre le quartier commerçant et celui habité par la noblesse; elle est vaste et de forme irrégulière; les palais qui la bordent d'un côté sont sans intérêt au point de vue architectural, leur destination est diverse, mais leur caractère reste le même, et on ne reconnaît pas du tout au premier abord pourquoi, par exemple, le Carlottembourg ne sert pas d'École militaire, l'École militaire de Musée des Beaux-Arts et réciproquement.

Sur un des côtés de la place, sont restées debout deux vieilles maisons (fig. 170) du XVIIe siècle, de cette époque appelée Renaissance allemande par les Allemands, qui, dans leur incommensurable vanité, ont voulu se persuader qu'ils avaient créé une école d'architecture, parce qu'ils avaient exagéré les formes et dénaturé les proportions d'œuvres étrangères.

Ces maisons en pierres et en briques sont assez hautes (le peu de surface occupé par la ville enfermée dans son enceinte ne permettait pas aux habitations de s'étendre et les obligeait à s'élever) ; chaque étage est indiqué par un bandeau qui sert d'appui aux fenêtres de l'étage supérieur, les linteaux de toutes les ouvertures sont soulagés par des arcs, les pignons sont aigus avec des retraites ornées de pyramidions burlesques, les descentes des eaux sont restées en place, ainsi que les ancres du chaînage.

Au centre de la place s'élève un monument commémoratif élevé en l'honneur de Christian V, et qu'on a heureusement dissimulé au milieu de massifs de verdure. Cette statue est équestre ; mais il est difficile de reconnaître d'une façon bien positive quel est l'animal qui sert de monture au héros et foule au pied une femme, *symbole de l'envie*. Autour du socle se rangent étonnés d'être réunis, et se regardant en ayant l'air de se demander ce qu'ils font là, Alexandre, Hercule, Artémise et Minerve ; tous ces personnages grotesques et ridicules sont coulés en plomb.

L'Amalienborg (fig. 171) est une série de palais entourant une belle place ; pris isolément, ces palais, d'un aspect triste et froid, paraissent mesquins ; réunis, leur masse en impose, et c'est au point de vue de l'ensemble seulement qu'il faut les envisager, car leurs détails, leur arrangement n'offrent rien d'original, rien de trouvé ni de nouveau.

Le milieu de la place ou plutôt de la cour (fig. 172) de ces palais est occupé par une statue équestre en plomb, comme celle de Christian V, et représentant un

Frédérik ou un Christian dont nous n'osons indiquer le numéro d'ordre de crainte d'erreur ; mais, dans tous les cas, ce monarque libéral et spirituel méritait certes mieux,

Fig. 171.

ne fût-ce qu'à cause de cette jolie anecdote dont il est le héros.

Un des priviléges de la noblesse permettait alors à tout seigneur de se débarrasser d'un vilain dont il croyait avoir à se plaindre, moyennant le payement d'un écu déposé sur son cadavre; ce privilége parut au monarque un peu excessif et il le supprima. Rumeur et bruit à la cour; la noblesse se soulève, fait des représentations mal accueillies, boude et se retire dans ses terres, bref, fait tant et si bien que le *tyran* doit céder et rapporte son décret

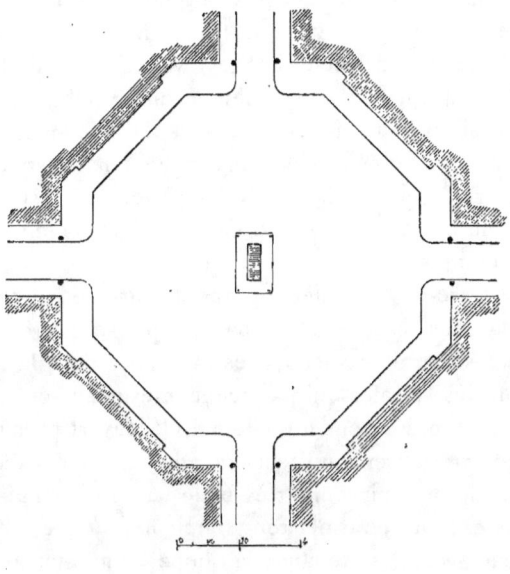

Fig. 172.

Il le fit du reste de bonne grâce et réunit ses hauts et puissants seigneurs pour leur annoncer la restitution du droit qu'ils réclamaient, puis, une fois son discours terminé, il ajouta en forme de péroraison : « Mais s'il ne m'est permis de vous retirer aucun privilége, il ne peut m'être défendu d'en accorder un à mes autres sujets, et j'ai décidé que dorénavant tout homme du peuple aurait le droit de se défaire d'un noble qui lui déplairait moyennant deux écus, car, vous l'avez dit sans doute avec raison, il faut maintenir une ligne de démarcation entre les différentes classes sociales du pays. »

Les églises de Copenhague ne sont pas fort intéressantes. Les plus remarquables ont été détruites lors des grandes catastrophes qui ont frappé la ville ; la Runde-Kirk, bâtie au xviie siècle par Steenwenkel, élève de Ticho-Brahé, — qui ne fut pas seulement un grand astronome, mais aussi un habile ingénieur, — est la plus ancienne de celles restées debout. Elle est conçue dans ce style d'architecture appelé chez nous architecture jésuite, et n'offre de curieux que la pyramide (fig. 173) dont la tour est surmontée.

La base de cette flèche s'appuie sur une calotte que porte la tour, base énorme, haute, épaisse et très-résistante ; des retraites successives ménagées dans la masse forment des spirales qui parviennent jusqu'au sommet de l'édifice et présentent un chemin découvert permettant de faire extérieurement l'ascension de cette flèche du haut de laquelle on jouit d'une très-belle vue. Le commun des mortels exécute ce trajet tout simplement à pied, en rasant le mur ou en se tenant à la rampe, ce qui, malgré ces précautions, n'est pas sans danger pour les personnes dont la tête manque de solidité ; mais certains souverains, comme Christian IV et Pierre le Grand, ont, dit-on, fait ce voyage en voiture attelée de quatre chevaux, extravagance qui inspirait à un écrivain d'autrefois une grande admiration pour les chevaux et pour le cocher.

C'est, on le voit, une grande erreur de comparer la spirale de la Runde-Kirk de Copenhague au plan incliné du Campanile de Venise : l'une offre un sentier extérieur très-pittoresque, accusant une forme bizarre ne pouvant se modifier sans cesser d'être ; l'autre, au contraire, se

Runde Kirk, Copenhague.

dissimule à l'intérieur, ne laisse rien deviner de sa forme et de ses dispositions qui pourraient être différentes de ce qu'elles sont sans que, pour cela, l'édifice fût extérieurement changé ou dénaturé.

La seconde des églises de Copenhague qui mérite une visite, est la Frue-Kirk (église de la Vierge). L'église primitive a été détruite en 1807, par les bombes anglaises; celle qui existe aujourd'hui date de 1829, elle est l'œuvre de Hansen. Ce n'est pas le mérite architectural de ce monument gréco-romain qui y attire le visiteur, mais les sculptures dont l'a orné Thorwaldsen. Les plus remarquables se trouvent dans le tympan de la grande porte d'entrée et dans le fronton de la façade, elles représentent l'entrée de Jésus à Jérusalem et saint Jean prêchant dans le désert; à l'intérieur on voit aussi les statues des douze apôtres, et sous l'autel, logée dans une niche, la colossale tête de Christ si connue. Nous aurons, en visitant le musée Thorwaldsen, l'occasion d'étudier l'œuvre et le génie du grand artiste danois, nous mentionnons seulement ici les sculptures de l'église de la Vierge sur lesquelles nous reviendrons un peu plus loin.

Le Christianborg n'est pas, à proprement dit, un palais, mais bien plutôt la réunion de plusieurs palais de forme, d'importance et de destination différentes, élevés à plusieurs époques, détruits en partie par le feu et la guerre, puis reconstruits sans idée d'ensemble, sans programme arrêté et défini.

On peut, aux simples rapprochements de quelques dates, juger des transformations subies par ce palais. L'évêque Absalon élève en 1168, sur l'emplacement occupé aujourd'hui par le Christianborg, une forteresse qui devient résidence royale, plus d'une fois tombe aux mains de l'ennemi et est un beau jour dévastée de fond en comble; Frédéric IV construit (1726) sur ces ruines un château à *six* étages, qui ne devait pas être une demeure fort agréable et n'eut pas une longue durée, car Christian VI le fit démolir (1740) et remplacer par un nouveau château, un des plus beaux de l'Europe, au dire des chroniqueurs, mais qui malheureusement devint en 1794 la proie des flammes; enfin, en 1828, fut achevé l'édifice que nous voyons aujourd'hui, plus recommandable par ses grandes dimensions que par sa forme et son apparence, car il offre le plus grand défaut qu'on puisse incontestablement reprocher à une œuvre d'art : il est banal et vulgaire.

La cour d'honneur paraît triste, l'herbe croît entre les pavés, la base des murs est verte d'humidité; une place vient à la suite et sert de passage au public à peu près comme notre cour du Louvre, un portique l'entoure et se termine par deux ailes couvertes en terrasse, d'où l'on jouit d'une belle vue sur la campagne et sur la mer. Devant la porte principale s'élève un porche surmonté d'un fronton, dans lequel Thorwaldsen a sculpté Jupiter au milieu de l'Olympe; sur un des côtés de la porte se voit aussi son Hercule.

La destination de ce grand édifice est multiple; il contient des appartements d'apparat rarement habités, des salons de fête pour les grandes réceptions de la cour; un de ces salons, la salle des Chevaliers, possède dans l'entablement d'une galerie qui l'entoure la fameuse frise de Thorwaldsen : les expéditions d'Alexandre. Le reste du palais renferme un manége, des écuries, un théâtre, une chapelle, des ministères, la caisse des finances, la haute cour de justice et la salle du Reichstag.

VUE GÉNÉRALE DU ROSENBORG, Copenhague.

Une des plus agréables résidences de Copenhague est le Rosenborg, château construit au milieu du parc de Rosenborghave et précédé d'une grande place destinée aux revues et exercices militaires. On y arrive par une rue dont le nom danois Kronprindsessgade (rue de la Princesse Royale) mérite d'être connu, afin de faire comprendre combien cette belle langue danoise est d'une intelligence facile et d'un emploi commode pour les étrangers.

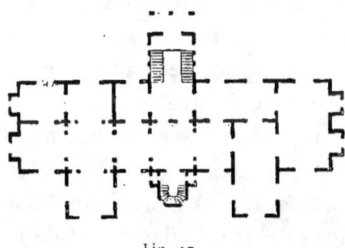

Fig. 174.

Le Rosenborg a été construit en 1604 par Christian IV, dont la statue s'élève dans la cour, en arrière de la façade principale. Ce château est de dimensions restreintes pour un château royal (fig. 174); l'escalier se trouve logé dans une tour accusée et saillante à l'extérieur. A part quelques salles, tout l'édifice est occupé par le service des archives du royaume et contient des documents précieux, au point de vue historique, sur la monarchie et les chartes du Danemark.

L'architecture de l'édifice emprunte un certain caractère à la nature des matériaux employés : briques rouges brunies par le temps, et longues assises régulières en grès, formant les corniches, bandeaux et encadrements des baies; sur les faces latérales s'avancent des bay-windows qui, à défaut d'autres preuves, attesteraient l'origine anglo-saxonne de cet édifice. Des pignons maniérés, torturés à la façon de ceux des Pays-Bas, font perdre aux façades l'apparence d'unité qu'on retrouve dans les parties inférieures. L'ensemble (fig. 175) n'est pas une création architecturale, c'est une agglomération d'éléments étrangers, bons et mauvais, réunis sans raison et peu satisfaits de se trouver l'un près de l'autre ; cependant, au point de vue des ressources et de l'agrément de l'habitation, — ce qui en définitive est le but à atteindre par toute demeure, qu'elle soit palais ou chaumière, — ce château est, de tous ceux de Copenhague, celui qui, par ses dispositions et son emplacement, doit être le plus agréable et le plus commode ; son apparence, sans doute, n'a pas été jugée assez monumentale, car on lui préfère le Christiansborg, espèce de forteresse, ou l'Amalienborg étroit et resserré, mais aux façades ornées de pilastres et de colonnes.

La Bourse (fig. 176) est un long et bizarre édifice, qui occupe presque tout un côté de Slotsholmsgade. La porte d'entrée se trouve sur un des pignons ; on y arrive par un plan incliné assez raide, qui, d'en bas, donne de la grandeur à la façade. Ce pignon, de forme prétentieuse, est à son sommet percé d'une grande niche qui attend un héros ; c'est là derrière que se trouve la Bourse proprement dite, installée ainsi au premier étage, par rapport au niveau du quai sur lequel s'ouvre un rez-de-chaussée contenant des entrepôts et des magasins de toutes sortes. Les façades, élevées en bordure du quai, sont percées de larges fenêtres à meneaux ; de distance en distance, des lucarnes ouvertes dans le comble et couronnées de raides et grotesques pignons rompent la monotonie des grandes lignes et donnent une silhouette qui, vue à distance, produit un certain effet. Mais le point capital du monument, celui qui l'a surtout fait connaître, est la flèche dont est surmontée la tour centrale ; cette flèche est en bois de charpente, recouvert de plomb,

Fig 176.

auquel on a donné la forme de quatre monstres d'une nature difficile à déterminer; leurs têtes s'appuient sur les quatre angles de la tour, et leurs queues s'enroulent et se terminent par une pointe aiguë. Quelle est la raison de cette bizarre conception? Comment l'expliquer et lui donner une signification? Son origine même est entourée d'incertitude, car elle n'est pas, paraît-il, un produit danois, et Christian IV l'aurait, dit-on, rapportée de Kalmar, comme trophée de sa victoire sur les Suédois.

Ce monument n'est pas une œuvre artistique remarquable, mais sa bizarrerie fait qu'il excite la curiosité.

L'intérieur de la Bourse ne répond pas à son extérieur : c'est presque une déception d'y trouver une ou deux

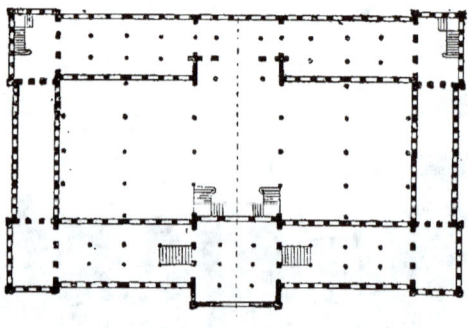

Fig. 177.

salles bien bourgeoises, bien nettes, garnies de lambris de sapins peints en chêne, avec un faux plafond qui simule de faux caissons et de fausses solives apparentes qui cachent un faux plancher.

Le Palais de l'Industrie a été construit en 1871, pour recevoir l'exposition universelle des États du Nord de l'Europe ; c'est la construction moderne la plus importante de Copenhague. Elle s'élève en dehors de la ville, près du Norrbro, à l'extrémité d'un parc vaste, accidenté par des mouvements de terrain et des pièces d'eau douce et salée, véritables lacs qui permettent d'installer certaines expositions spéciales dans des conditions particulières de vraisemblance.

Le palais forme un rectangle dont les grands côtés ont 150 mètres et les petits 90 (fig. 177) ; ce rectangle se divise en quatre corps de bâtiments entourant une cour centrale vitrée.

Un palais de cristal comme ceux de Paris, de Londres, de Vienne, était impossible à Copenhague : la neige qui se serait amoncelée sur de grands combles eût amené de

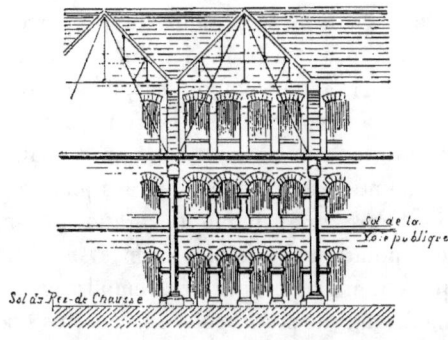

Fig. 178.

prompts désordres; d'un autre côté, l'Industri-borg doit être conservé et utilisé de diverses manières : il fallait donc qu'il fût habitable en toutes saisons et pût se chauffer par parties, ou en totalité.

L'architecte danois a entouré sa cour d'une enveloppe de bâtiments aux murs épais, dont les baies relativement étroites peuvent, tant sur la voie publique que sur la cour intérieure, facilement se fermer par des châssis vitrés; il a ensuite couvert sa cour non par un comble unique qui, dépassant les bâtiments latéraux, se fût trouvé exposé aux terribles coups de vent du Nord (fig. 178) mais par cinq combles successifs soutenus sur des points d'appui montant de fond, assez rapprochés et résistants pour pouvoir supporter sans ruptures le poids de la neige amoncelée dans les noues intermédiaires. Cette division en cinq combles offrait en outre l'avantage de répartir une charge accidentelle sur une plus grande surface que n'eût pu le faire un comble unique.

Les façades sont un peu monotones (fig. 179), il y avait peut-être meilleur parti à tirer de l'emploi des briques et il était possible d'éviter la monotonie de tous ces jours égaux et de tous ces pilastres semblables; la porte d'entrée elle-même n'est pas assez monumentale et manque de noblesse et de grandeur malgré ses dimensions; mais l'ensemble de la construction est raisonné : nous l'avons déjà expliqué en ce qui concerne la grande halle vitrée, il en est de même des façades; ainsi, les pilastres qui les ornent, loin d'être une simple décoration, forment au contraire des points d'appui plus fermes et plus stables entre lesquels il n'existe que des remplissages.

Les matériaux du pays seuls ont été mis en œuvre, les parquets, marches d'escaliers, boiseries de revêtement sont de sapin; le fer est employé dans quelques parties des combles; les briques constituent entièrement la maçonnerie des murs et même celle des points d'appui isolés de la grande nef où elles ont la forme de colonnes de 0^m,50 à 0^m,70 de diamètre.

Les salles des écoles publiques sont hautes et vastes, et les enfants y sont moins entassés que dans les nôtres, mais, dans leurs dispositions intérieures ou extérieures, elles n'offrent rien de préférable à ce qui se voit chez nous. Le mobilier seul fait exception non par sa forme, mais à cause du principe qui a présidé à sa construction.

COPENHAGUE.

Frappé des inconvénients qui résultent pour la santé de l'enfant d'être mal assis, d'avoir son livre ou son cahier trop rapproché ou trop éloigné de ses yeux pendant le travail, de placer sur les mêmes bancs des enfants grands

Fig. 179.

ou petits, les maîtres danois ont voulu que chacun de leurs élèves eût un siége proportionné à sa taille, fait sur sa mesure en quelque sorte. Les classes sont donc remplies de files de petits meubles[1] comprenant un siége muni de bras et de dossiers pour soutenir les reins pendant les heures d'étude; devant, se trouve un petit pupitre, avec dessus mobile recouvrant le casier aux

---

1. *Construction et installation des Écoles primaires*, par Félix Narjoux. — 1 vol. in-8° avec figures intercalées. — Vᵉ A. Morel et Cⁱᵉ, éditeurs, 13, rue Bonaparte.

livres et au papier. Chaque enfant s'installe à la place qui lui est assignée suivant son âge et sa taille, les bancs se rapprochent ou s'éloignent selon que la classe est ou n'est pas au grand complet, sans jamais laisser de vide ni d'espaces inoccupés.

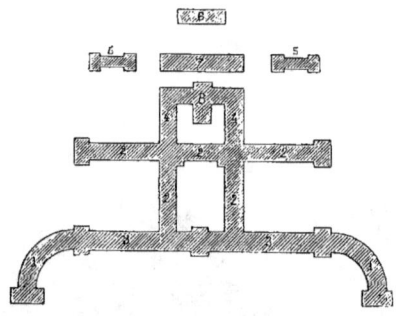

Fig. 180.

1. Administration.
2. Salles de malades.
3. Malades séparés.
4. Services généraux.
5. Maladies contagieuses.
6. Maternité.
7. Clinique, Amphithéâtre.
8. Chapelle.

Ce genre de mobilier exige un grand emplacement, il serait de plus très-coûteux dans tous les pays où l'on voudrait l'exécuter d'une façon moins grossière qu'en Danemark — et en Suède, contrée où il est également en usage. Une installation identique paraîtrait peu pratique chez nous, mais il n'en est pas de même de l'idée première à laquelle est due cette innovation, et nous pourrions en faire notre profit pour remédier un peu à notre mobilier scolaire si défectueux.

Le grand hôpital communal (fig. 180) est établi presque à la campagne, — ce qui devrait être l'emplacement imposé à tous les hôpitaux, — entre le mur d'enceinte et un grand canal qui entoure la ville de ce côté; les salles sont vastes et occupées seulement par un nombre restreint de malades, elles donnent sur une galerie reliant entre eux les différents services; les bâtiments d'administration sont répartis le long des cours fermées, tandis que les salles de malades s'élèvent au milieu de cours ouvertes. Cet établissement est donc dans d'excellentes conditions de salubrité, mais son installation intérieure n'est pas, comme confort, en rapport avec les exigences actuelles des maisons hospitalières.

Nous avons encore, en fait de palais, à visiter celui de Frederiksberg, aux portes de la ville; nous montons sur la Kongens Nytorv, dans un de ces grands omnibus qui commencent seulement à s'acclimater à Paris et dans lesquels quarante personnes s'asseyent à l'aise, montent, descendent sans se heurter ni se froisser. L'omnibus est complet; une femme se présente, aussitôt un homme se lève, cède sa place et se tient debout sur la plate-forme; chaque voyageur en payant le conducteur reçoit en guise de reçu un petit carré de papier qu'il tient à la main et qui lui sert à éviter toute contestation (au lieu d'argent on paie avec des tickets, vendus d'avance dans les bureaux). Quand on veut descendre entre deux stations, les chevaux ralentissent leur allure sans s'arrêter complétement; les voitures ne peuvent tourner sur leurs essieux : arrivés au terme de lacourse, les chevaux sont dételés et attelés dans le sens opposé; la voie est unique, il faut donc que les voitures s'attendent aux croisements : de là, des retards parfois assez longs et fréquents, mais personne ne s'en émeut ni ne s'impatiente.

Nous descendons devant une grande grille élevée à

l'extrémité d'une allée plantée d'arbres. Cette avenue est bordée de riantes maisons, entourées de jardins, de pelouses et de bosquets en fleur; au fond se trouve le Frederiksberghave, très-beau parc bien que de médiocre étendue, bien dessiné de façon à paraître plus grand qu'il n'est en réalité, traversé par une *Serpentine River;* mais le sol plat et uni se prête peu aux conceptions pittoresques. Le palais qui se dresse en avant d'une grande cour et d'une pelouse verte est un édifice banal, souvenir de l'architecture italienne, sans intérêt et sans originalité. Ce parc et les allées qui y conduisent servent de lieu de promenade aux gens en voiture, certaines nuits d'été, quand le soleil reste sur l'horizon jusqu'à dix heures du soir; ils sont alors le théâtre de fêtes populaires auxquelles les spectacles en plein vent, les cafés-concerts, les bals bruyants donnent une animation excessive à tous les points de vue. Ce genre de fêtes est, paraît-il, fort curieux à voir pour un étranger : par malheur nous sommes loin du moment où elles ont lieu, mais les distractions qu'offre le jardin Tivoli peuvent en donner une idée, nous assure-t-on.

La vieille ville est enfermée dans une enceinte qui l'étouffe, la ville nouvelle au contraire se répand, s'étale à son aise; elle gagne la campagne par de belles et larges avenues, bâtit ses maisons au milieu de jardins, les entoure de verdure et de fleurs.

Les fortifications de la ville ancienne sont insuffisantes, elles ne protégeraient plus, en admettant qu'elles puissent encore protéger quelque chose, qu'une partie très-restreinte des habitations; un bombardement aurait promptement raison des murs d'enceinte s'ils recevaient le feu des assiégeants, et la ville pourrait entièrement être détruite au moyen de pièces à longue portée, installées par les batteries ennemies à 6,000 mètres de distance et tirant dans *le tas*. Il a donc fallu remédier à cette situation et assurer en cas de besoin la sécurité de la défense.

Les batteries d'attaque d'une place, d'après les données des moyens actuels, devant être composées de pièces à longue portée, seront, comme nous venons de le dire, vraisemblablement installées par l'assiégeant à 6,000 ou 7,000 mètres de distance de la place à atteindre et emploieront soit le tir à plein fouet, soit le tir plongeant. Dans l'un et l'autre cas, la justesse du tir n'est pas possible à cette distance, puisqu'une différence inappréciable au point de départ donne un écart considérable au point d'arrivée. Pour cette raison, le tir à plein fouet parvient donc rarement d'une façon précise au but espéré; presque toujours, au contraire, le projectile passe par-dessus le rempart et tombe au delà à une distance très-variable, qui parfois dépasse les murs opposés de la ville ou de la forteresse. Avec le tir plongeant, le succès, ou du moins un succès relatif, est plus certain; en effet, en prenant pour type une place défendue par le système de Vauban encore en usage en ces derniers temps, nous voyons que, si le projectile n'atteint presque jamais le mur d'enceinte, il ne lui est pas difficile de tomber au moins à l'intérieur de cette enceinte, et de causer d'irréparables dommages dans l'espace où se trouvent réunis sur une assez grande étendue des casernes, des magasins de toutes sortes, et souvent une ville entière; l'ennemi, tirant au jugé dans un cercle d'un grand diamètre, est ainsi toujours certain d'y causer des dégâts suffisants pour amener la reddition de la place dans un temps donné.

Mais si, au lieu d'une enceinte fortifiée par des fronts et des saillants entourant une grande surface, la défense ne présentait qu'une succession de fronts très-étendus et de peu de profondeur, si ces fronts étaient reliés entre eux par des abris, traverses et chemins couverts, et de plus étaient assez détachés les uns des autres pour que le projectile destiné au premier ne vienne pas atteindre le second, et ainsi de suite, les efforts de l'assiégeant se trouveraient singulièrement neutralisés ; d'abord la quantité de projectiles nécessaires serait énorme, puisque ce serait l'exception de ceux envoyés qui porterait au but, et la défense reportée sur un front très-étendu acquerrait une efficacité considérable ; quant aux villes, au lieu d'être entourées de murs, elles seraient au contraire ouvertes, libres, à l'abri d'un bombardement et hors de la portée des projectiles à cause de leur éloignement des lignes de défense reportées en avant de leur enceinte.

C'est ce système qui va être mis en pratique pour la défense de Copenhague. Des forts, présentant des fronts développés mais sans profondeur, seront établis à grande distance de la ville sur les hauteurs de Vigersbev et de Utterslev, pour la protéger du côté de la terre pendant qu'une forteresse, armée suivant le même principe et élevée sur un point de la côte non encore déterminé d'une façon définitive, la défendra contre toute attaque tentée par mer ; ces forts, reliés entre eux par des chemins couverts et des ouvrages secondaires, empêcheront l'approche, défieront les terribles projectiles de l'artillerie nouvelle ; de plus, la ligne de défense ainsi obtenue sera trop considérable pour pouvoir être gardée, et l'investissement complet de la ville deviendra par suite à peu près impossible.

Le siége de Paris, en 1870, a, comme on le voit, donné de l'expérience aux Danois ; que n'avons-nous su profiter des leçons qu'ils avaient reçues pendant la guerre des duchés.

Les habitants de Copenhague ont de bonnes raisons, du reste, pour prendre leurs précautions : dans l'histoire de la ville se retrouvent les souvenirs des grands désastres qui l'ont frappée, et, sans aller plus loin que le commencement de ce siècle, ils se rappellent l'attaque tentée par Nelson en 1801, et six ans plus tard, le bombardement de leur ville par ces mêmes Anglais, qui, sans déclaration de guerre préalable, détruisirent en trois jours trois cents maisons et monuments et s'emparèrent de la flotte danoise.

COPENHAGUE

III

LES MUSÉES. — MUSÉE THORWALDSEN. — MUSÉE DES ANTIQUITÉS DU NORD. — MUSÉE ETHNOGRAPHIQUE.

Ce matin il pleut, dans la journée il fera très-chaud, et ce soir nous serons glacés par la bise; c'est une température qui n'a de fixe que sa variété et est assez pénible pour les étrangers. Aussi, nous mettons-nous à l'abri quand nous le pouvons et passons nos matinées dans les musées, où nous trouvons une heureuse compensation aux déceptions que nous ont fait éprouver les monuments de Copenhague.

MUSÉE THORWALDSEN.

Sur une des faces du Christiansborg s'élève un bâtiment carré long, dont les parements sont revêtus de peintures étrusques, dit-on, qu'il serait plus juste de qualifier de grotesques; ces peintures représentent les actes principaux de la vie de *Thorwaldsen,* dont le Danemark est si fier, et en l'honneur duquel a été élevé le musée qui porte son nom. Ce musée renferme un grand nombre des œuvres originales de l'illustre sculpteur, et les surmoulages, modèles ou esquisses de presque toutes les autres.

Thorwaldsen est né à Copenhague en 1770; il était en 1796 grand prix de l'Académie, et se rendit à Rome comme pensionnaire du gouvernement. Le voyage qu'il fit à cette occasion fut des plus accidentés. Le temps était alors peu favorable aux études, les bouleversements politiques, au milieu desquels s'agitait l'Europe à cette époque, préoccupaient trop vivement les esprits pour laisser dans l'âme du citoyen place aux inspirations de l'artiste; aussi le terme de sa pension arriva-t-il sans que Thorwaldsen eût encore pu faire prévoir ce qu'il deviendrait un jour. La générosité du banquier Hope le mit à même de continuer ses études; les œuvres que devait enfanter son génie se produisirent dès ce moment sans trêve et sans relâche.

A sa première création, Jason enlevant la toison d'or, dont le marbre est à Londres, le bronze chez le roi de Danemark et le plâtre au musée Thorwaldsen, succédèrent rapidement un nombre infini de bustes de toutes les personnalités saillantes de l'époque, et Dieu sait s'il y en avait alors. Tous ces héros nouveaux venus à la gloire voulaient transmettre à la postérité leurs traits taillés dans le marbre ou coulés en bronze. En même temps que ces œuvres produites au jour le jour, paraissaient le lion de Lucerne, le monument de Poniatowski, élevé en face du pont de la Vistule à Varsovie; le Triomphe d'Alexandre, commandé par Napoléon et que nous avons vu au Christiansborg; le bas-relief de Priam et d'Achille, une de ses œuvres les plus populaires; le médaillon de la Nuit; les statues des Grâces, de l'Hébé, d'Adonis, de Vénus et de l'Espérance, celles de Copernic, de Maximilien de Bavière, de Byron, de Christian IV, le tombeau de Pie VII à Saint-Pierre, etc., etc. Le compte rendu de la visite d'un musée ressemble forcément un peu à une nomenclature.

Après avoir accompli cette lourde tâche, Thorwaldsen fut pris d'un désir irrésistible de revoir son pays; il quitta Rome, où il avait séjourné quarante-deux ans, et, en 1838, revint à Copenhague où il fut reçu en triomphateur. Malgré son âge avancé, soixante-huit ans, le grand artiste se remit au travail et continua à produire. La décoration de la Frue-kirk de Copenhague lui fut confiée : c'est là sa dernière œuvre importante et le dernier éclair de son génie. Thorwaldsen mourut en 1844, six ans après son retour dans sa ville natale. Son tombeau fut élevé dans la cour de ce musée qui lui est consacré, qui porte son nom et où il repose au milieu de ses œuvres.

Thorwaldsen disputa à Canova la gloire d'être le premier sculpteur du commencement de ce siècle; bien des controverses eurent lieu pour établir la supériorité ou l'infériorité de la sculpture danoise sur la sculpture italienne. Discussion stérile, dont le point de départ était une erreur : Thorwaldsen n'est pas sculpteur danois, il est sculpteur romain, comme Canova, dont il reçut les leçons. Il n'a pas créé une école, un style qui lui soit propre; ses productions ne forment pas un art distinct, mais se rattachent au contraire à celui de l'école italienne, dont il étudia et s'assimila de la façon la plus heureuse les tendances, les formes et les résultats.

Travailleur infatigable, Thorwaldsen produisit beaucoup. Ses œuvres les plus remarquables ont toutes été enfantées à Rome sous l'influence du milieu dans lequel il vivait. Sauf les bas-reliefs de la Frue-kirk de Copenhague, sculptés au déclin de sa carrière, ses travaux ont été créés loin du ciel de son pays; pas un, excepté quelques bustes ou quelques statues, n'est inspiré par les mœurs, la nation ou les hommes de sa patrie. Son imagination l'emportait dans le monde idéal, et ses compositions les plus remarquables ont toutes eu pour objet la reproduction d'une idée allégorique, de souvenirs mythologiques ou d'une époque tellement reculée de l'histoire qu'elle peut se ranger parmi ces derniers. Quand au contraire il veut traduire une pensée purement humaine, reproduire un personnage contemporain dans lequel les détails ordinaires de la vie prennent de l'importance, il devient inférieur à lui-même; c'est ainsi que ses Amours de toutes sortes, ses dieux de l'Olympe, le Triomphe d'Alexandre l'emportent de beaucoup sur ses statues de Schiller, de Gutenberg, de Pie VII, de Poniatowski, etc., etc., quel que soit pourtant l'incontestable mérite de ces œuvres.

Les œuvres d'art des pays d'outre-Rhin ont pour caractère principal la recherche des détails, leur copie servile et souvent triviale; les conceptions purement idéales échappent aux artistes, et c'est précisément par des résultats diamétralement opposés que se manifestent les productions de Thorwaldsen. Son génie, il en avait le germe en lui, dans son âme et dans sa nature; mais c'est sous le ciel de l'Italie, par l'étude et la contemplation des œuvres de Rome, que cette essence divine s'est développée, a acquis sa puissance et son épanouissement : semence en Danemark, elle n'a germé et n'a atteint qu'en Italie sa complète floraison.

Thorwaldsen n'est donc pas un artiste danois, c'est un artiste romain; s'il est né en Danemark, c'est à Rome qu'il a vécu, qu'il s'est formé et est devenu ce qu'il a été.

Les tombeaux de Canova et de Thorwaldsen montrent bien la différence de sentiments des races et des pays qui ont donné naissance à ces deux artistes; ils sont la preuve évidente de la distance qui sépare les deux contrées, qui distingue leurs goûts, leur manière de sentir et de recevoir des impressions.

Le tombeau du sculpteur danois est un monument compliqué de formes et de dimensions; car le tombeau n'est pas seulement ce tertre, cette pierre tombale élevée au milieu d'une cour : le tombeau, c'est ce musée, ces salles, ces galeries, ces œuvres de toutes sortes, ces sculptures, ces inscriptions, ces symboles, ce char triomphal, ces lauriers; chaque détail est pour ainsi dire souligné, chaque souvenir appelle l'attention, excite la curiosité et la satisfait, insiste pour apprendre à tous, comme s'ils l'ignoraient, ce que fut celui dont on déplore la perte. A l'imagination des habitants du Nord il ne faut rien laisser à deviner ou à interpréter.

Quelle différence entre ce monument funèbre et le tombeau de Canova à l'église de de' Frari de Venise! Quand on a fait abstraction d'une réunion assez compliquée de personnages et de scènes, indépendants de la conception générale et qui la rendent prétentieuse, on ne voit plus qu'une pyramide de marbre; à la base un génie ailé, debout, éteint une torche et ouvre une porte; par l'entrebâillement on aperçoit la sombre horreur des ténèbres, puis au sommet de la pyramide deux mots : *A Canova*. Le spectateur est étonné, inquiet; il se sent ému. Ce n'est pas certes pourtant la multiplicité des moyens mis en œuvre, la recherche dans l'invention, ou l'amas de détails; mais ces blocs de pierre, cette porte ouverte sur l'éternité en disent assez. A l'impressionnabilité des Italiens suffisent un mot, un signe, une indication.

MUSÉE DES ANTIQUITÉS DU NORD.

Dans le palais des princes est installé le *Musée des Antiquités du Nord*[1], le plus riche musée d'Europe en antiquités des temps préhistoriques; là sont réunies, classées et expliquées toutes les découvertes obtenues lors des fouilles entreprises dans les îles de la Baltique, les tourbières de Fionie, Séeland, Gothland et Rugen, etc... Les diverses époques du monde y sont représentées par des objets empruntés à leur degré de civilisation; on peut suivre pas à pas la formation des âges sociaux de notre globe. Le classement est si bien fait, si habilement présenté que, sans fatigue, sans ennui, on va d'une vitrine à l'autre, étudiant, comparant les diverses transitions et les moyens d'action des hommes dont les générations se sont succédé les unes aux autres, suivant une gradation régulière, constante et jamais interrompue.

Nous passons l'époque de la pierre polie; — tous ces petits silex, ronds, aigus, taillés en forme de pointe ou de hache, ne nous disent pas grand'chose, — et nous arrivons dans les salles de l'âge du bronze, à cette époque où les armes et les instruments tranchants étaient coulés en bronze (alliage de cuivre et d'étain). L'or était déjà fréquemment employé pour la confection des bijoux et des parures, mais on ne connaissait pas encore le fer et l'argent; de plus, on ignorait les procédés de la soudure. Les moyens de produire se trouvaient donc bien restreints, et les formes obtenues ne pouvaient beaucoup varier. Cependant, les résultats atteints sont bien faits pour nous étonner; on peut en juger par l'exemple de quelques objets

---

1. *Musée des Antiquités du Nord à Copenhague*, Engelhardt. Kiobenhavn, 1870.

usuels relevés parmi ceux qui nous ont le plus frappé.

Trompette de bronze (fig. 181), composée de plusieurs morceaux réunis, mais coulés séparément, et dont l'ensemble a la forme d'un S. Une chaînette réunit les extrémités; sur les anneaux de cette chaînette de petits oiseaux saillants (fig. 182), ébauche des premières reproductions d'êtres animés; des anneaux en saillie (fig. 183) indiquent, sur le corps de la trompette, les points d'attache de la chaîne; l'embouchure (fig. 184) est encore entourée de fils ou de la trame d'une étoffe sur laquelle s'appliquait la main de celui qui voulait se servir de l'instrument; sur la trombe (fig. 185) sont tracés en creux des dessins géométriques parfaitement réguliers. Il serait certes curieux d'emboucher cette trompette, de savoir quels sons elle peut rendre et quelle harmonie musicale elle a pu jadis produire.

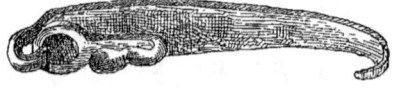

Fig. 186.

Anse de corne à boire, de bronze (fig. 186).

Poignard de bronze, d'environ 33 centimètres de long; la lame a 3 centimètres de large; sur le manche, des dessins gravés, combinaisons géométriques très-simples, mais très-régulièrement tracées; le fourreau est en bois couvert de sculptures; le soin apporté à la fabrication, le choix du métal, le fini des retouches et des ornements montrent que ce poignard était une arme de luxe. Elle a été trouvée dans un cercueil de bois, formé d'un tronc de chêne creusé et façonné sans l'emploi de la

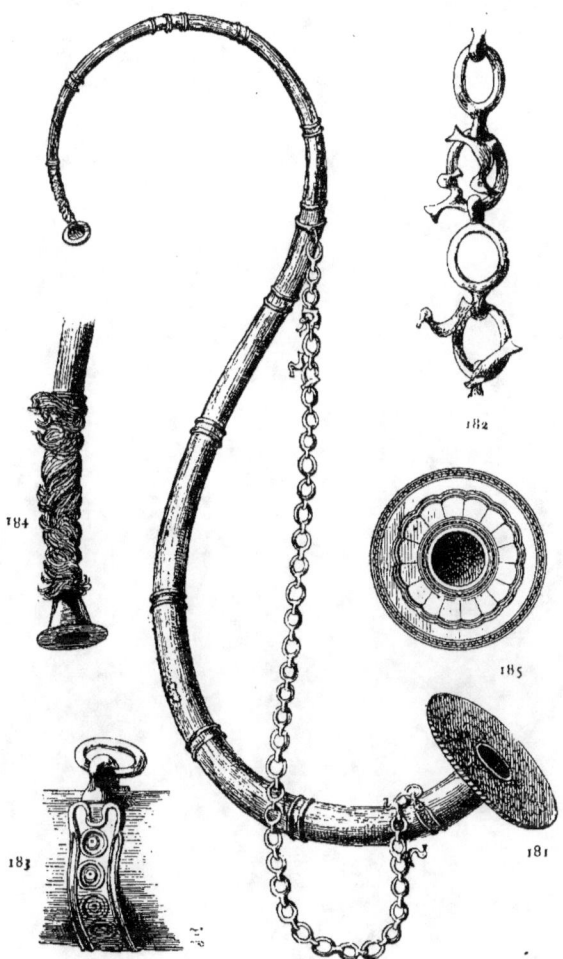

Fig. 181 à 185.

TROMPETTE DE L'AGE DE BRONZE.
(Époque préhistorique.)
Musée des Antiquités scandinaves, Copenhague.

scie dont aucune trace ne se fait remarquer; le fond de ce cercueil était tapissé d'une peau de bœuf sur laquelle reposait le défunt, revêtu de son costume d'apparat et entouré de ses armes. Les autres objets découverts dans ce cercueil sont des plus curieux : on y voit un fragment de vêtement en tissu de laine, une petite boîte, un peigne de corne, un couteau de bronze et une hache également de bronze. Cette hache creuse est remplie d'argile; un des parements a été brisé, mais l'autre, resté intact, laisse voir des ornements en creux profond avec des incrustations dorées.

Fig. 187.

Épingle de bronze (fig. 187, grandeur nature), d'un dessin régulier; le système qui fait mouvoir la pointe est très-simple et très-ingénieux, il est encore parfois en usage dans quelques bijoux modernes. D'autres bijoux très-riches, en or, mais d'un aspect lourd et d'un travail peu compliqué, sont à côté du premier : diadèmes, bracelets, bagues et brassards, ornés de gravures et de dessins géométriques ou en spirales; toujours des dispositions simples, faciles à tracer et se répétant uniformément.

L'âge de fer perfectionne un peu ces premiers produits de l'industrie humaine. Voici des spécimens de cette époque :

Monnaies cufiques des IXe, X^e, et XIe siècles, qui

394   DANEMARK.

ont aidé à distinguer trois périodes dans l'âge de fer Objets de toilette et de ménage, vases de terre, etc.

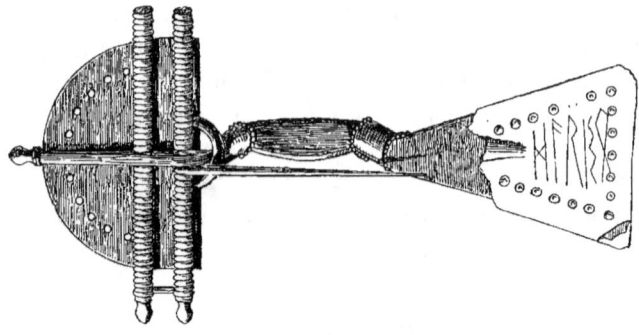

Fig. 188.

Épingle de bronze (fig. 188, grandeur nature) : le ressort qui fait mouvoir l'aiguille est une spirale, différant à peine de celles employées de nos jours en pareil cas; à l'extrémité, près de la partie brisée, se lit une inscription Hiriso qui rappelle les inscriptions du même genre que

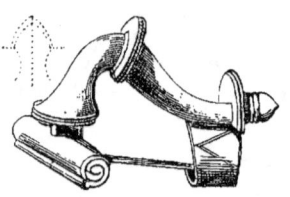

Fig. 189.

nous mettons de nos jours sur les bijoux de femme; tout autour, de petits ornements pointillés et refouillés. Le corps de l'épingle a évidemment voulu prendre l'apparence d'un ruban ou d'un morceau d'étoffe nouée.

Autre épingle très-curieuse, de forme simple, mais fort originale (fig. 189, aux deux tiers d'exécution); la spirale qui fait mouvoir le ressort est celle en usage pour les épingles anglaises (kirby). Beaucoup d'autres bijoux du même genre avec des inscriptions, probablement des runes.

Fig. 190.

Gobelet de bronze (fig. 190, moitié grandeur d'exécution), d'un travail remarquable; profils nets, accentués, francs; l'anse est bizarrement contournée, forme naïve; dans la partie supérieure, essai de représentation d'une tête d'animal. Ce vase provient d'un tertre découvert dans le Jutland et qui était formé de deux cercles de pierre concentriques; au milieu, se trouvaient d'autres gobelets en argent, enrichis de plaques d'or, et une espèce de casserole surmontée d'un tamis destiné, suppose-t-on, à passer le sang des victimes après un sacrifice.

Ornements, bijoux de femme de travail byzantin, lourds et massifs; sur plusieurs sont gravées des inscriptions runiques.

Un bateau provenant des tourbières de Sleswig, embarcation de 24 mètres de long et de 3ᵐ,50 de large, dans sa plus grande dimension, encore munie d'un aviron, et dans un état de conservation qui permet de reconnaître et d'étudier le mode de construction et d'emploi des bois.

Des fers de lance, des épées dont les lames sont damasquinées avec un soin et un art véritables, des fragments de cottes de mailles, des agrafes pour les fixer; un heaume en bronze repoussé et plaqué d'argent : le masque laissait apparaître la bouche, le nez et les yeux, le derrière était fermé par une espèce de calotte à claire-voie; entre ces deux parties, une riche bande enrichie d'or et décorée de dessins gravés.

Harnais de cheval (fig. 191) de la dernière époque du fer, provenant d'un tumulus découvert en Fionie; ce harnais est formé d'une traverse en bois cintré, destinée à être placée sur le dos du cheval et ornée au sommet d'un motif décoratif au travers duquel passaient les guides. Les extrémités sont enrichies de têtes d'animaux fantastiques (fig. 192), et les garnitures, en bronze repoussé, ciselé et doré, sont travaillées avec un soin extrême; elles offrent un des premiers exemples, aussi bien réussis, de la reproduction d'allégories se rapprochant de la ressemblance d'êtres doués de vie.

Des fragments d'étoffes de laine et de soie, d'un dessin bizarre, facile à reconnaître mais non à expliquer.

Pierres runiques, couvertes d'inscriptions d'un haut intérêt archéologique, paraît-il, — ce que nous sommes incapable de reconnaître et de discuter.

Nous voici au moyen âge :
Le nouveau genre d'architecture, introduit dans le

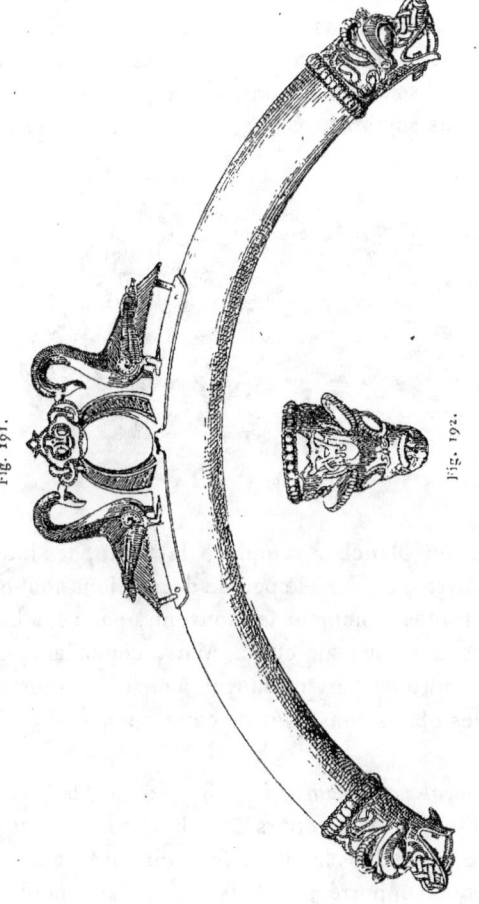

Fig. 191. Fig. 192.

HARNAIS DE CHEVAL, provenant d'un tumulus découvert en Fionie.

Musée des Antiquités de Copenhague.

Nord à cette époque et participant des souvenirs rhénans ou de ceux rapportés de l'Ile-de-France par les moines de tous ordres, ne traduit pas son influence par la création de vastes monuments ou de grands édifices. Les exemples de cette nature sont des plus rares; ceux qu'on retrouve sur le sol scandinave sont, à part quelques exceptions, des églises sombres, basses, sans tours ni flèches;

Fig. 193.

bien souvent, un plancher remplace la voûte, les intérieurs sont pauvres, et, dans le peu de décorations dont on reconnaît les traces, dominent les souvenirs païens, alliés aux exigences du nouveau culte. Mais, cependant, la marche ascendante de l'art du moyen âge se constate et se voit dans les objets conservés de cette époque.

Pierre tombale en granit (fig. 193), ayant la forme d'un toit; le faîtage, les arrêtiers et la base sont entourés d'une moulure, prise dans la masse formant encadrement; le tombeau était supporté par deux pierres échancrées, placées à ses extrémités.

Sur une face, est sculpté en relief (fig. 194) un homme, armé d'un arc, luttant avec un centaure derrière lequel se tient un ange portant un enfant dans ses bras; sur la face opposée, un animal fantastique (fig. 193) dévorant un homme dont la tête seule sort encore de sa gueule.

Les archéologues danois, aussi ingénieux que ceux de France, veulent que le premier sujet représente le défunt luttant contre le mal, figuré par le centaure; l'ange placé en arrière est saint Michel ouvrant ses bras à

Fig. 194.

l'âme, victorieuse dans le combat que vient de livrer son enveloppe charnelle; le second sujet est une allusion au verset de saint Pierre apôtre : « Le diable, votre ennemi, tourne autour de vous comme un lion rugissant, cherchant qui il pourra dévorer. »

Cuve baptismale en granit (fig. 195). Sur la face est sculptée une femme entre deux animaux fantastiques qui lui dévorent les bras, manière d'exprimer, toujours d'après les archéologues danois, que l'homme est, s'il n'y prend garde, dévoré par les mauvaises passions.

La sculpture de ces deux petits monuments est bien conservée, et son exécution, empreinte d'une excessive naïveté, dont on retrouve les traces non-seulement dans le travail proprement dit, mais aussi dans l'expression des personnages, dans la manière dont ils sont groupés et présentés. Ces œuvres, d'un intérêt plus archéologique qu'artistique, restent bien inférieures à ce que notre moyen âge produisait à la même époque.

Fig. 195.

Un siècle plus tard, les arts avaient progressé d'une manière sensible : châsses du XIIe siècle en métal et en bois, ornées d'émaux et d'entrelacs ciselés avec une grande habileté, un nombre considérable d'objets émaillés.

Un flambeau d'église (fig. 196) en cuivre enrichi d'émaux dont les dessins très-fins, très-déliés, sont composés d'enroulements rattachés à un motif central.

Grand nombre d'objets destinés au culte (XIIIe siècle), vitraux peints médiocres, statues et groupes, encensoirs, ciboires, vases sacrés; stalles et bancs en tous points inférieurs à nos productions du même temps.

Objets curieux d'une époque plus rapprochée : anciens

calendriers scandinaves, ustensiles domestiques, cornes à boire avec garniture de cuivre et d'argent ciselé et doré, armes et armures anciennes, pièces d'artillerie.

Fig. 196.

Chandeliers en terre cuite (fig. 197), de 20 centimètres de long et 18 centimètres de haut, représentation grossière d'un château fort défendu par des grilles, avec tours séparées au moyen d'un pignon : sur toutes les faces, application de dessins irréguliers, imprimés avant que la terre soit sèche. Enfin, tapisseries des XVIe et

XVIIe siècles, autel d'ébène et d'argent, horloges, montres et couronnes nuptiales, etc., etc.

Fig. 197.

On voit, par ce trop rapide coup d'œil, quelles richesses possède le musée des antiquités du nord de Copenhague ; on devine, du reste, combien nous avons dû involontairement laisser de côté de choses intéressantes et dignes d'attention ; il faudrait pouvoir accorder à ce musée de Copenhague un temps considérable : le travailleur, ayant le loisir de le faire, ne s'en repentirait pas et y recueillerait une quantité énorme de documents rares et curieux.

MUSÉE ETHNOGRAPHIQUE.

Un autre musée de Copenhague, le musée ethnographique, est moins savant, mais aussi utile et intéressant que le musée des antiquités.

Il renferme la collection des types propres à caractériser la civilisation humaine sur tous les points du globe et, pour parvenir à ce résultat, montre, de chaque civilisation, l'ensemble ou le détail le plus propre à faire connaître sa nature et son degré d'avancement. Les parties les plus curieuses et les plus amusantes de ce musée sont celles qui ont trait au Groënland et au Japon, c'est-à-dire aux pays qui nous sont le moins connus et qui, par conséquent, excitent le plus notre curiosité.

Au lieu de loques pendues aux murs, d'objets étalés les uns à côté des autres, sans lien qui les rattache, sans qu'on puisse comprendre comment l'usage des uns se lie à celui des autres, au lieu, enfin, d'objets dispersés sur un grand espace, le musée ethnographique de Copenhague montre au contraire des ensembles qui frappent et saisissent l'attention et dans lesquels le spectateur va chercher ensuite le point qui l'attire et qui l'intéresse, détail variable suivant chaque individu, suivant ses goûts, ses tendances et son éducation.

C'est ainsi qu'au lieu de meubles, de vêtements, d'ustensiles placés à part, disséminés çà et là, nous trouvons une habitation grandeur nature, meublée de vrais meubles, avec les maîtres du logis installés chez eux et y vivant de leur vie ordinaire.

Voici tout d'abord des habitations de Groënlandais : huttes en terre et mousse, de 4 à 6 mètres de diamètre, garnies intérieurement de peaux de bêtes; l'entrée a lieu par un couloir en colimaçon sous lequel on pénètre en rampant; au sommet de la hutte, un orifice qu'on ouvre en cas de besoin. Une famille est là, installée comme elle le serait au milieu de ses déserts de neige; deux hommes, trois femmes et quatre enfants prennent leur repas; une marmite en terre est sur le feu, d'autres sont rangées en un coin avec quelques plats et des lampes; le combustible fait défaut, l'huile y supplée, c'est elle qui réchauffe l'atmosphère glacée et fait cuire les aliments. Les parfums qui s'exhalent de cet intérieur et que, pour rendre l'illusion plus complète, on a consciencieusement respectés, ne permettent pas d'y faire un séjour trop prolongé. Les personnages, grandeur nature, sont habillés de peaux d'animaux; des fourrures, éparses sur un banc bas et large, indiquent ce qui sert de lit; les femmes préparent la nourriture, mettent la marmite sur une lampe garnie d'une mèche de mousse, dont la grosseur et la longueur sont calculées de façon à assurer la cuisson des aliments, puis tous se couchent et s'endorment. Quand la maisonnée se réveille, le festin est prêt, on mange, on remplit la marmite, on la remet sur la lampe dont la mèche est renouvelée, on se recouche, on se rendort, on se réveille, on mange, et ainsi de suite. Ces gens n'ont notion ni des jours ni des heures, ils ne distinguent dans leurs existences que des époques de ténèbres et des époques de lumière.

Attelage de chiens qui, là-bas, remplacent les chevaux : traîneaux menés par sept chiens tout harnachés; un de ces animaux sert de chef; c'est lui qui excite les autres, les dirige, les soutient; son instinct merveilleux le guide et inspire toute confiance aux voyageurs.

Vêtements de pêche, en fourrures gonflées de vent pour pouvoir surnager sur l'eau, en cas d'accident, et éviter toute humidité dont les conséquences sont mortelles sous ces latitudes : les hommes, ainsi vêtus, ont l'air de ces personnages en baudruche, gonflés de gaz, qui servent de jouet aux enfants. Vêtement de chasse en étoffe tissée avec des intestins de chiens de mer.

Bateau de pêche Cajak, conduit par des femmes : vingt batelières tiennent les avirons ; elles ne sont pas belles ; les unes coiffées de rouge sont mariées, les autres coiffées de vert sont vierges, celles coiffées de jaune ne sont... ni vierges ni mariées et ne s'en cachent pas, au contraire.

Ustensiles de pêche. Les poissons se tenant au fond de la mer, souvent à des distances considérables, afin d'y trouver des zones moins glacées, il faut, pour les atteindre, faire un trou dans la glace et y descendre un filet de 7 à 800 mètres de long. Ces filets sont en fanons de baleine et possèdent une force de résistance considérable.

Corbeille de mariage d'une jeune Groënlandaise : tapis de peau de chien de mer orné de petits dessins piqués en couleur, du fil à coudre fait avec des nerfs d'animaux, un dé à coudre, un petit instrument propre à tracer les dessins dont sont ornées les peaux, des vêtements, des fourrures, etc., etc.

Nous passons à travers l'Amérique, l'Afrique et l'Océanie, dont l'installation est moins imprévue, moins originale, moins bien disposée surtout que la précédente pour frapper l'esprit, et nous arrivons à l'empire du soleil levant.

Maison de Yeddo, en sapin et papier : les points d'appui se composent de quatre poteaux, tous les remplissages sont formés de châssis garnis en papier ; le jour, les châssis s'enlèvent, la maison est portée sur des échasses ; la nuit, on fait jouer les coulisses, et la maison, éclairée à l'intérieur, ressemble à une gigantesque lanterne vénitienne. Chaque maison de ce genre n'abrite qu'une famille. Au rez-de-chaussée, un magasin ; au premier, une salle divisée la nuit en un certain nombre de cases au moyen de cloisons mobiles. L'ameublement est succinct : une armoire pour serrer les matelas pendant le jour, un petit fourneau caché dans un angle, une série de petites tables rentrant à l'infini l'une dans l'autre ; sur des étagères, une collection de tasses ou de plats de laque ; au milieu de la pièce, le chibot (brazzero) et le tabaccobou (boîte à tabac) ; sur le sol, une natte en paille très-fine, très-épaisse et très-souple, qu'il n'est permis de fouler qu'après avoir quitté sa chaussure.

La maison que nous regardons a son mur de face enlevé, ce qui nous permet de voir à l'intérieur une scène fort réjouissante : cinq ou six personnes sont réunies, assises sur leurs talons, buvant et fumant autour de la théière ; les femmes sont vêtues d'une houppelande arrêtée à la taille par une énorme ceinture en soie verte ou jaune formant un gros nœud dans le dos, leurs lèvres sont dorées ; leurs cheveux noirs, unis et cirés, sont maintenus par de grandes épingles qui les étagent à des hauteurs prodigieuses ; on voit, à la porte, les petites planchettes sur lesquelles elles trottinent dans la rue et qu'elles ont quittées pour se coucher sur la natte ; un des hommes est debout pour bien montrer son splendide costume, paletot à manches d'une envergure extravagante, sous lequel apparaissent ses deux sabres, insigne de son rang de yakonine ou officier de daïmio dont les armes sont peintes en couleurs éclatantes sur son dos et sur son cou, grand chapeau de laque noir ; à sa ceinture, tout un arsenal de fumeur, une petite pipe grande comme un dé à coudre, une boîte à tabac en papier, un briquet, etc., etc. ; la chaussure se compose d'une chaussette avec un compartiment spécial pour le pouce et de sandales en paille nattées, à peine retenues par les doigts de pied et le bas du talon.

Norimon (fiacre japonais), boîte fort incommode dans laquelle le voyageur se blottit, les jambe repliées sous lui : il a de l'air par une petite ouverture ménagée dans le toit, à la façon de celle percée dans le dessus des cabs de Londres ; à chaque extrémité de la boîte, deux traverses appuyées sur les épaules de deux porteurs, très-peu vêtus ; quand ces derniers sont fatigués, ils soutiennent le poids du norimon au moyen de deux bâtons dont ils sont munis, ce qui leur évite le pénible mouvement de baisser et de relever leur charge.

Échantillon de papier japonais, espèce de parchemin, mais plus épais et plus souple à la fois, tissu indéchirable et imperméable dont l'emploi est multiple, avec lequel on fait les murs des maisons, les paletots, les serviettes et les parapluies des habitants du pays et qui ne répond pas du tout à l'idée que le mot papier éveille chez nous.

Le Japon nous a retenu bien longtemps ; nous ne pouvons cependant raconter tout ce que nous avons vu, faire voir la série de choses curieuses et intéressantes qui nous ont frappé, montrer le cortége d'un daïmio, l'aspect d'un Yankiro, quartier de maisons de thés de Yeddo et de Yokohama, donner idée de tous les costumes, de toutes les attitudes de ces grandes poupées splendidement vêtues et qui représentent toutes les positions sociales du Japon ; décrire ces grands monuments, ces temples immenses, raconter la légende des quarante-sept yakonines s'ouvrant le ventre sur le tombeau de leur daïmio, souvenir terrible qu'une série d'enluminures fait passer sous nos yeux; mais il nous faut pourtant dire quelques mots des remarquables produits de l'art industriel du Japon, examiner les meubles, ivoires, porcelaines, laques, bronzes, dont les spécimens abondent autour de nous.

La bizarrerie de ces objets n'est pas leur caractère le plus saillant; cette bizarrerie est du reste plus apparente que réelle, elle nous frappe parce qu'elle est contraire à certaines de nos habitudes, de nos idées, qu'elle nous marque une différence avec les formes auxquelles nos yeux sont habitués et que nous n'admettons pas facilement qu'on puisse penser et agir autrement que nous le faisons; mais cette dérogation à nos idées propres n'en constitue pas une à celles des Japonais, dont au contraire elle favorise les goûts et respecte les usages. Il ne faut pas, après tout, juger la bizarrerie japonaise d'après les échantillons étalés dans les bazars d'Europe, et pour lesquels les fabricants exagèrent cette apparence particulière afin d'attirer davantage l'attention du chaland.

Les Japonais ne font pas comme nous une distinction dans les arts; ils n'ont pas ce que nous appelons le grand art et cet art récemment appelé art industriel. Pour eux l'art est un et l'artiste qui modèle un vase de forme heureuse, de décoration bien réussie, est considéré comme aussi véritable artiste, comme possédant le sentiment de son art au même degré que celui qui décore la façade d'un temple ou sculpte une statue de Bouddha.

De cette situation résulte une perfection relative apportée dans la production des objets d'un usage ordinaire, résultat qui nous étonne et nous étonnerait bien davantage encore, si nous savions que ces porcelaines si délicates, ces plats de laque réservés par nous pour les grandes circonstances, considérés comme des produits exceptionnels, sont au Japon consacrés aux besoins ordinaires de la vie usuelle.

Les caractères saillants de toutes ces œuvres, ceux par lesquels elles se séparent de nos productions du même genre, sont l'absence de symétrie, la complète harmonie de la forme avec la nature de la matière employée et enfin le parti pris de la coloration.

Il ne faut pas entendre par absence de symétrie le désaccord entre les parties d'un même tout, se figurer un personnage bancal ou manchot, confondre enfin l'harmonie avec la symétrie. Si, par exemple, nous plaçons deux vases sur une de nos cheminées, ces vases sont identiques non-seulement de forme, mais encore de décoration ; c'est en réalité un même vase, et nos yeux ne trouvent pas double jouissance dans cette double possession ; si, au contraire, nous regardons deux vases japonais, nous les trouvons semblables comme parti général : l'un n'est pas allongé et l'autre trapu, mais leur galbe n'est pas identique cependant, et la différence entre eux est calculée de façon à ne pas nous choquer ; puis, sur chacun d'eux, la décoration est différente, le fond de l'un devient souvent le ton du dessin de l'autre, les oiseaux, les fleurs sont d'une coloration variée, les personnages ont des attributs opposés et les scènes représentées ne sont pas les mêmes. Cette observation, à propos de vases, se répète à l'infini, sur les papiers de tenture, les tasses, les boîtes de laque, les assiettes, etc., etc.

La complète harmonie de la forme avec la nature de la matière employée est encore plus facile à constater ; il suffit pour cela de comparer les surfaces unies, simples, laissées aux porcelaines composées d'une matière essentiellement fragile, avec les surfaces tourmentées, saillantes, données aux bronzes dont la matière est des plus résistantes; les ivoires sont refouillés en creux sans qu'une saillie dépasse le nu du parement et reste exposée aux chocs; remarque naïve à l'appui de notre observation, les tasses à thé n'ont pas d'anses, celles des vases ne sont que de petits crochets trapus, écrasés, offrant le moins de prise possible aux accidents inévitables.

Enfin, le système de coloration de tous ces objets diffère essentiellement de celui que nous mettons en pratique ; la peinture est sans modelé; aucune transition, autre que celle de l'harmonie des couleurs, ne ménage le contraste et la différence des tons, et cependant, malgré leur intensité, cette harmonie est telle que jamais ils ne heurtent ni ne froissent le regard : les tons employés sont toujours francs, peu nombreux et, grâce à la variété des dessins qu'ils présentent, paraissent être en nombre infini.

Nous nous arrêtons; on nous accuserait de ressembler à ces voyageurs dont l'enthousiasme croît en raison des distances et, comme nous sommes au Japon, cela pourrait nous entraîner loin.

Ces musées ne sont pas les seuls que possède Copenhague. Il faut encore citer le musée des antiques, le musée de gravures, puis la galerie du palais de Moltke. Enfin, à l'occasion de l'Exposition de 1872, avait été ouvert un salon de peinture où se trouvaient réunies les œuvres modernes des artistes suédois et danois. Ces œuvres ne se recommandaient pas, il faut l'avouer, par une grande valeur artistique, mais elles offraient à un étranger un intérêt tout particulier, en ce sens que les sujets reproduits, étant presque exclusivement des scènes de mœurs, des traits de la vie ordinaire de la société scandinave, ils constituaient un curieux contraste avec ceux traités dans nos expositions annuelles.

C'étaient des paysages d'hiver : un horizon sans fin, une immense nappe blanche, sous une brume glacée, et là, perdu dans ce désert, disparaît un traîneau attelé de rennes dont le galop furieux soulève des tourbillons de neige, point noir qui, par sa présence au milieu de cette immensité blanche, rappelle seul le mouvement et la vie; à côté, sous un ciel serein, sur un tapis de neige éclairé par un pâle rayon de soleil, glissent des traîneaux pleins de jolies femmes qui frissonnent sous leurs fourrures, regardent un groupe de patineurs au costume éclatant, ou cherchent à entendre les accords d'une troupe de musiciens dont les notes gèlent en l'air; c'est un souvenir de Laponie, c'est le Mélar, un jour de fête par un *beau* froid.

Comme opposition à ces scènes, voici la Gustaf-Adolph Platz, à Stockholm, une nuit d'été quand, à minuit, on distingue les silhouettes des navires passant au large sur la Baltique; voici les îles de l'archipel d'Aland, couronnées de bouquets d'arbres mêlant leur verdure au ton verdâtre des eaux; ou bien, les sombres rochers de la Norwége, contre lesquels échoue quelque monstrueux Iceberg; ou encore, la Djugarten, peuplée de couples enlacés, gais et amoureux; puis enfin, le portrait d'une belle Dalécarlienne dans son pittoresque costume, et celui d'une coquette et provocante piga.

Mais, nous l'avons dit, c'était malheureusement dans le choix des sujets, dans leur nouveauté, bien plus que dans la manière dont ils étaient traités, que résidait l'intérêt de cette exposition.

COPENHAGUE

IV

LES DANOIS. — LE THÉATRE. — LES PLAISIRS.

Les hommes sont de taille moyenne, forts, ramassés, ils ont les traits accentués, les cheveux blonds et les yeux bleus; leur démarche est lourde, elle manque d'aisance et de souplesse; ils n'ont ni élégance ni tournure, s'habillent sans recherche, paraissent des demi-messieurs, ou bien ils exagèrent nos modes; l'étoffe de leurs vêtements est en général plus grossière que celle employée chez nous, et ils semblent ignorer les ressources et les raffinements de la toilette.

Les femmes ont le teint éclatant, les dents blanches, les yeux gris ou bleus, et de longs cheveux blonds; mais elles n'ont pas de grâce dans le sens *parisien* du mot; leur toilette est modeste, et nous nous rappelons à peine avoir vu, ailleurs qu'au théâtre, quelques femmes vêtues de robes de soie.

Les Danois sont intelligents, on le voit à l'expression de leur figure; si on leur adresse la parole, on les trouve bienveillants et affables : au lieu de continuer leur chemin, quand un voyageur les arrête pour leur demander un renseignement dans une langue qu'ils ne comprennent pas, ils font mille efforts pour saisir sa pensée et le tirer d'embarras; ils ont toujours été hospitaliers, et encore maintenant, quand un chaland pénètre dans une boutique et que sa qualité de non-Allemand est bien constatée, le marchand, après mille protestations d'amitié (en danois, par malheur), et, avant de faire aucune offre, lui présente sur un plateau un verre de kirsch, destiné à contre-balancer l'effet du brouillard. Les Danois sont instruits, et il n'y a pas de pays en Europe où l'instruction publique soit plus développée qu'en Danemark.

Les femmes sont les *anges du foyer;* elles ne connaissent guère que la vie calme et tranquille de l'intérieur; leurs distractions sont, en hiver, les réunions de famille, le théâtre, où elles vont seules; puis l'été, les promenades à la campagne.

Les jeunes gens se marient de bonne heure et se fiancent auparavant; les fiancés jouissent de priviléges qui pourraient avoir des inconvénients chez d'autres peuples, chez nous par exemple, mais qui n'en ont pas chez les Danois, plus calmes et moins impressionnables; il est très-rare que les fiancés danois rompent les liens qu'ils ont acceptés, l'effet de la déconsidération qui rejaillirait sur tous les deux suffit pour les retenir.

Les distractions extérieures sont donc peu variées et les plaisirs bruyants inconnus; les réunions de famille et d'amis intimes ne se prolongent pas dans la soirée; à neuf heures les théâtres sont fermés, les lumières éteintes, les rues désertes, les tavernes vides et chacun est blotti sous ses couvertures.

Les mœurs de Copenhague n'ont pas toujours été aussi simples et aussi exemplaires; les exemples de la cour de Louis XV de France y ont, pendant un temps, joui d'une grande faveur. Nous verrons, un peu plus loin, quels souvenirs cette époque a laissés dans les habitations élevées au xviiie siècle, en certains quartiers.

Les statistiques établissent que le Danemark est le pays d'Europe où le suicide est le plus fréquent; on ignore la cause du développement de cette maladie mentale, mais, ce qui prouve l'amour des Danois pour la famille et pour la vie intérieure, c'est que cette folie sévit surtout parmi les célibataires et les veufs; il n'est même pas rare de voir une femme se pendre, quand elle se trouve dans une de ces deux situations.

Par une opposition difficile à expliquer, c'est parmi les Danois que Brigham-Young recrute encore maintenant le plus grand nombre d'adeptes mormons, et, près de Salt-lake-City, s'élève une nouvelle Copenhague.

L'instruction est très-répandue en Danemark : elle est obligatoire, et le père de famille doit envoyer ses enfants à l'école sous peine d'une amende; les étudiants de l'université sont nombreux, mais un si grand nombre étudie la théologie et se destine au clergé qu'il est impossible de donner des positions à tous ceux qui en demandent; aussi, voit-on fréquemment de futurs pasteurs exercer, en attendant une cure, quelque profession peu compatible avec les fonctions qu'ils espèrent remplir plus tard. Tous les étudiants se réunissent dans un collége appelé club, où ils trouvent tous les éléments d'étude et de distraction dont ils ont besoin : bibliothèque, théâtre, salles de concert et de conférence, taverne, leur sont constamment ouverts; ils y mangent, y boivent et y fument surtout, sans relâche. La grande salle est toujours pleine; entre deux discours ou deux répétitions, grande consommation de rogbrod et de bocks de bière de Bavière. Les assistants disparaissent au milieu de nuages de fumée, vomis par les grandes pipes dont le foyer n'a jamais le temps de s'éteindre.

Le sentiment patriotique est très-développé dans toutes les classes de la société, et la haine contre l'Allemand, loin de s'éteindre, se ravive chaque jour. Prussien, Prussien de Berlin, est la plus sanglante injure que puisse adresser un Danois.

Un jour, nous entrions chez un papetier acheter un petit carnet à dessin. Tout en nous montrant l'objet que nous lui avions désigné du doigt à défaut d'autre langage, le marchand murmurait à mi-voix, grommelait entre ses dents des mots sans suite, qu'il était cependant facile de reconnaître pour des expressions de mauvaise humeur; mais, voulant suppléer à la mimique animée à laquelle nous nous livrions et qui devenait insuffisante, nous nous exprimons tout à coup en français. Aussitôt sa figure change d'expression. — Pas Prussien! Français[1]! — Et le voilà qui escalade son comptoir, nous serre les mains, ouvre l'arrière-boutique, appelle sa femme et ses enfants, leur criant : — Français, Français, Paris! — Il fallut serrer les mains, embrasser les marmots, boire un verre de kirsch à la santé de la France, à la mort de la Prusse, et, pour clore l'entretien, le papetier, saisissant un peloton de ficelles, s'entoure le cou, simule la position d'un pendu, tire une langue désespérée en criant : Pour les Prussiens! pour tous les Prussiens!

Comparés aux Allemands, les Danois sont gais et pleins d'entrain; ils ont dans le Nord la réputation de ressembler aux Français! C'est en Danemark, paraît-il, que se recrutent les troupes des théâtres de Stockholm, de

---

1. Nous n'osons reproduire les expressions danoises correspondant au sens de ces mots; nous ne sommes pas assez sûr de notre mémoire.

Christiania, etc., etc., et les artistes des *cafés-concerts*, si nombreux dans les villes scandinaves.

Il existe peu d'industrie[1] en Danemark; les productions sont presque exclusivement agricoles. Le commerce maritime y est très-florissant. Chacun gagne sa vie modestement, par un labeur continu et incessant, mais qui n'a rien d'exagéré: nos fièvres d'ambitions sont inconnues, et personne ne cherche ni ne désire augmenter outre mesure son bien-être ou faire une rapide fortune aux dépens de son voisin. Le Danois est excessivement probe, loyal et honnête, le vol est presque inconnu dans le pays; les boutiques et les magasins n'ont pas besoin d'être défendus par des devantures en bois ou en tôle, les marchandises restent étalées à portée de la main sans qu'il soit utile de les surveiller ou de les garder. Les grandes fortunes sont aussi rares qu'est rare l'excessive misère; cela est si vrai qu'à Copenhague on voit à peine quelques voitures de maître, et qu'en revanche on n'y rencontre pas un mendiant.

Nous avons parlé de la cuisine, pendant notre séjour en Fionie; elle est la même dans les autres provinces et ne satisfait pas toujours un estomac français; mais les hôtels et restaurants, quand on peut s'y faire comprendre, sont très-suffisants, très-bon marché, on y mange ce qu'on mange partout, on y boit du thé exquis et de l'excellente bière; les vins, par exemple, ceux de France surtout, y sont indignement frelatés et exécrables.

La littérature danoise n'est connue chez nous que par certaines traductions de nouvelles, dont la naïveté et

---

1. La fabrication des gants s'y développe depuis quelque temps: les gants danois sont souples, solides, bien cousus; ils peuvent même se laver; mais ils se vendent très-cher.

la simplicité font le plus grand charme. Andersen s'est cependant fait connaître du monde entier par ses contes populaires, pleins d'observations si fines et d'aperçus si profonds, sous une apparence simple et familière. Le répertoire théâtral se compose de pièces d'auteurs nationaux, assez rares et, comme de juste, de traductions des œuvres de notre littérature française.

Ce soir nous allons au théâtre, il est cinq heures; nous nous sommes hâtés afin d'assister à l'entrée des spectateurs; du reste même en *location* les places sont d'un prix modeste. On donne le *Roman d'un jeune homme pauvre* d'Octave Feuillet, traduit et adapté; nous pourrons toujours, en nous aidant de nos souvenirs, deviner, sinon comprendre, quelque chose au dialogue, et nous rendre compte des impressions des spectateurs.

La salle est assez vaste mais très-simple de décoration : deux rangs de loges découvertes, un balcon, des stalles d'orchestre et, au fond, un grand amphithéâtre; les places ne sont pas confortables, on les occupe bien vite, et pas une ne reste vide. Il y a beaucoup d'enfants qu'évidemment on n'a pas voulu laisser seuls à la maison. Les spectateurs appartiennent à tous les mondes; les femmes dominent, elles forment au moins les deux tiers du public; leur toilette est des plus simples : sauf de très-rares exceptions, toutes sont en robe de laine ou de toile blanche; elles viennent enveloppées dans un grand water-proof, par groupes de deux ou trois ou accompagnées d'un cavalier, mais, le plus souvent, parfaitement seules; cet isolement du reste ne paraît étonner personne, il est admis; et, quelque jeune et jolie qu'elle soit, une femme peut venir au théâtre, y rester et en partir seule, sans courir aucun risque, sans effaroucher un jaloux et sans avoir à se trouver exposée aux avances gênantes d'un trop galant chevalier. Au parterre, plusieurs spectateurs placent des provisions à côté d'eux sur la banquette, provisions solides, une bouteille de bière et des rogbrod.

Après une ouverture quelconque, le rideau se lève et en même temps le lustre s'éteint; la salle est plongée dans une complète obscurité. Les spectateurs ne peuvent avoir de distractions, il leur faut, bon gré, malgré, regarder la scène très-brillamment éclairée. Les acteurs sont prétentieux, les actrices sont jolies, et leurs costumes très-frais et très-riches. Le débit des artistes paraît trop rapide, mais c'est toujours l'impression que produit à l'oreille un dialogue énoncé dans une langue inconnue : le geste est chez les hommes monotone et fréquent, plus juste et plus mesuré chez les femmes; ce que nous appelons jeux de scènes est exagéré et faux. Deux innovations introduites dans la pièce : la première consiste à remplacer, au deuxième acte, la scène du bal champêtre par un *cancan* assez risqué auquel tous les personnages prennent part avec le plus grand sérieux; c'est, nous dit-on, la danse *nationale française,* accompagnée de chants appropriés à la circonstance. Sans doute, maintenant, tous ces bons Danois se figurent que nos châtelains et châtelaines ont l'habitude de se livrer à des ébats aussi fantaisistes. La seconde innovation consiste à réunir, après chaque scène importante, tous les acteurs devant la rampe et à leur faire chanter un chœur dont le sens nous a échappé, mais qui paraissait résumer la situation : c'était comme une réminiscence des chœurs antiques.

L'obscurité ne permettait d'apprécier les émotions des spectateurs que par leurs applaudissements, qui arrivaient juste et prouvaient une grande naïveté d'impression. Les bons sentiments de la *portière* furent très-applaudis, les mauvais instincts de mademoiselle Hélion, flétris par des sifflets prolongés ; après la scène de la tour, il fallut que l'acteur, chargé du rôle de Maxime, vînt en habit noir saluer le public et le rassurer sur son sort. Le jeune premier, du reste, ne quitte pas cet habit noir qui sans doute est le privilége de son rôle, de même qu'entrer en scène avec son manteau sur les épaules est celui des ténors italiens di primo cartello.

A chaque entr'acte le lustre brille, spectateurs et spectatrices se précipitent par toutes les issues, envahissent le buffet et reviennent au premier appel de la cloche, la bouche et les mains pleines.

A neuf heures, tout était fini et nous reprenions le chemin de notre hôtel, le paletot boutonné jusqu'au menton, écoutant en frissonnant le bruit du drapeau du Christiansborg que faisait claquer l'âpre vent du nord.

Un nouveau théâtre va s'élever à Copenhague : le seul renseignement que nous ayons recueilli à son sujet est que sa dépense s'élèvera à près de 600 rigsdalers, soit environ 1 million de francs. Ce théâtre sera *Théâtre Royal*; ce qui, pour les artistes, entraîne le privilége d'être nommés par le roi, engagés à vie et considérés comme fonctionnaires de l'État. La première pierre de cet édifice est posée ; à quand la dernière ?

Le lendemain, le jour était beau : au lieu de retourner au théâtre, nous allons à Tivoli.

Tivoli est un lieu de plaisir assez semblable (quoique beaucoup moins important) à la Djugarten de Stockholm, et qui n'a rien d'analogue chez nous ; c'est un centre de réunion pour les habitants de Copenhague, surtout pendant les longues soirées d'été, qui ne sont pas des soirées en somme, puisqu'il fait jour.

On trouve, au Tivoli, des loges de bateleurs, des

cafés-concerts, des théâtres en plein vent, des bals, des
restaurants, des jeux et distractions de toutes sortes. La
foule qui s'y presse est nombreuse : elle se recrute un peu
dans toutes les classes de la société; cependant, quoi
qu'on en dise, il n'est pas probable que les mères de
famille y conduisent leurs filles, et elles font bien.

Les braves gens, qui se trouvent là, y viennent pour
s'amuser et s'acquittent de ce soin en conscience, sans
gêne, sans façons, et comme il leur convient. Nous nous
rappelons surtout un gros garçon à la figure réjouie, un
étudiant, sans doute; il valsait longtemps sans s'arrêter,
tranquillement, paisiblement, puis, tout à coup, s'asseyait
devant une table, sa danseuse sur les genoux, se bourrait
de bière et de rogbrod, embrassait entre deux bouchées
sa compagne aussi affamée que lui, puis tous deux
retournaient danser et revenaient manger un instant
après, le tout avec un entrain et une régularité que rien
n'arrêtait. A côté, se trouvait une sorte de Prudhomme en
gros habit bleu : souriant et guindé, il tournait sur ses
pointes avec un air satisfait et poussait de temps en temps
un éclat de rire sonore, sorte de gloussement dont paraissait tirer vanité sa danseuse, jolie créature, qui, la tête
appuyée sur l'épaule de son cavalier, le regardait béate-
ment et entourait son cou de ses deux bras nus, ronds et
blancs, — et ainsi du reste; — enfin, comme fond du tableau, quelques couples allemands à lunettes, aux cheveux
fadasses, à la tournure prétentieusement ridicule et tous
outrageusement laids.

Quelle différence entre ces réjouissances triviales,
presque grossières, et les fêtes populaires de la Provence
ou du golfe de Naples !

Là-bas, le ciel est bleu, d'un bleu intense, transparent et profond, la mer est bleue aussi, mais d'un bleu

plus pâle. Elle se montre couronnée de petites vagues
d'écume blanches; par moments elle se creuse et exhale
comme un profond soupir qui se meurt sur la plage; à
perte de vue, sur le ciel et sur la mer, le même calme
et la même couleur qu'interrompent seulement au bord
du ciel, Ischia et Capri, enveloppées dans de légères
vapeurs. A travers les branches des orangers qui par-
fument l'air, filtre la lumière brûlante du soleil qui tache
le sol de petits points lumineux sur lesquels viennent
se chauffer de paresseux lézards.

Mais le soleil baisse, la brise du soir, si impatiem-
ment attendue pendant tout le jour, commence à s'élever
de la haute mer, les bateaux de pêche sont amarrés, les
pêcheurs se reposent; de la campagne, par longues files,
arrivent les paysans, les filles aux yeux brillants, aux jupes
éclatantes avec des ornements de cuivre ou de coquilles
de mer; un improvisateur monte sur un tréteau, sa guitare
à la main, le cercle se forme, la chanson commence, et,
avec elle, les bons rires et les gais éclats. Comme tout
ce monde comprend et saisit les allusions, les finesses
du récit, comme il est heureux de peu, content de ses
guenilles, de ses jambes nues, de la vermine qui le dévore, comme il sait encourager et applaudir. Puis il faut
souper, les chants se taisent et, étendus sur le sable
encore tiède de la chaleur du jour, les voilà qui mangent
à belles dents les tomates et les fruits de mer, se désal-
tèrent d'un verre d'eau glacée à l'anis; les danses commencent ensuite, les groupes se forment et dessinent de
longues marches cadencées, au rhythme mélodieux et
accentué. Quelles poses, quelles attitudes prennent alors,
sans en avoir conscience, ces hommes du peuple, la veste
sur l'épaule, le long bonnet rouge flottant, la chemise
ouverte sur leur poitrine bronzée; leurs pieds s'ap-

puient sur le sol avec des mouvements de force et d'agilité qui bravent la fatigue et, d'un seul bras, ils enlèvent leurs robustes compagnes. Et elles, les femmes, comme leur démarche est noble et élégante, combien leurs gestes ont de grâce naïve, comme leur taille se cambre voluptueusement en faisant saillir les seins sous la toile écrue et rejetant en arrière les torsades de leurs longs cheveux noirs. Quel entrain, quelle gaieté, que de rires et que de bruit!

Tout près sont installés les joueurs de morra, éclairés par une fumeuse lampe à trois becs, de forme antique. Quels mouvements de bras et d'épaules, quels groupes ils forment, quels éclats dans la voix, et comme la passion les domine; le manche du couteau sort déjà de la poche droite, mais la colère est aussi prompte à se calmer que rapide à naître; les bonnes paroles succèdent vite aux *mauvaises raisons*, et... Voici un coup de vent qui vient du Nord, nous ne sommes pas sur les bords de la Méditerranée, mais bien sur ceux du Sund; personne ne paraît s'en apercevoir, mais nous, nous gelons et rentrons bien vite.

COPENHAGUE

V

LES MAISONS D'HABITATION.

On devine aisément, — d'après ce que nous venons de dire des mœurs calmes, paisibles, des habitants de Copenhague, de leur vie retirée, de leur genre d'existence tranquille, — ce que doivent être les maisons qu'ils habitent, comment elles ne peuvent ressembler à celles d'autres pays et comment elles doivent, au contraire, présenter un caractère particulier que feront ressortir facilement la visite et l'examen que nous allons en faire.

Les maisons à loyer sont nombreuses dans la vieille ville; l'enceinte des murs empêchait l'extension des rues et il fallait ménager la place. Les maisons ont, en général, perdu le caractère primitif qu'elles avaient lors de leur construction, et qu'elles devaient surtout à la bizarrerie de leurs pignons. La tradition de ces pignons extravagants, dont nous avons déjà donné un exemple à propos de la Kongens-Nytorv (fig. 170), ne tend pas à disparaître, et certains propriétaires veulent encore les reproduire sur les façades des maisons qu'ils élèvent en ce moment. Les pignons modernes (fig. 198) sont pourtant moins déraisonnables que ceux du siècle dernier; ils semblent soumis à une règle de convention, se divisent en compartiments irréguliers, dessinés par des bandes blanches qui s'enlèvent sur le fond rouge des briques. L'effet reste toujours fort exagéré, mais, sous ce ciel si souvent gris et pendant des mois obscurci par de tristes brouillards, les

Fig. 198.

résultats plus simples dont nous nous contentons seraient évidemment insuffisants.

On pourrait cependant avoir recours à des moyens moins exagérés, et les traces d'anciens pignons à moitié démolis, mais dont la silhouette se retrouve encore, en sont la preuve. En voici un exemple (fig. 199), très-incomplet en l'état actuel, mais facile à retrouver. Les deux rampants du pignon sont franchement accusés et, sauf la partie centrale, terminés par un motif carré, suivent exactement la ligne du toit ; des chaînes indiquent sur les façades les murs mitoyens et ceux de refend ; sur le milieu

Fig. 199.

de la façade, d'autres chaînes forment un motif principal se répétant dans toute la hauteur et dont les divisions vont, par d'autres chaînes obliques, se relier aux rampants du toit. Les élévations n'offrent pas de dispositions compliquées : quelques morceaux de pierre, de la brique de différentes couleurs pour distinguer les parties saillantes de celles en retrait, puis les linteaux, soulagés par des arcs de décharge, suffisent pour indiquer la construction en la décorant. Les boutiques sont accusées par de grandes baies. Au sommet des pignons se dresse une potence, servant à monter ou à descendre, des différents étages, les approvisionnements lourds et encombrants. Les caves ne sont guère en usage à Copenhague ; le sol, trop humide et trop perméable, trop peu élevé au-dessus du niveau de la mer, les rend facilement insalubres.

Dans le sous-sol, auquel on parvient au moyen d'un escalier extérieur ménagé dans le fossé d'isolement de la façade, s'installent en général les tavernes, les marchands de comestibles et de denrées alimentaires. Une grande salle pour la boutique, une autre pour l'arrière-boutique et une ou deux pièces en retour forment la distribution à peu près invariable de ces sous-sols. Au rez-de-chaussée (fig. 200), grand corridor, vestibule suivi de la cage de l'escalier montant aux étages ; on parvient de la rue à ce vestibule par quelques degrés, dont une partie est logée à l'intérieur ; les boutiques, placées à droite et à gauche de ce vestibule, n'ont pas d'entrée directe sur la rue, elles sont suivies d'une arrière ou seconde boutique et d'une cuisine, avec une salle placée en aile ; entre les deux ailes, une cour de médiocre étendue, au fond de laquelle se trouvent des privés ; chaque habitant a les siens, — situés non à l'étage qu'il occupe, mais dans la cour, — et de la rue, on aperçoit une rangée de petits édicules en bois ou en briques, dont les portes s'ouvrent et se ferment à toute heure du jour et de la nuit. Les maisons étant relativement hautes, on comprend combien un tel usage, contre lequel on ne cherche pas à réagir du reste, crée d'embarras et d'ennuis aux locataires des étages supérieurs d'une maison ; mais comme il en a toujours été ainsi, personne ne songe à demander mieux.

Les étages (fig. 201) comprennent chacun deux

logements : une grande pièce sur la rue, et à la suite, éclairées sur la cour, la salle, puis la cuisine, accompagnée quelquefois d'une chambre d'enfants ou d'une chambre de domestiques. Ces logements sont ceux de

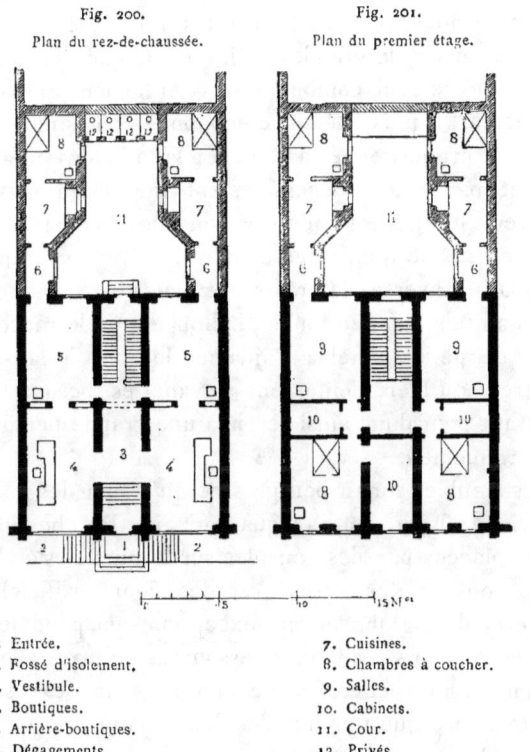

Fig. 200. Plan du rez-de-chaussée.
Fig. 201. Plan du premier étage.

1. Entrée.
2. Fossé d'isolement.
3. Vestibule.
4. Boutiques.
5. Arrière-boutiques.
6. Dégagements.
7. Cuisines.
8. Chambres à coucher.
9. Salles.
10. Cabinets.
11. Cour.
12. Privés.

personnes de la classe moyenne ; le salon n'existe pas ; la salle sert de lieu de réunion pour les assemblées de famille et c'est aussi là que se prennent les repas ; la chambre à coucher principale est haute de plafond, quatre mètres au moins; le sol est parqueté en sapin, une boiserie de sapin règne à une certaine hauteur; les plafonds sont apparents ou lambrissés, les papiers de tenture, simples, pour ne pas dire communs; aucune dorure, aucune décoration en *pâtisserie* comme celles en usage chez nous, le sapin verni les remplace; pas de cheminée, mais de grands poêles en faïence, chauffés à la tourbe, le seul combustible généralement en usage en Danemark; puis, détail d'économie domestique, au lieu de lits proportionnés à l'âge et à la taille des enfants, devenant par suite successivement inutiles à mesure qu'arrivent les années, nous voyons des lits qui grandissent en même temps que ceux qui doivent y prendre place. Des traverses latérales, retenues par des crochets, maintiennent l'ensemble, l'allongent ou le raccourcissent, de petits matelas s'ajustent les uns à la suite des autres, ou bien s'entassent suivant les besoins; un lit d'enfant peut donc ainsi servir à une grande personne et réciproquement.

Les meubles sont à peu près ce qu'étaient les nôtres en province, il y a trente ou quarante ans; les cheminées sont remplacées par des consoles sur lesquelles s'étalent le plus souvent des vases avec des fleurs artificielles, recouverts d'un globe, et, par exception, une pendule en zinc (article Paris); aucunes ressources de luxe, aucuns raffinements ni recherches de comfort, une excessive propreté et presque toujours des fleurs naturelles ou des branches de verdure.

Les baies sont fermées par deux croisées en menuiserie, s'ouvrant, non dans toute leur hauteur au moyen d'une espagnolette ou d'une crémone, mais par petits compartiments, de dimensions à peine suffisantes pour laisser passer la tête; entre ces deux croisées, des fleurs;

un épais lit de sable fin et des cornets de sel pour absorber l'humidité de la buée, qui pourrait ternir et obscurcir les carreaux; souvent aussi, la silhouette de quelque belle fille blonde, les yeux au loin, et l'esprit plus loin encore.

Nous avions à porter une lettre de recommandation dans une maison des allées de Frederiksberg. Nous arrivons devant la maison indiquée, riante demeure entourée de massifs de rosiers. Au lieu de murs de clôture, une grille couverte de plantes grimpantes; un petit jardin ouvert laisse apercevoir au fond la porte d'entrée, les façades en briques rouges et blanches et quelques parties en pierre (granit); les carreaux de vitres sont propres et luisants; de longues grappes de verdure s'accrochent à tous les angles et retombent en désordre; l'aspect est si gai, si riant, que le passant doit bien souvent éprouver l'envie de pousser la porte et d'entrer.

Nous nous présentons : une servante à la bouche espiègle, une vraie *piga,* vient nous ouvrir. A peine a-t-elle entendu quelques mots de notre langage, qu'elle se sauve, les poings sur les hanches, en riant à se tordre; elle revient un instant après avec une camarade qui partage sa gaieté, et voilà les deux folles nous désignant du doigt, et échangeant les propos les plus vifs, dont évidemment nous faisions le sujet d'une façon désavantageuse pour notre dignité. Nous commencions à faire assez sotte figure, ne sachant s'il fallait rire ou nous fâcher, quand parut le maître de la maison, bientôt mis au courant de la situation par le récit de ses servantes et la lettre que nous portions.

Un instant après, nous étions dans la salle; notre hôte qui s'exprimait presque en français, nous recevait

430   DANEMARK.

de la façon la plus aimable et la plus cordiale, nous faisant envisager la réception dont nous avions été victimes

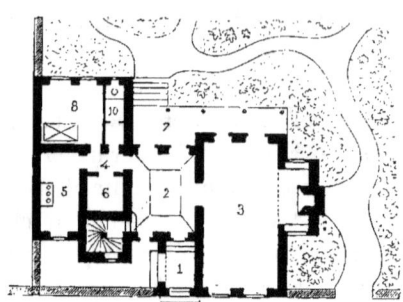

Fig. 202.

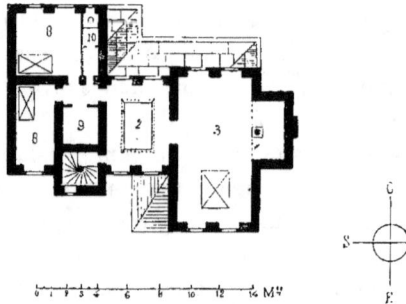

Fig. 203.

1. Porche.
2. Vestibule.
3. Salle.
4. Dégagements.
5. Cuisine.
6. Office.
7. Galerie couverte.
8. Chambres à coucher.
9. Cabinets.
10. Privés.

comme une chose toute simple, justifiée par *notre étrange langage;* il nous présentait à sa famille, nous obligeait à nous asseoir à sa table et nous offrait enfin toutes facilités pour remplir le but de notre visite, qui était de voir sa maison. Il nous servit de guide, accompagnant notre examen d'observations plus propres à faire connaître l'habitation qu'il avait conçue que celle qu'il avait réalisée.

Le petit porche, dont nous avons parlé, donne accès dans un vestibule desservant toutes les pièces (fig. 202-203) (hall des habitations anglaises), occupant la hauteur de deux étages et formant balcon au-dessus du rez-de-chaussée; de ce vestibule on entre dans la salle, grande pièce servant à tous les usages de la vie commune, éclairée d'un côté sur l'avenue, de l'autre sur le jardin. Sur une des faces est ménagée, en saillie, une loge où se trouve la cheminée : cette loge forme comme une seconde pièce dans la grande, et l'hiver, pendant les froids rigoureux, une épaisse tenture de cuir en ferme l'entrée, protégeant contre les courants d'air ceux qui se pressent autour du foyer. L'ameublement et la décoration de cette pièce participent de la salle à manger et du salon; les murs sont peints, les plafonds font voir les solives de sapin, laissées apparentes, décorées de filets de couleurs. Au premier étage (fig. 204), une chambre à coucher répète la salle, en a la forme et les dimensions, et offre dans sa décoration les mêmes caractères et le même parti; un grand lit carré, placé debout, occupe une partie de la pièce; au fond de la loge est placé le coffre, tradition toujours debout d'une des plus vieilles coutumes des provinces scandinaves; c'est dans ce coffre qu'on conserve le trésor de la famille, les vieux bijoux, la couronne des fiançailles, la robe de mariage de la mère, le vêtement de baptême de l'enfant, précieux souvenirs que se lèguent les générations, qu'un des grands actes de la vie de famille fait seul sortir de leur réduit, mais que malheureusement commencent à dédaigner les jeunes *élégantes,* qui leur préfèrent des toilettes à la mode de Paris ou de Londres.

De l'autre côté du vestibule se trouvent, au rez-de-chaussée, la cage de l'escalier, les services de la cuisine et une chambre à coucher ; au premier étage,

Fig. 204.

des chambres à coucher secondaires ; sur le fond du jardin est ménagée une véranda, utile abri pendant l'été, — car il ne faut pas perdre de vue que, si les climats du Nord sont rigoureux pendant de longs mois d'hiver, ils sont exposés, pendant l'été, à quelques jours de chaleur insupportable.

Les façades de cette maison (fig. 205) offrent un

caractère franc et tranché ; les lignes de construction, arrêtées d'une façon régulière et suivie, donnent de l'échelle à l'ensemble ; aucun enduit ne dissimule la

Fig. 205.

nature et le mode d'emploi des matériaux. Sous le climat du Nord, plus que partout ailleurs, du reste, les enduits extérieurs sont mauvais et exigent un coûteux entretien. Rien dans l'aspect extérieur de cette construction n'est abandonné aux idées d'un faux luxe ou d'un vain désir de paraître. Il faut notamment insister sur le mode d'emploi de la brique dans la hauteur du premier étage ; ces briques, placées de façon à ce que leurs joints ne se coupent que de deux en deux rangs, forment des cubes aux angles enlevés et simulent ainsi des polygones à huit pans interrompus par une ligne continue de briques d'un ton différent ; l'aspect ainsi obtenu est original, se marie bien mieux qu'une surface unie avec les imbrications des bandeaux et avec celles de la corniche de couronnement.

Cette habitation est agréable d'aspect et confortable à l'intérieur ; elle ne répondrait peut-être pas suffisamment à nos besoins, aux exigences de notre vie trop extérieure et trop mondaine, mais elle doit parfaitement convenir à des gens habitués à vivre chez eux, à s'y plaire et à ne pas chercher au dehors les distractions qu'ils peuvent trouver dans leur intérieur, gens plus préoccupés de l'installation et du bien-être de leur demeure que du désir de paraître et d'éblouir.

Il fut un temps où les Danois, subissant l'influence des mœurs françaises d'alors, s'efforçaient de les copier et étaient parvenus à nous ressembler, autant du moins qu'un Danois pourra jamais ressembler à un Français ; les souvenirs et les traces de cette époque déjà loin de nous se retrouvent dans les grands hôtels de Bredgade ou d'Amaliengade, riches demeures, habitations qui exigeaient un grand train de maison, entraînaient une installation coûteuse et des dépenses que les fortunes actuelles ne peuvent permettre qu'à de rares exceptions. Ces hôtels, sauf quelques-uns possédés encore par de grandes familles qui les habitent rarement, ont en général perdu leur aspect primitif: les façades sont dénaturées, les distributions modifiées et appropriées aux nécessités et aux exigences de la vie moderne la plus simple et la plus modeste.

On peut cependant reconnaître encore ce que quelques-uns furent autrefois et restituer, non pas les façades dont le rococo exagéré était le moindre défaut, mais le plan qui, par ses dispositions d'ensemble et de détail, offre, pour l'architecte, une curieuse étude.

Voici (fig. 206) le plan du rez-de-chaussée d'un de ces intérieurs :

Deux grandes portes cochères donnent accès dans une cour d'honneur située en *1 ;* les voitures tournent et pénètrent sous un porche parfaitement clos à ses extrémités; la voiture ou le traîneau, suivant la saison, sort de la cour par la seconde porte en passant sous un passage *23,* pénètre dans un abri couvert *25,* où bêtes et gens peuvent se réchauffer; les visiteurs, eux, ont franchi la porte du vestibule, au devant de laquelle il n'existe pas de marche, afin de pouvoir, de plain-pied, pénétrer de la voiture dans la maison. Quand le visiteur vient à pied, ou qu'il laisse sa voiture dans la rue, il passe par la porte 2, suit une galerie couverte où il est à l'abri du contact des équipages, et, montant quelques marches, rejoint dans le vestibule les personnes venues en voiture ; les valets dépouillent leurs maîtres de leurs fourrures et les attendent dans une salle-vestiaire *7,* pendant que les femmes réparent leur toilette dans un vestiaire particulier *8,* muni d'un lavabo et de privés *13;* l'entrée des salons *10* et *10* (bis) a lieu par deux grandes portes ouvertes dans le vestibule. S'il s'agit d'une fête et d'une grande réception, les maîtres se tiennent dans le premier salon pour recevoir leurs invités; ceux-ci arrivent par ce salon, traversent le petit salon et pénètrent dans la salle de bal *9'* au fond de laquelle une loge en saillie, percée

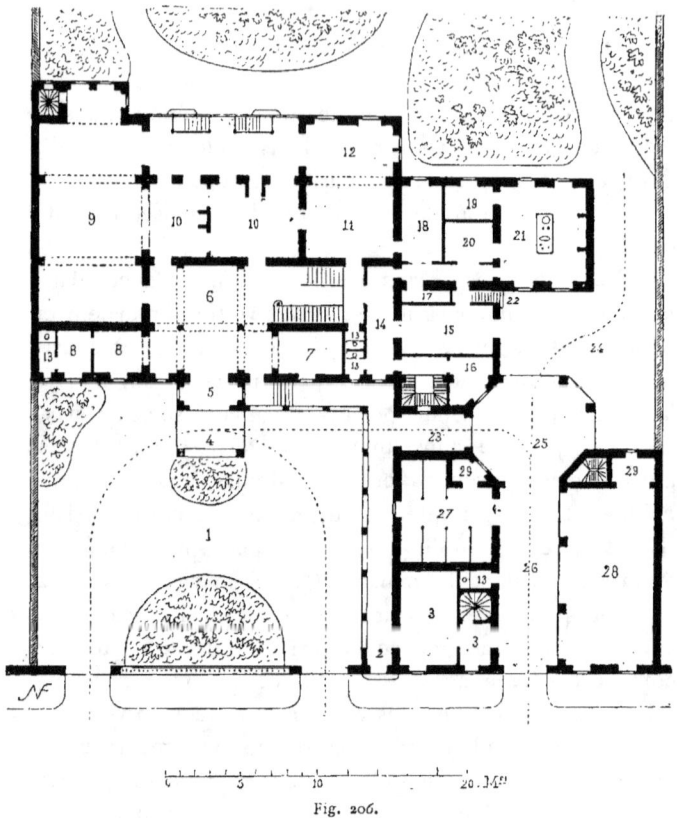

Fig. 206.

au fond, reçoit l'orchestre desservi par un petit escalier spécial; la salle à manger est en *11'* près du salon de réception habituelle; enfin, salle des fêtes, salon et salle à manger sont réunis, grâce à une serre vitrée ouvrant sur les jardins auxquels on peut descendre par un escalier intérieur. Le grand escalier donne dans le vestibule ; en

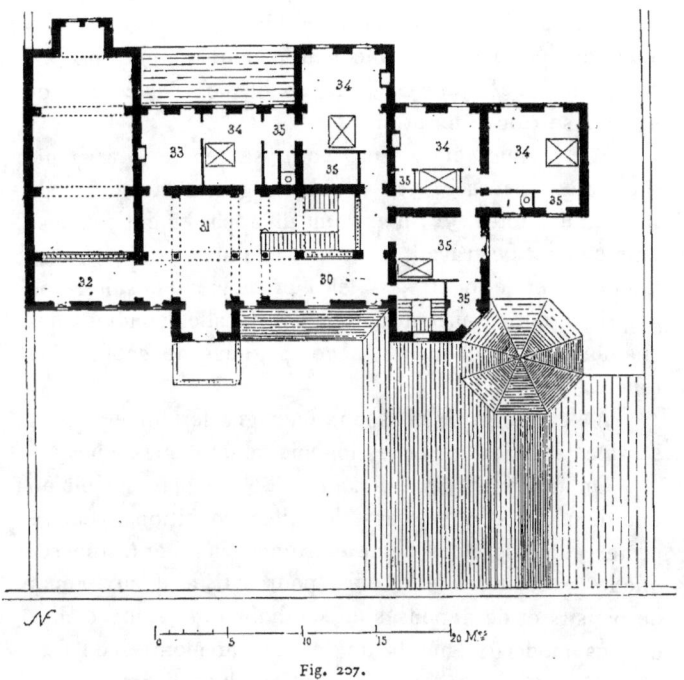

Fig. 207.

passant sous la seconde volée, on trouve un dégagement *14*, séparant le logement des maîtres de la partie réservée aux services, qui comprennent : un office *18*, une cuisine *21*, avec la laverie *19* et le garde-manger *20*, la lampisterie *17*, la salle des gens *15*, une pièce pour le nettoyage de la chaussure et le battage des vêtements *16*, puis l'escalier de service desservant tous les étages. Une porte spéciale, *22*, permet de descendre de la cuisine à la cour des écuries et évite, aux fournisseurs et domestiques, l'entrée du principal corps de logis; le bâtiment des dépendances comprend : la porterie *3*, placée de façon à desservir à la fois l'entrée de la cour d'honneur et celle de la cour des écuries, puis une écurie pour six chevaux *27*, une remise *28*, une sellerie *29* et des privés *13;* en arrière se trouve le jardin.

Au premier étage (fig. 207), se répète le vestibule du rez-de-chaussée, *31;* d'où l'on gagne la tribune de la salle des fêtes, *32;* puis vient un appartement composé d'un cabinet de travail, *33*, d'une chambre à coucher, *34*, d'un cabinet de toilette, *35*, et d'un cabinet à la suite; une galerie ajourée tournant autour de l'escalier conduit à des chambres à coucher, *34*, accompagnées de cabinets de toilette, *35*.

A l'étage supérieur sont ménagés les lingeries, les services secondaires et les logements de domestiques.

On comprend, par l'examen de ces plans, combien une demeure conçue dans de telles conditions peut se prêter aux exigences d'une existence riche et fastueuse, quelles ressources elle offre pour satisfaire aux goûts de plaisirs et de dépenses de ses habitants. Bon nombre de nos modernes hôtels de Paris sont moins bien disposés et sont installés d'une façon plus étroite et plus mesquine.

La décoration de ces intérieurs répondait aux dispositions générales que nous venons d'indiquer. Voici (fig. 208) la vue d'un salon et du vestibule qui le précède; les plafonds formés de solives apparentes, reliées par des traverses, figuraient ainsi des caissons dont le centre était occupé par un motif en bois sculpté, rehaussé de dorures et de peintures; des tentures recouvraient les parements des murs, et, sur le sol, s'étendaient d'épais tapis. Tous les profils et détails sont lourds, les ornements manquent de grâce et de finesse, le bois qui forme l'élément constitutif de la construction n'est pas ménagé, on le tourne et retourne de cent façons : ce sont les motifs de notre architecture Louis XV appliqués par des gens qui cherchent à en exagérer les effets.

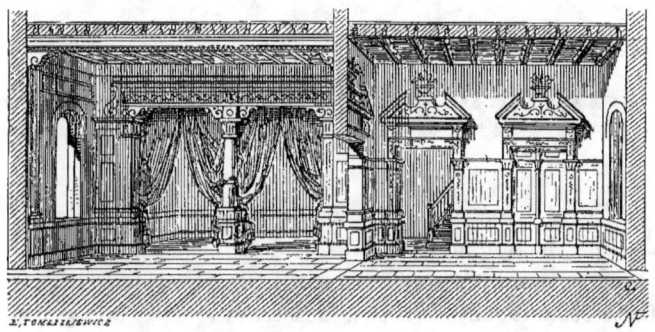

Fig. 208.

D'autres constructions de Copenhague méritent une visite, mais trop souvent elles reproduisent des souvenirs d'habitudes ou de formes étrangères, et nous n'avons voulu insister que sur celles dont les dispositions intérieures et les formes extérieures offrent avec les nôtres une différence utile à faire ressortir ; là comme ailleurs, du reste, les constructions banales ne sont pas rares, et nous n'avons pas jugé intéressant d'en parler.

ELSENEUR

(HELSINGŒR)

LA GARE DE COPENHAGUE. — LA CAMPAGNE. — ELSENEUR.
L'HÔTEL DE VILLE. — LE KROONBORG.

Nous avions, le jour de notre arrivée, mal vu la gare de Copenhague ; aujourd'hui, nous avons le temps de l'examiner : nous en profitons d'autant mieux que toutes facilités nous sont laissées pour aller et venir à notre guise et qu'avant l'heure du départ les malheureux voyageurs ne sont pas obligés de faire quelque temps de prévention dans une salle d'attente.

La halle a 28 mètres de longueur ; elle est couverte par de grands arcs en charpente dont le pied repose sur des piles en granit, élevées de 4 mètres au-dessus du sol ; ces arcs sont formés de plusieurs planches de sapin cintrées sur plat ; d'autres petites planches formant claveaux sont clouées sur les faces latérales ; cette double combinaison de planches de champ et de planches à plat offre une grande résistance, augmentée encore par une succession de croix de Saint-André qui relient les différentes parties entre elles et forment un contreventement, les rendant solidaires les unes des autres ; des portes et des fenêtres, ouvertes dans la largeur de chaque travée, donnent accès dans les différents services placés le long de la halle ;

une lanterne occupe tout le sommet du comble, s'appuie sur les reins des arcs et procure un éclairage et une ventilation suffisants; un chemin de ronde ménagé à la base de cette lanterne facilite les réparations nécessaires.

Les salles de voyageurs, les buffets, les bureaux de billets et de bagages sont entièrement revêtus de sapin verni, rehaussé de quelques filets de couleur; les solives de planchers sont apparentes et tout l'ensemble a un air d'ordre et de propreté qui fait plaisir à voir.

Les voyageurs, leurs amis, encombrent les quais : les premiers prennent place, ceux qui restent s'accrochent aux portières, aux marchepieds; c'est à peine si, quand la locomotive se met en route, ils se décident à descendre, et entreprennent alors une lutte de vitesse avec le train, courant à toutes jambes et criant : Favel! Favel! (bon voyage, bonne chance); — quand la respiration leur manque, ils s'arrêtent, et nous continuons notre route.

Au bout de quelques instants, nous nous apercevons que notre présence excite la curiosité de nos compagnons de voyage : ils ont d'abord trouvé le moyen de s'assurer, en regardant nos guides, que nous n'étions pas Prussiens mais Français; les plus rapprochés ont fait part de leur découverte à ceux placés au bout du compartiment; ils nous adressent la parole en danois, et paraissent désappointés de ne pas être compris; puis ils se parlent entre eux, se cotisent pour former, avec ce que chacun sait de français, la phrase dont ils ont besoin, et enfin l'orateur de la bande, après avoir plusieurs fois répété son discours à mi-voix, nous dit avec une expression qui eût paru risible si elle n'eût été l'expression d'un sentiment moins flatteur pour nous et moins sincère de leur part : « Nous tous, Danois, nous aimons beaucoup les Français ». — « Et nous, répondons-nous bien vite, nous

Français, nous aimons beaucoup les Danois ». — Alors se furent des serrements de main, des protestations de dévouement, des témoignages d'affection... en danois, que notre imagination nous permit de deviner, mais que notre ignorance nous défendit de comprendre. Puis chacun de ces braves gens descendit à son tour, nous faisant les adieux les plus naïfs et les plus touchants. Le dernier qui nous quitta était un jeune officier, aux allures lourdes, empruntées, un peu gauches peut-être, qui comprenait quelques mots de français ; il nous demanda quelles affaires nous avaient amené dans son pays ? — Aucune autre que le désir de le voir et de le connaître. — Il nous fit répéter cette réponse, qui parut le surprendre et le flatter. Nous lui demandâmes à notre tour, s'il connaissait Paris, s'il n'y viendrait pas bientôt. Cette supposition qu'il pourrait aller à Paris le fit beaucoup rire, mais il se défendit de semblables projets : — Les Français se moqueraient trop de moi, répétait-il toujours. Il nous fut impossible de le faire changer d'avis, et il nous quitta avec cette conviction, hélas ! trop souvent partagée, que nous étions tous, en France, d'impitoyables railleurs.

En approchant d'Elseneur, les paysages changent et revêtent un grand caractère de tristesse et de solitude : les plaines de tourbe, bizarrement découpées par les étroits fossés d'irrigation semblables à des filets d'encre, les champs nus et maigres font place à de sombres et mystérieuses forêts de hêtre. Les premières bises d'automne arrachent les feuilles des arbres et les font doucement bruire sur le sol; à travers les troncs disséminés au hasard, se montrent çà et là quelque cabane de paysan, rouge ou bleue, une hutte de charbonniers, noire et enfumée, et dans un chemin creux, embourbée au fond d'une ornière, gémit une lourde charrette à roues pleines;

le soleil pénètre à travers les branches, ses rayons éclairent le sommet des arbres et dorent de leurs reflets les feuilles flétries qui jonchent la terre ; des oiseaux passent au-dessus de notre tête en jetant de longs cris aigus ; dans toute cette campagne, pas de chant, pas de bruit humain ; le vent dans les arbres, la mer sur la plage, et c'est tout ; une vague tristesse, une douce mélancolie nous envahit à notre insu, et nous comprenons la pénétrante impression que peut causer le spectacle continu de cette nature, sentiment si vrai, si profond, que les habitants de ces lieux n'y sont pas eux-mêmes insensibles, et que le mot *veemod,* par lequel ils l'expriment, ne peut être traduit dans aucune autre langue.

Nous étions descendu de chemin de fer avant d'atteindre Elseneur, afin de ne rien perdre des scènes et des paysages qui se déroulaient devant nos yeux et dont la succession ne fatigue pas, malgré sa monotonie ; le trajet était court, et cependant nous mîmes bien longtemps à le parcourir. Enfin parut devant nous une petite ville, à l'aspect froid, silencieux, aux toits rouges et luisants, presque entièrement entourée d'eau et terminée là-bas, à la pointe du détroit, par le sinistre Kroonborg.

Trois choses attirent le voyageur à Elseneur : le tombeau d'Hamlet, la rivière dans laquelle *Ophélie, pâle et blonde, dort sous l'eau profonde;* enfin l'inscription : *Mon Dieu, fais-moi innocente et les autres grands,* gravée sur une vitre du Kroonborg par l'infortunée Sophie-Caroline.

Le tombeau d'Hamlet n'existe plus, on dit même qu'il n'a jamais existé ; la rivière d'Ophélie est tarie et la vitre de Sophie-Caroline est cassée.

Malgré, et peut-être à cause de cette triple déception, Elseneur nous a laissé des souvenirs que nous sommes heureux de pouvoir retracer.

Elseneur se compose d'une grande rue parallèle à la mer ; des voies secondaires conduisent d'un côté au port, de l'autre à la campagne : dans une partie de la voie principale sont les demeures des consuls. De grands écussons accrochés aux façades donnent à ces maisons un aspect inattendu ; n'étaient beaucoup de choses qui manquent, on se croirait presque en Espagne. Un peu plus loin la rue s'élargit, forme une place longue et étroite, sur laquelle s'élève l'Hôtel de Ville ; l'espace faisait défaut en profondeur ; il a donc fallu laisser l'édifice se développer dans le sens de la largeur, de façon à ne pas étrangler la place et à conserver, en avant de la façade, l'air et les dégagements nécessaires. L'édifice a, depuis sa construction, — qui n'a jamais été achevée, paraît-il, d'une façon complète, — subi des modifications dans plusieurs de ses parties ; mais on retrouve encore facilement son aspect et son ensemble général (fig. 209).

La construction est de briques et de granit rose dont le ton se marie de la façon la plus heureuse à celui de la brique ; les dispositions extérieures, accusées par de grands partis nettement tracés sur les façades, sont franchement d'accord avec les distributions intérieures. Une grande liberté règne dans le percement des ouvertures : elles sont petites et étroites lorsqu'il s'agit d'éclairer une pièce de peu d'importance, hautes, larges ou géminées lorsqu'elles s'ouvrent sur une salle de grandes dimensions ; les détails et les motifs de décoration manquent, mais c'est un édifice destiné à braver un rude climat, la gelée, la neige et les pluies fréquentes ; des ornements, des sculptures fouillées auraient eu peu de chance de durée, et il était plus sage, pour le constructeur, de porter tous ses soins et toute son attention sur le choix des matériaux, leur mode d'emploi et

HOTEL-DE-VILLE, Elseneur.

l'étude des proportions des différentes parties de l'édifice.

A l'intérieur se remarquent les mêmes qualités de sobriété et de combinaisons calmes et raisonnées.

Nous avons cru devoir conserver, — pour indiquer les destinations des différentes pièces dont se compose cet Hôtel de Ville, — une désignation en rapport avec nos usages, sans avoir égard à celles usitées en Danemark, qui trop souvent n'auraient pas eu pour nous un sens suffisamment intelligible

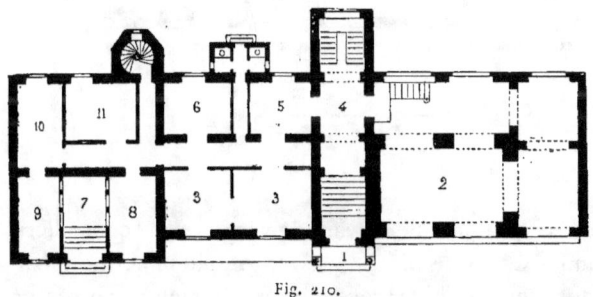

Fig. 210.

L'entrée principale (fig. 210) a lieu sous un porche, *1*, abritant deux marches, le reste des degrés se trouve reporté à l'intérieur du vestibule; en *2*, est placée une halle servant de salle de réunion pour les élections, pour certaines assemblées politiques ou des marchés d'une nature spéciale; un petit escalier relie cette halle au vestibule, *4*, dans lequel est placé le logement du portier, *3*; en *5*, est le bureau de police, en *6*, celui de la distribution des secours aux indigents; une autre entrée particulière a lieu en *7*, pour le public ayant affaire au service des postes et du télégraphe; une petite salle d'attente lui est destinée, en *7*; d'un côté le bureau du télégraphe, en *8*, celui des postes, en *9*; en *10* sont installés les employés et en *11*, le directeur. Un escalier principal et un escalier secondaire montent au premier étage (fig. 211); là est

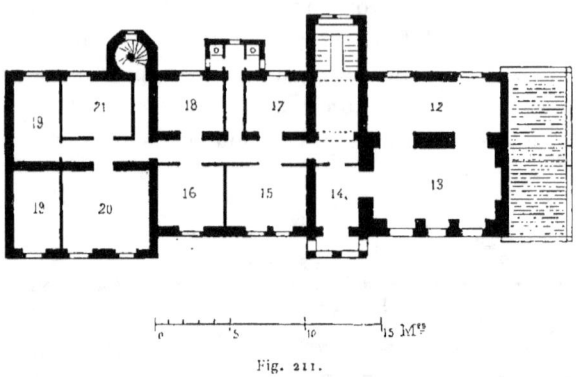

Fig. 211.

placée, en *12*, une salle servant de vestiaire aux conseillers communaux. Cette salle est d'assez grande dimension, car elle doit pendant l'hiver recevoir les vêtements fourrés et les longues pelisses, qui tiennent plus de place que nos modestes paletots; au-dessus de ce vestiaire, est une tribune réservée à quelques employés dont la présence est nécessaire, pendant les séances, dans la salle de réunion du conseil communal. Cette salle, placée en *13*, est recouverte (fig. 212) par une voûte formée de planches de sapin, dont des couvre-joints cachent les points de jonction; les faces apparentes sont vernies et entourées de filets de couleur; à côté de la salle s'ouvre, *14*, une pièce lui servant de dépendances et en avant de laquelle est un balcon, ménagé au-dessus de la porte d'entrée; ce balcon sert de tribune pour les communications officielles adressées au peuple, et, comme un orateur perdrait singulièrement de son prestige s'il était exposé au soleil ou abrité sous un parapluie, un petit comble le protége contre les intempéries des saisons; le cabinet du premier

Fig. 212.

magistrat est en *15*, son secrétaire en *16*, l'état-civil en *17*, et le bureau des contributions en *18;* un corridor trop long et un peu obscur, bien qu'éclairé en second jour à ses deux extrémités, conduit à des bureaux d'employés, *19*, à l'agence de l'architecte, *20*, et aux archives, *21*.

Ce monument est le seul qu'on rencontre dans l'enceinte de la ville. Les maisons d'habitation ressemblent à celles que nous avons déjà vues à Copenhague, et il est inutile de revenir sur leur compte ; mais ce qu'il est peut-être sage de signaler, c'est la difficulté qu'éprouve l'étranger à se faire comprendre dans sa langue, et, pour notre compte, sans nos quelques mots d'anglais que voulut bien traduire un matelot de cette nation, qui cuvait son gin dans le coin d'une taverne, nous courions grand risque de mourir de faim et de ne pouvoir obtenir le vivre et le couvert à l'*Hôtel du Nord,* dont l'enseigne française réserve d'amères déceptions aux malheureux, obligés de frapper à sa porte.

Une illusion, trop naïvement partagée, du reste, par tous les Français, est de croire qu'en tous lieux se parle et se comprend notre *belle langue.* C'est là une grave erreur. Le français est en effet partout la langue des gens du monde, la langue élégante, la langue diplomatique, et il est bien rare que, dans un salon de n'importe quelle contrée, il soit impossible à un Français de comprendre et d'être compris ; mais en pays étranger, le voyageur qui veut voir et apprendre, vit surtout dans la rue, dans un milieu tout opposé à celui dont nous venons de parler : alors, s'il ne peut saisir ce qui se dit autour de lui, s'il ne peut traduire sa pensée et exprimer ses besoins, il éprouve une grande gêne, de véritables mécomptes et se ménage souvent de sérieux embarras en n'ayant à sa disposition que sa langue maternelle.

Quand on a parcouru la longue rue qui traverse la ville, on arrive au port, c'est-à-dire au point où le détroit offre le moins de largeur et où son extrémité est, sur la côte danoise, terminée par le Kroonborg.

LE KROONBORG, Elseneur.

Le Sund est d'une navigation dangereuse ; les côtes de Suède et celles du Danemark qui le bordent sont hérissées de récifs, de rochers à fleur d'eau et semées de bas-fonds très-redoutés, difficiles à éviter par les nuits de brume, quand soufflent les vents qui descendent des froides terres de Norvége. Afin d'éviter des naufrages et des sinistres, fréquents autrefois, le gouvernement danois avait fait construire sur ses côtes des phares, placés aux endroits les plus exposés, puis, pour se couvrir des frais de premier établissement et de ceux d'entretien, il exigea de tous les bâtiments qui passaient par le Sund un droit de péage qui fut acquitté jusqu'en 1857, époque à laquelle les puissances maritimes le rachetèrent d'un commun accord. Afin d'assurer le payement de ce droit, Frédéric II avait construit à la pointe du détroit, en 1574, une forteresse dont les pièces d'artillerie pouvaient fermer le passage du Sund.

Cette forteresse, entourée de fortifications autrefois très-redoutables, est le Kroonborg (château de la Couronne).

Nous entrons au Kroonborg (fig. 213), un peu comme au moulin ; les sentinelles nous laissent aller et venir, regarder les canons, compter les boulets, monter sur l'enceinte et descendre dans les fossés. Cette forteresse, jadis si redoutable a bien changé d'aspect et, depuis longtemps déjà, n'est plus à craindre ; un bâtiment cuirassé, armé de pièces à longue portée, en aurait facilement raison. Le gouvernement danois est si fort convaincu de son impuissance qu'il ne cherche ni à la dissimuler ni à la cacher : il se contente, ce qui est infiniment plus sage, d'étudier les moyens propres à y remédier. Le Kroonborg n'a jamais dû être aussi redoutable qu'on l'a dit, car, dominé du côté de la terre par les collines environnantes, il n'eût pu se défendre contre une surprise, et les ennemis qui auraient eu envie de s'en emparer, au lieu de tenter un coup de main du côté de la mer, pouvaient, sans encombre, opérer un débarquement un peu plus à l'ouest dans les eaux du Catégat, et le prendre ainsi à revers.

Ce n'est donc qu'au point de vue pittoresque et des souvenirs qui se rattachent à son histoire que le Kroonborg offre de l'intérêt.

Nous montons au sommet de la haute tour : au fond du détroit, perdue dans la brume, Copenhague ; plus près, l'île de Hveen, où l'illustre astronome Tycho-Brahé construisit son observatoire et passa vingt ans de sa vie ; en se rapprochant encore, semblables à d'immenses taches noires perdues à l'horizon, des forêts de hêtres dont les hautes branches agitées par le vent s'inclinent et se relèvent sans cesse, avec un grand bruit monotone et régulier ; en face, les côtes de Suède, bordées d'une frange d'écume blanche qui dessine nettement leurs contours, le Sund avec ses innombrables bâtiments, les uns surmontés d'un panache de fumée, perdu dans les nuages, les autres cachés derrière leur voile gonflée par le vent, semblable à l'aile de quelque oiseau gigantesque ; plus près, étalée le long du rivage, Elseneur, avec ses maisons rouges, son port animé et les drapeaux de ses consuls qui claquent dans l'air ; au-dessous de nous, enfin, les toits énormes bruns-noirs du château et ses innocentes défenses que Nelson brava sans dangers en 1801, quand il alla, avec sa flotte, bombarder Copenhague. La mer est d'un bleu verdâtre, le ciel gris, mais de ce gris du Nord, transparent et limpide ; la nature est empreinte d'un caractère de grandeur et de sévérité difficile à rendre ; ces contrées du Nord produisent des effets tout autres que ceux auxquels nous a accoutumés le ciel du Midi : tout y est plus calme, plus doux, plus triste, les oppositions se heurtent moins, s'harmonisent dans des tons moins intenses et comme baissés d'un degré; mais l'émotion ressentie n'en subsiste pas moins et laisse des souvenirs aussi durables, aussi profonds que ceux causés par l'aspect de pays plus richement partagés et plus heureusement dotés.

A l'intérieur du château, une chapelle qui servit longtemps de magasin à fourrages, quelques salles, la plupart en mauvais état, dans lesquelles ne se promène plus le fantôme d'Hamlet; l'une de ces salles servit de prison à la belle Sophie-Caroline. C'est là qu'elle fut enfermée et qu'après avoir, au milieu d'une fête, été arrachée de son palais de Christianborg, elle resta prisonnière dans ce lugubre château battu par tous les vents, en face de cette sombre mer du Nord couverte de glaces et de neige, et passa de longs mois à se rappeler qu'elle avait été reine, et qu'hélas! elle avait aussi été femme.

Ce jour-là, disent les chroniqueurs du temps, le soleil avait pendant quelques instants percé la brume glacée de l'hiver; la reine, voulant sortir, était montée à cheval en costume d'homme, selon sa coutume, bottes à l'écuyère, longue pelisse et ses beaux cheveux cachés sous une toque de fourrure; jamais elle n'avait paru si audacieuse et si provoquante. Comme toujours, Struensée l'accompagnait. Quand ils franchirent la porte du palais, une main, celle de la reine-mère, soulevant une tenture, montra à Christian ce couple gai, jeune, heureux.

Christian échangea avec sa mère un sombre regard; sans avoir besoin de se rien dire, tous deux s'étaient compris.

Struensée et sa maîtresse, une fois libres, s'élancèrent au galop dans les allées de Fredericksberg; les cheveux de la reine dénoués par l'ardeur de la course ruisselèrent sur ses épaules; Struensée les rattacha, ils s'arrêtèrent, et sur la neige durcie se voyaient, le lendemain, les traces des sabots de leurs chevaux rapprochés et mêlés les uns avec les autres. Puis ils rentrèrent, tout entiers à leur amour, sans prendre garde aux regards farouches et colères des gens du peuple qu'ils rencontraient sur leur chemin, et qu'indignaient le laisser-aller de la reine et la faveur qu'elle accordait à un étranger.

Le soir, il y avait fête à la cour, une de ces fêtes comme en donnaient alors les cours du Nord, une de ces fêtes où l'amour du plaisir, les satisfactions sensuelles ne connaissaient plus ni bornes ni limites. Sophie-Caroline était étincelante de grâce et de beauté. Struensée, toujours à ses côtés, confiant dans sa faveur, ne voyait pas sur la figure du roi la trace des terribles passions qui s'agitaient en son âme. La fête prit fin. Il y eut alors un grand tumulte, puis un grand silence; la reine, arrachée de ses appartements, était entraînée sur la route d'Elseneur et enfermée dans la forteresse. Struensée arrêté, comparaissait devant des juges.

Puis sur l'esplanade du Vesterbro se dressait un échafaud, Struensée y avait la tête tranchée, et la reine, exilée, allait mourir en Hanovre.

Le temps est si beau, le ciel si pur, que nous allons faire une promenade en mer; nous débarquons au fond d'un petit fjord, près d'une maison qu'indique au loin un pavillon flottant au bout d'un mât.

C'est un abri destiné à un poste de sauveteurs, toujours prêts à porter secours aux bâtiments en péril sur cette côte dangereuse surtout, pendant les jours brumeux de l'automne et du printemps. Habiles pêcheurs et courageux matelots, ils vivent isolés, sans autres distractions que la pêche, dont les ressources font la base de leur alimentation.

Fig. 214.

La maison est habitée par ses hôtes ordinaires, qui s'empressent de nous en faire les honneurs. Une véranda sert d'abri au canot de sauvetage, aux agrès et aux filets, la porte d'entrée s'ouvre dans une grande salle (fig. 214); autour, des siéges bas, larges, garnis de fourrures; pendus aux murs, des ustensiles de pêche, des vêtements de travail; au milieu, une vaste cheminée libre sur ses quatre faces, alimentée par de la tourbe, dont un approvisionnement considérable est fait au dehors. C'est dans cette salle que les hommes se réunissent avant les expéditions, qu'ils rapportent le poisson et le préparent; c'est là qu'ils passent de longs jours quand la tempête mugit au dehors et leur fait prévoir l'utilité de leurs secours. Il faut qu'un homme soit vigoureusement trempé au moral et au physique pour passer ainsi ses jours dans la solitude, sans autres sensations que le souvenir du danger passé et l'appréhension de celui à venir.

De cette salle, dont la hauteur embrasse celle du rez-de-chaussée, du premier étage et d'une partie des combles, un escalier intérieur, laissé libre, conduit à l'étage distribué seulement dans la partie au-dessus de la véranda. Cet étage contient deux chambres ; les hôtes exceptionnels, quand en apporte la tempête, couchent dans la salle sur les lits de camp-banquettes, qui y sont disposés.

La construction est solide ; les blocs de granit apportés par la mer et quelques briques forment la maçonnerie des murs, dont l'épaisseur permet de mettre l'intérieur à l'abri des grands vents de la côte et de l'humidité si dangereuse dans ces parages. Sur le toit se retrouvent les découpures traditionnelles, aux extrémités en forme de proue de navire, souvenir de l'existence de ces peuples de marins qui voulaient revoir, dans leur demeure de la terre ferme, un souvenir de l'embarcation dans laquelle chaque jour ils risquaient leur vie.

Nous revenons à pied, pour dire un dernier adieu à la campagne de Seeland, et, le soir venu, nous nous retrouvons au pied du Kroonborg, à l'extrémité du cap fermant le détroit. Tout autour s'étend un paysage d'une tristesse et d'une langueur infinies; à nos pieds, un sable fin, rose, dans lequel scintillent les grains de mica et que secoue la lame; la mer devenue houleuse fait étinceler le sommet de chacune de ses vagues aux rayons du soleil couchant; devant nous viennent mourir, sur les côtes de Suède, les montagnes de Kiœlen, anciennes limites du monde, d'abord basses et vertes, puis bientôt dures, sévères et défendues par de hautes falaises de granit rouge; le Sund est couvert de navires, se hâtant d'achever leur voyage avant d'être surpris par l'hiver; le ciel blanc, froid, coupé par des lignes colorées aux tons nets et arrêtés, tranche vigoureusement sur les teintes verdâtres de la mer; de gros oiseaux aux cris aigus et stridents se jouent dans les lames, l'immensité s'ouvre devant nous; là est le nouveau, l'inconnu, avec les séductions, les attraits, les rêves irréalisables qu'il fait naître dans l'imagination de tout voyageur.

La nuit venait, mais une de ces étranges nuits du Nord, pleine de molles clartés et de formes indécises; les côtes se dessinaient en teintes dégradées, depuis le violet le plus intense jusqu'à l'opale le plus doux; la mer seule était encore éclairée et ses sourdes rumeurs imposaient silence aux bruits de la terre, les voiles disparaissaient une à une, les mouettes regagnaient leurs nids à tire-d'aile. Le moment du départ était venu, et bientôt, debout sur le pont du navire qui nous emmenait, nous voyions les dernières silhouettes s'évanouir dans l'ombre, les phares s'allumer sur les côtes et enfin disparaître dans les eaux l'île de Seeland, limite de cette terre de Danemark que nous quittions avec l'indéfinissable impression de tristesse dont le cœur de l'homme est toujours saisi, quand il lui faut abandonner un pays que, suivant toutes probabilités, il ne doit jamais revoir.

FIN.

TABLES

TABLE DES FIGURES

HOLLANDE

Nos		Pages.
1.	Vue générale de Dordrecht.	9
2.	Plan de la Groote-Kerk à Rotterdam.	13
3.	Intérieur — —	14
4.	Vue extérieure — —	16
5.	Vue géométrale de l'hôpital de Rotterdam.	17
6.	Plan général — • —	18
7.	Plan d'une salle — —	18
8.	Plan du musée Boymans, à Rotterdam.	19
9.	Vue extérieure — —	20
10.	Statue d'Érasme, à Rotterdam.	21
11.	Maison d'une rue de Rotterdam.	25
12.	Plan du sous-sol d'une maison de Rotterdam.	26
13.	Plan du rez-de-chaussée —	26
14.	Plan du premier étage —	26
15.	Maisons d'un canal, à Rotterdam.	27
16.	Porte de Delft, à Rotterdam.	29
17.	Le Binnenof, à la Haye.	32
18.	Le bâtiment de la Loterie, à la Haye.	33
19-20.	Plan et coupe de la salle du Sénat, à la Haye	34
21.	Vue extérieure de l'Hôtel de ville de la Haye.	39
22.	Vue extérieure du Marché à poissons de la Haye	40
23.	Plan — —	40
24.	Voiture de paysan.	41
25.	Vue du monument commémoratif de l'autonomie de la Hollande, à la Haye	42
26.	Vue d'une maison sur une avenue, à la Haye.	44
27.	Plan du rez-de-chaussée d'une maison privée, à la Haye. . .	45
28.	Plan du premier étage — —	45
29.	Élévation géométrale — —	46

TABLE DES FIGURES.

N°		Pages
30.	Plan du rez-de-chaussée d'une villa à Scheveningen.	53
31.	Plan du premier étage —	53
32.	Vue d'un escalier —	55
33.	Plan de l'église de Scheveningen.	57
34.	Vue extérieure —	58
35.	Vue du Koornbrog, à Leyde.	62
36.	Vue extérieure de l'Hôtel de ville.	63
37.	Plan de l'église Saint-Bavon, à Harlem.	69
38.	Vue intérieure et Buffet d'orgue de l'église Saint-Bavon, à Harlem.	70
39.	Vue extérieure de l'Hôtel de ville de Harlem.	71
40.	Vue extérieure du bâtiment dit de la Boucherie, à Harlem.	72
41.	Vue de la porte d'Amsterdam, à Harlem.	73
42.	Coiffure des femmes de la Zuid-Hollande.	77
43.	Coiffure des femmes de la Nord-Hollande.	77
44.	Coiffure — —	77
45.	Vue de maisons dans une rue d'Amsterdam.	80
46.	Vue extérieure d'une maison sur le Nieuwe-Mark, à Amsterdam.	83
47.	Plan du rez-de-chaussée — —	83
48.	Plan du premier étage — —	83
49.	Vue extérieure d'une maison sur la Calver-Stroat, à Amsterdam.	85
50.	Plan de la face — —	85
51.	Plan du rez-de-chaussée d'un groupe de maisons privées, à Amsterdam.	86
52.	Plan du premier étage — —	86
53.	Élévation géométrale — —	87
54.	Plan du sous-sol d'une maison destinée au commerce à Amsterdam.	88
55.	Plan du rez-de-chaussée — —	88
56.	Élévation géométrale — —	89
57.	Vue extérieure du palais royal à Amsterdam.	93
58.	Plan de l'Oude-Kerk à Amsterdam.	96
59.	Vue intérieure —	97
60.	Plan de la Nieuwe-Kerk à Amsterdam.	98
61.	Coupe d'une travée —	99
62.	Plan de la Wester-Kerk à Amsterdam.	100
63.	Vue extérieure de la Wester-Kerk et de ses abords à Amsterdam.	101
64.	Plan de l'église du Sacré-Cœur à Amsterdam.	102
65.	Élévation géométrale de l'abside —	103
66.	Coupe transversale —	103
67.	Détail de la charpente de la flèche —	105
68.	Plan du palais de Cristal à Amsterdam.	108
69.	Vue générale —	109
70.	Vue intérieure —	110

TABLE DES FIGURES.

Nos		Pages.
71.	Plan du rez-de-chaussée de l'Amstel-Hôtel à Amsterdam	111
72.	Plan du premier étage —	111
73.	Vue générale de l'Amstel-Hôtel et de ses abords à Amsterdam.	113
74.	Un pont mobile à Amsterdam	114
75.	Vue du Poids de la ville à Amsterdam	116
76.	Vue de la Montalbans-Toren à Amsterdam.	117
77.	Vue intérieure d'une salle de ferme dans la Nord-Hollande.	128
78.	Vue extérieure d'une ferme dans la Nord-Hollande.	129
79.	Plan d'une ferme —	129
80.	Vue extérieure d'une grande ferme —	131
81.	Plan d'une grande ferme —	131
82.	Elévation d'une maison d'artisan à Enkuisen.	135
83.	— —	135
84.	Plan des premier et deuxième étages de la tour de la cathédrale d'Utrecht	140
85.	Vue extérieure — —	140
86.	Vue d'un canal à Utrecht	141
87.	Un moulin à vent	142

ALLEMAGNE

88.	Vue d'une gare de chemin de fer.	159
89.	Vue d'une maison d'angle à Hanovre.	167
90.	Vue d'une maison —	168
91.	Vue d'une maison sur une place —	169
92.	Vue d'une maison sur un pan coupé à Hanovre.	170
93.	Plan d'une maison à Hanovre.	170
94.	Vue des vieux pignons d'une rue de Hanovre.	173
95.	Vue du Rathaus à Hanovre.	175
96.	Plan de l'église Saint-Georges à Hanovre	177
97.	Vue de l'église Saint-Georges et de ses abords à Hanovre.	178
98.	Vue de l'Opéra à Hanovre.	182
99.	Plan —	185
100.	Élévation géométrale du motif principal de la façade du gymnase de Hanovre.	187
101.	Plan du rez-de-chaussée du gymnase de Hanovre.	188
102.	Plan du premier étage —	189
103.	Coupe et vue intérieure —	190
104.	Intérieur d'une église dans Œgidienstadt, à Hanovre	193
105.	Plan d'une église, à Hanovre.	193

TABLE DES FIGURES.

Nos		Pages
106.	Plan de la synagogue, à Hanovre.	195
107.	Coupe transversale, —	196
108.	Vue extérieure, —	198
109.	Plan d'un rez-de-chaussée d'une maison privée, à Hanovre . . .	212
110.	Plan du premier étage — — . . .	212
111.	Vue extérieure — —	213
112.	Plan d'un hôtel privé, à Hanovre.	215
113.	Vue intérieure — . . . . : . . .	216
114.	Peintures décoratives —	217
115.	Plan du rez-de-chaussée d'un hôtel privé, à Hanovre	218
116.	Plan du premier étage —	219
117.	Vue intérieure —	220
118.	Élévation géométrale extérieure de la façade sur rue d'un hôtel privé, à Hanovre	221
119.	Vue extérieure de la façade sur jardin d'un hôtel privé, à Hanovre.	222
120.	Plan du premier étage d'un hôtel de voyageurs, à Hanovre . . .	223
121.	Plan du rez-de-chaussée — . . .	223
122.	Vue intérieure de la grande salle —	225
123.	Vue extérieure de la façade — . . .	227
124.	Plan du rez-de-chaussée d'une maison de campagne dans les environs de Hanovre	228
125.	Vue extérieure d'une maison de campagne, à Hanovre.	229
126.	Face et coupe d'un plafond en bois, à Hanovre.	236
127.	— —	237
128.	Vue d'une cheminée.	238
129.	Une table	238
130.	Une table-buffet	239
131.	Une étagère	240
132.	Un lit.	241
133.	Une armoire	242
134.	Un bureau.	243
135.	Une bibliothèque.	244
136.	Un fauteuil.	245
137.	Une chaise.	246
138.	—	247
139.	Une applique.	248
140.	Vue générale des quais de l'Alster, à Hambourg	256
141.	Vue générale d'une vieille rue, à Hambourg.	260
142.	Une bouquetière, à Hambourg.	264
143.	Plan du rez-de-chaussée du musée de Hambourg.	267
144.	Vue extérieure — —	269
145.	Plan de l'hôpital général de Hambourg	273

TABLE DES FIGURES.   463

Nos   Pages.
146. Plan de l'église catholique de Hambourg 276
147. Vue intérieure   —   —   277
148. Vue extérieure   —   —   278
149. Plan du rez-de-chaussée d'une maison à loyer, de Hambourg . . 285
150. Plan du premier étage,   —   —   285
151. Vue extérieure et intérieure,   —   —   286
152. Plan du rez-de-chaussée d'une maison privée, à Hambourg . . . 290
153. Plan du premier étage,   —   —   . . .   290
154. Vue extérieure et intérieure,   —   —   . . .   291
155. Vue générale d'Helgoland !. 301
156. Plan du rez-de-chaussée d'un hôtel de voyageurs à Helgoland . . 304
157. Coupe et vue intérieure   —   . .   305
158. Vue extérieure   —   . .   305
159. Traverse et abri en bois de la ligne du Danevirke. 314
160. Travaux de défense 315

DANEMARK

161. Une paysanne du Jutland. 332
162. Plan des abords d'un ferry-boat sur le Petit-Belt 334
163. Coupe du pont mobile   —   335
164. Plan général d'une ferme en Fionie 342
165. Vue générale   —   343
166. Vue extérieure de la maison du fermier 344
167. Vue intérieure   —   346
168. Plan de la cathédrale de Roeskilde 353
169. Élévation géométrale de la façade du transsept — 354
170. Vue de la Kongens-Nytorv, à Copenhague.   358
171. Vue du palais de l'Amalienborg.   368
172. Plan de l'Amalienborg-Slot.   369
173. Vue de la spirale de la Runde-Kirke   370
174. Plan du Rosenborg.   373
175. Vue générale du Rosenborg.   373
176. Vue générale la Bourse.   375
177. Plan du palais de l'Industrie   376
178. Coupe transversale du palais de l'Industrie   377
179. Vue générale   —   379
180. Plan de l'Hôpital communal.   380
181. Trompette des temps préhistoriques au Musée des antiquités du
     Nord. 392
182.   —   Détail de la chaînette   —   392

TABLE DES FIGURES.

Nos		Pages
183.	Trompette des temps préhistoriques au Musée des antiquités du Nord. — Détail des anneaux —	392
184.	— Détail de l'embouchure —	392
185.	— Détail de la trombe —	392
186.	Poignard de bronze	392
187.	Une épingle de bronze	393
188.	—	394
189.	—	394
190.	Vase de bronze	395
191.	Harnais de cheval	397
192.	Détail —	397
193.	Pierre tombale, face	398
194.	— côté	399
195.	Cuve baptismale	400
196.	Flambeau émaillé	401
197.	Chandelier en terre cuite	402
198.	Pignon moderne	424
199.	Élévation d'une maison à loyer	425
200.	Plan du rez-de-chaussée —	427
201.	Plan du premier étage —	427
202.	Plan du rez-de-chausée d'une maison privée	430
203.	Plan du premier étage —	430
204.	Intérieur —	432
205.	Vue extérieure —	433
206.	Plan général d'un hôtel privé	436
207.	Plan de l'étage —	438
208.	Intérieur des salons d'un hôtel privé	439
209.	Vue de l'Hôtel de ville d'Elseneur	444
210.	Plan du rez-de-chaussée —	445
211.	Plan du premier étage —	446
212.	Intérieur —	447
213.	Vue du Kroonborg	449
214.	Intérieur d'un poste de sauvetage	453

TABLE DES MATIÈRES

HOLLANDE

	Pages.
Préface.	1

LE MOERDICK, DORDRECHT.

Le Pays, la Meuse, la Cathédrale. (Fig. 1.). 7

ROTTERDAM.

La Groote-Kerk, l'Hôpital, le Musée, les Maisons, la Porte de Delft. (Fig. 2 à 16.). 11

LA HAYE.

Le Binnenof, l'Hôtel de ville, le Marché, les Maisons, les Musées, Environs de la Haye. (Fig. 17 à 29.). 31

SCHEVENINGEN.

Les Villas, l'Église. (Fig. 30 à 34.). 51

LEYDE.

Le Koornbrog, l'Hôtel de ville. (Fig. 35 et 36.). 61

HARLEM.

La Groote-Kerk, la Boucherie, Coiffures. (Fig. 37 à 44.). 65

AMSTERDAM.

Les Maisons, la Nieuwe-Kerke, l'Oude-Kerk, la Wester-Kerk, la Katolik-Kerk, le Palais de l'Industrie, l'Amstel-Hôtel, la Montalbans-Toren. (Fig. 45 à 76.). 79

TABLE DES MATIÈRES.

LA NORD-HOLLANDE.

Pages
Les Fermes, Enkuysen, le Zuydersée. (Fig. 77 à 83.). 125

UTRECHT.

La Dom-Kerk, le Canal, les Moulins à vent. (Fig. 84 à 87.). 137

BEAUX-ARTS, MŒURS, COUTUMES. 143

ALLEMAGNE

HANOVRE, HAMBOURG, LES DUCHÉS.

D'UTRECHT A HANOVRE.

Le Pays, le Voyage, les Voyageurs. (Fig. 88.). 155

HANOVRE.

I. — Aspect général, les Rues nouvelles, la Vieille Ville, le Rathaüs, la Markt-Kirch, la Residenz-Schloos, l'Opéra, le Gymnase, la Synagogue, les Écoles. (Fig. 89 à 108.). 162

II. — Les Maisons, leur Mobilier et leurs Habitants. (Fig. 109 à 139.). 204

HAMBOURG.

De Haarbourg à Hambourg, l'Elbe, Hambourg, l'Alster, le Jungfernstieg, la Vieille Ville, l'Incendie de 1842, la Ville neuve, les Monuments, les Maisons et leurs Habitants. (Fig. 140 à 154.). 252

ALTONA.

Un Enterrement, les Kinder-Garten, Altona, Blankenesse. 293

HELGOLAND.

La Traversée, Helgoland, Descriptions. (Fig. 155 à 158.). 298

LA GUERRE DES DUCHÉS.

Préliminaires, l'Armée austro-prussienne, l'Armée danoise, la Ligne de Danevirke, Prise de Missunde, Travaux de défense de Duppel, Prise de Duppel, l'Ile d'Alsen, Conditions de la paix, les Prussiens en campagne. (Fig. 159 et 160.). 309

TABLE DES MATIÈRES.

DANEMARK

LE JUTLAND, LA FIONIE, SÉELAND.

Pages.

Le Jutland, le Petit-Belt, un Ferry-Boat, une Ferme, la Fionie, le Grand-Belt, l'Ile de Séeland, les Runes. (Fig. 161 à 169.) . . . 331

COPENHAGUE.

I. — Aspect général. (Fig. 170.) 357
II. — Kongens-Nitorv, Amalienborg, Runde-Kirke, Frue-Kirk, Christianborg, Rosenborg, Bourse, Palais de l'Industrie, Hôpital, Écoles, Fréderiksberg, les anciennes et les nouvelles Fortifications. (Fig. 171 à 180.) 366
III. — Les Musées, Musée Thorwaldsen, Musée des antiquités du Nord, Musée ethnographique. (Fig. 181 à 197.) 386
IV. — Les Danois, le Théâtre, les Plaisirs 412
V. — Les Maisons d'habitation. (Fig. 198 à 208.) 423

ELSENEUR (*Helsingoer*).

La Gare de Copenhague, la Campagne, Elseneur, l'Hôtel de ville, le Kroonborg. (Fig. 209 à 214.) 440

TABLE EXPLICATIVE DES FIGURES 457

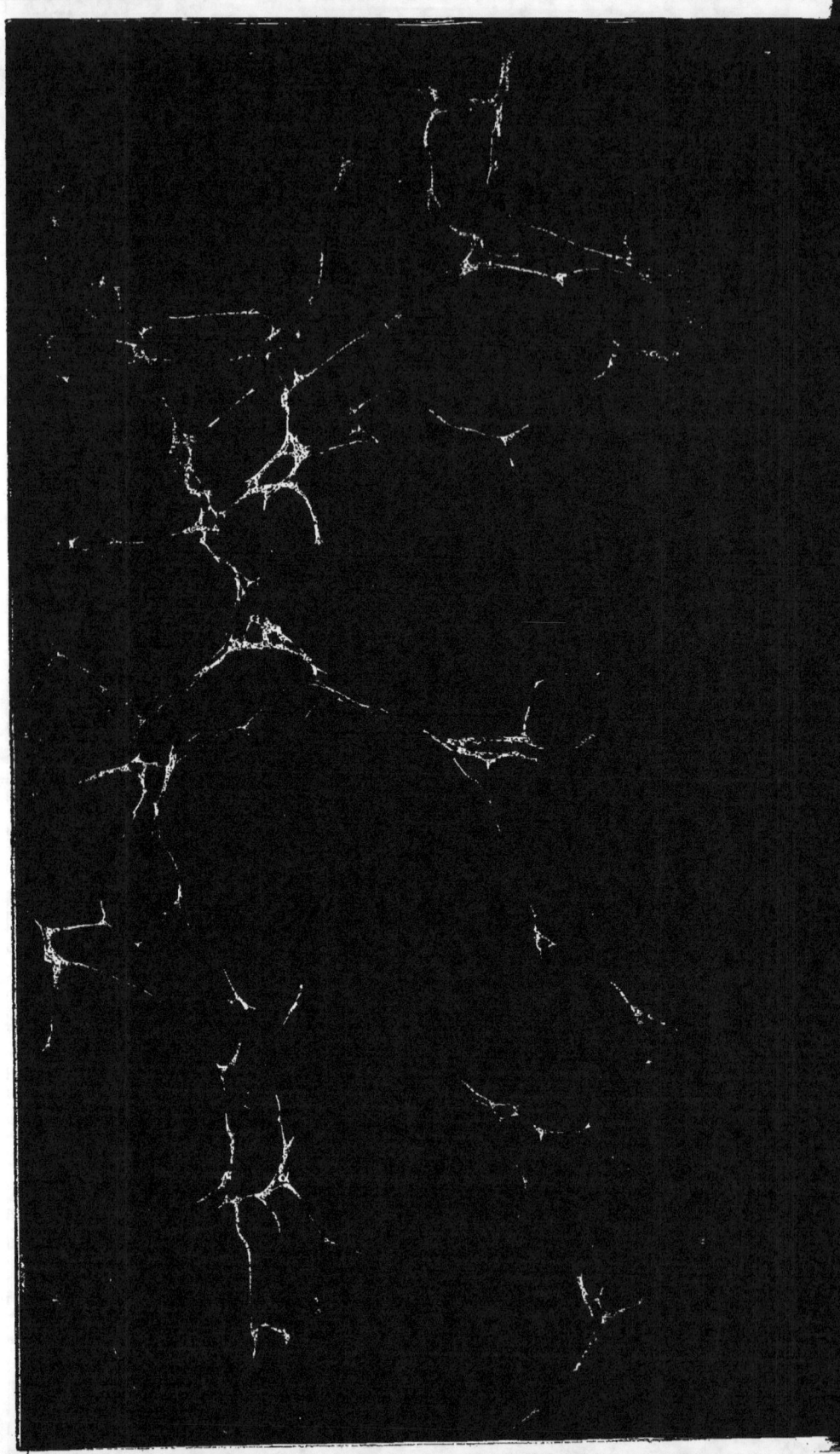

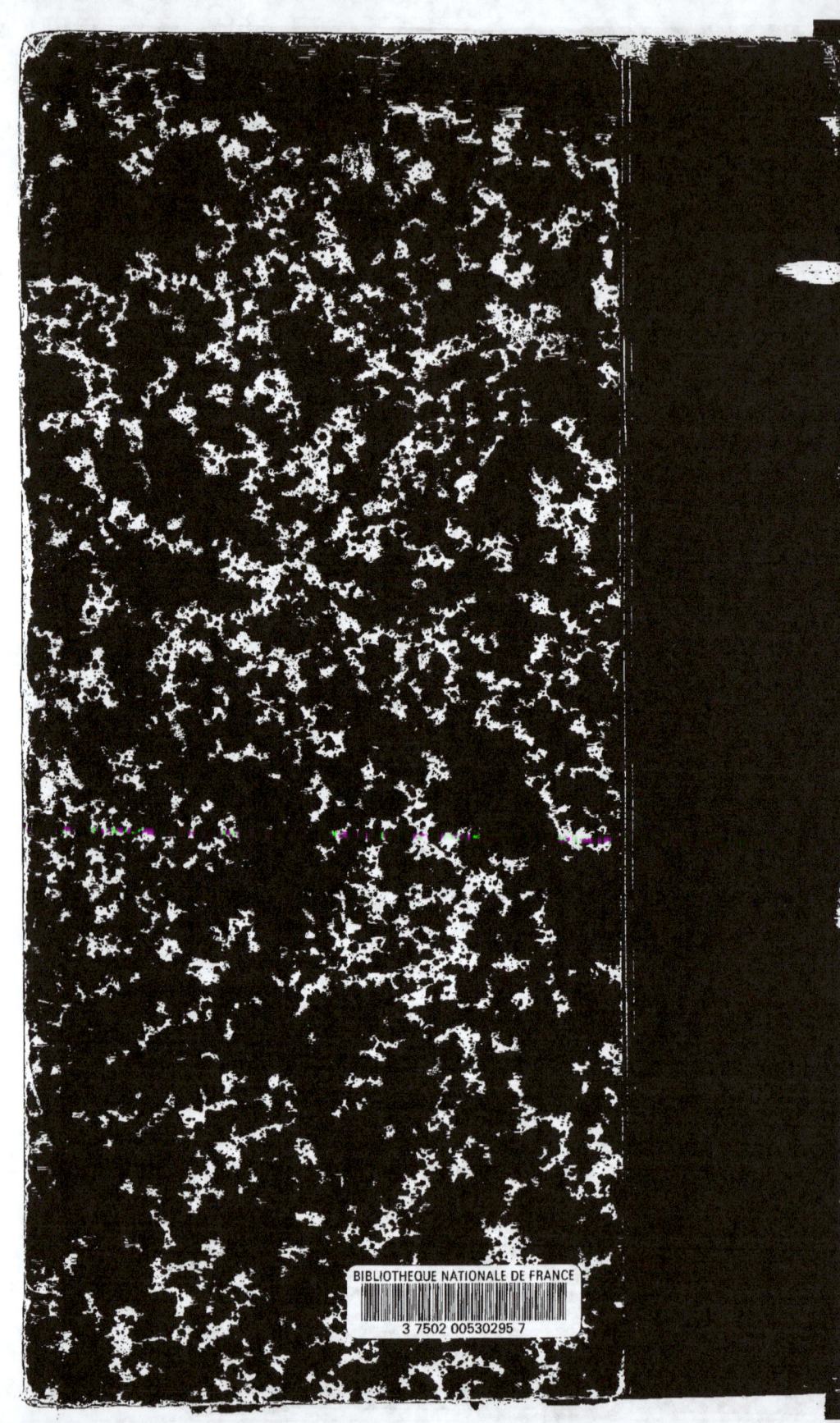

www.ingramcontent.com/pod-product-compliance
Lightning Source LLC
Chambersburg PA
CBHW071721230426
43670CB00008B/1087